Mittelbare Verhaltenssteuerung – Konzept, Wirkungen, Kritik

Michael W. Müller
Hrsg.

Mittelbare Verhaltenssteuerung – Konzept, Wirkungen, Kritik

Perspektiven der Rechts- und Wirtschaftswissenschaften

Springer

Hrsg.
Michael W. Müller
Lehrstuhl für Öffentliches Recht und Europäisches Wirtschaftsrecht
Universität Mannheim
Mannheim, Deutschland

ISBN 978-3-662-69009-3 ISBN 978-3-662-69010-9 (eBook)
https://doi.org/10.1007/978-3-662-69010-9

Die Deutsche Nationalbibliothek verzeichnet diese Publikation in der Deutschen Nationalbibliografie; detaillierte bibliografische Daten sind im Internet über https://portal.dnb.de abrufbar.

Center for Advanced Studies, Ludwig-Maximilians-Universität München

Planung/Lektorat: Brigitte Reschke
Springer ist ein Imprint der eingetragenen Gesellschaft Springer-Verlag GmbH, DE und ist ein Teil von Springer Nature.
Die Anschrift der Gesellschaft ist: Heidelberger Platz 3, 14197 Berlin, Germany

Vorwort

Die Beiträge dieses Bandes gehen zurück auf einen Workshop, den ich im Juni 2022 am Center for Advanced Studies der Ludwig-Maximilians-Universität München veranstaltet habe. Dieser hatte seinen Ausgangspunkt in einer Feststellung des Bundesverfassungsgerichts in seiner Entscheidung zu den „Sanktionsregelungen" im Zweiten Buch Sozialgesetzbuch, wonach sich die Kürzung von Sozialleistungen in erheblicher Höhe nur dann als verfassungskonform erweisen könne, wenn der Gesetzgeber vorab Studien zu deren tatsächlichen Wirkungen vorlegt. Ziel der Veranstaltung war es, die Folgen auszuloten, die die damit verbundenen Anforderungen an das Gesetzgebungsverfahren für den Bereich der „Steuerung durch Finanzen", aber auch für andere Formen einer – in der Diktion des Bundesverfassungsgerichts – „mittelbaren Verhaltenssteuerung" haben. Gerade vor dem Hintergrund, dass Wirkungsanalysen nur mit Fachkenntnissen zu den jeweiligen Steuerungsinstrumenten (Finanzen, Informationen, Anreize) durchgeführt werden können, sollte der Workshop einen ersten Aufschlag für den in diesem Bereich dringend erforderlichen interdisziplinären Austausch bilden.

Es freut mich, dass eine ganze Reihe von Teilnehmerinnen und Teilnehmern dieses Workshops der Einladung gefolgt ist, ihre Vorträge – auch im Eindruck der Diskussionen – zu den Texten auszuarbeiten, die nun in diesem Band versammelt sind. Den Teilnehmerinnen und Teilnehmern des Workshops danke ich für den intensiven und äußerst anregenden Austausch zu Grundfragen eines „Rechts der nicht-imperativen Verhaltenssteuerung" sehr. Neben den Autorinnen und Autoren gilt mein Dank für den Austausch zu den damit verbundenen Fragen, im Rahmen oder im Vorfeld der Veranstaltung, Ino Augsberg, Max Erdmann, Philip Hamburger, Alexander Hellgardt, Gottfried Konzendorf, Teresa Naab, Malin Nischwitz, Gunnar Folke Schuppert, Philippa Sigl-Glöckner, Bettina Stepanek-Bühringer, Joachim Wolff und Johanna Wolff.

Besonders danke ich dem Center for Advanced Studies der Ludwig-Maximilians-Universität München, insbesondere Annette Meyer und Simone Glasl, für die Beherbergung als Researcher in Residence im Sommer 2022, die Ermöglichung dieses und weiterer Projekte und Begegnungen und die vielfältige Unterstützung. Dem

Springer-Verlag, insbesondere Frau Brigitte Reschke und Herrn Naresh Veerabathini, danke ich für die engagierte Begleitung und Unterstützung dieses Bandes. Meiner Mitarbeiterin Rosa Kuntz und meinen Mitarbeitern Max Hopp und Tom Ruppenthal danke ich für die Unterstützung bei der Vorbereitung des Workshops, Frau Kuntz darüber hinaus dafür, dass sie die Manuskripte mit großer Umsicht satzfertig gemacht hat.

Mannheim, Deutschland
September 2024

Michael W. Müller

Inhaltsverzeichnis

Teil I
Einleitung

Mittelbare staatliche Verhaltenssteuerung als Gegenstand interdisziplinär informierter Rechtswissenschaft

Michael W. Müller

Zusammenfassung Der Beitrag skizziert die Aufgaben einer interdisziplinär informierten Rechtswissenschaft im Umgang mit Instrumenten mittelbarer staatlicher Verhaltenssteuerung. Hierunter werden, in Anlehnung an die Terminologie des Bundesverfassungsgerichts, alle nach außen gerichteten staatlichen Handlungsformen verstanden, die lenkenden Einfluss nicht durch unmittelbar wirkende Ge- und Verbote nehmen, sondern vermittelt über die Adressierung anderer als der eigentlich zu regulierenden Sachverhalte oder über andere, nicht-imperative Steuerungsmedien. Ausgehend von der Entscheidung des Bundesverfassungsgerichts zu Sanktionen gegenüber Bezieherinnen und Beziehern von Sozialleistungen wird gezeigt, wie Steuerungs-, Belastungs- und Nebenwirkungen mittelbarer Steuerungsformen analysiert und zum Gegenstand einer juristischen Maßstabbildung gemacht werden können, die zugleich kritische Perspektiven auf das Konzept der mittelbaren Verhaltenssteuerung einschließen kann. Damit leitet der Beitrag einen Band ein, der rechts- und wirtschaftswissenschaftliche Perspektiven auf die Problemstellung versammelt.

1 Einleitung

Klassisches Instrument rechtsstaatlicher Verhaltenssteuerung ist das imperative Gesetz. Im Modus des Gesetzes werden den Bürgerinnen und Bürgern in abstrakt-genereller Art und Weise Ge- und Verbote auferlegt, denen allgemeine Verbindlichkeit zukommt. Mit der Steuerung durch Gesetz ist eine Vielzahl rechtsstaatlicher Sicherungsmechanismen verbunden: Gesetze gelten allgemein und für alle in gleicher Weise, vor dem Gesetz sind alle gleich. Gesetze werden vom Parlament als

M. W. Müller (✉)
Lehrstuhl für Öffentliches Recht und Europäisches Wirtschaftsrecht,
Universität Mannheim, Mannheim, Deutschland
E-Mail: m.mueller@uni-mannheim.de

M. W. Müller (Hrsg.), *Mittelbare Verhaltenssteuerung – Konzept, Wirkungen, Kritik*,
https://doi.org/10.1007/978-3-662-69010-9_1

zentralem Organ der repräsentativen Demokratie erlassen; die Verteilung von Gesetzgebungs- und Vollzugskompetenzen zwischen Bund und Ländern verspricht vertikale Gewaltenteilung. An das Gesetz sind vollziehende und rechtsprechende Organe gebunden, hierdurch wird Gewalt als rechtsstaatliches Vollzugsinstrument kanalisiert. Gleichzeitig hat die Gesetzesform freiheitssichernde Wirkung: Jenseits gesetzlicher Ge- und Verbote ist privatautonomes Handeln zulässig.

Auf die Verhaltenssteuerung mittels normativer Ge- und Verbote ist der moderne Staat aber nicht beschränkt. Nach einer Formulierung des Bundesverfassungsgerichts verwaltet er „nicht nur durch rechtsverbindliche Weisung, sondern ebenso durch mittelbare Verhaltenssteuerung.“[1] Häufiger findet sich – auf das der strengen Gesetzesbindung unterliegende Steuerrecht bezogen – die Formulierung: „Der Gesetzgeber darf nicht nur durch Ge- und Verbote, sondern ebenso durch mittelbare Verhaltenssteuerung auf Wirtschaft und Gesellschaft gestaltend Einfluss nehmen.“[2] Eingeleitet werden so Entscheidungen zur Verhaltenssteuerung mit Mitteln des Steuerrechts, bei der sich der Staat seine Steuerhoheit zunutze macht und sich statt der imperativen Anordnung des Mediums Finanzen bedient. Darüber hinaus kann man, wie der Beitrag zeigen wird, noch weitere Fallkonstellationen unter den Begriff einer „mittelbaren Verhaltenssteuerung“ fassen: etwa Steuerung durch Finanzzuwendungen, Risikozuweisung oder Öffentlichkeitsinformationen sowie all jene Steuerungszugriffe, bei denen staatliche Maßnahmen ein anderes als das eigentlich zu regulierende Verhalten adressieren (sogleich Abschn. 2).

Mit der grundsätzlichen Zulässigkeit „mittelbarer Verhaltenssteuerung“ verbinden sich häufig erhebliche Spielräume zur Ausgestaltung des Steuerungszugriffs. So heißt es in Bezug auf steuerliche Lenkungstatbestände häufig, diese nähmen in Kauf, „dass das Lenkungsziel nicht verlässlich erreicht werde“, sie seien „also ein Instrument zur Annäherung an ein Ziel“.[3] Für das Recht öffentlicher Leistungen heißt es: „Will der Gesetzgeber ein bestimmtes Verhalten fördern, das ihm aus wirtschafts-, sozial-, umwelt- oder gesellschaftspolitischen Gründen erwünscht ist, hat er eine große Gestaltungsfreiheit.“[4] Überprüft werde lediglich die Willkürfreiheit der getroffenen Annahmen zu entsprechenden Lenkungswirkungen.[5]

Besondere Aufmerksamkeit haben diese Maßstäbe zuletzt durch die Entscheidung des Bundesverfassungsgerichts zu sog. Sanktionen im Sozialleistungsrecht erfahren. Auch dabei handelt es sich in der Terminologie des Bundes-

---

[1] BVerfGE 98, 106 (107).

[2] Zuletzt BVerfGE 160, 41 (67); zuvor BVerfGE 110, 274 (292); 117, 1 (31); 122, 210 (231); 135, 126 (151); 137, 350 (367).

[3] BVerfGE 98, 106 (122); BVerfGE 110, 274 (293); vgl. auch BVerfGE 117, 1 (31 ff., 69 f.) (jeweils Erster Senat) und BVerfGE 121, 108 (120); 122, 210 (231 f.) (Zweiter Senat). Der Reichweite des Gleichheitssatzes im Bereich steuerlicher Verhaltenslenkung ist aber nicht abschließend geklärt; strengere Maßstäbe der Folgerichtigkeit bei BVerfGE 99, 280 (294 ff.); 116, 164 (180 ff.); zum Ganzen Wernsmann (2005), S. 219 ff.; Schön (2011), S. 191 ff.

[4] BVerfGE 110, 274 (293).

[5] BVerfGE 110, 274 (293).

verfassungsgerichts um eine Form mittelbarer Verhaltenssteuerung: Sozialrechtliche Mitwirkungspflichten sind nicht mit Befehl und Zwang durchsetzbar, ihre Verletzung konnte aber zur Kürzung der staatlichen Leistungen führen.[6] In der Entscheidung hielt das Gericht an seinem großzügigen Maßstab fest, schränkte diese für den konkreten Fall jedoch ein und begründete dies mit den erheblichen Belastungen, die mit der Kürzung sozialrechtlicher Existenzsicherungsleistungen verbunden seien. In der Entscheidung heißt es:

> „Zwar verfügt er [der Gesetzgeber] regelmäßig über einen weiten Spielraum, die Wirkung der von ihm gewählten Maßnahmen auch im Vergleich zu anderen, weniger belastenden Maßnahmen zu prognostizieren und kann sich dabei mit geringen Erfolgswahrscheinlichkeiten begnügen. Doch ist der Spielraum enger, wenn er auf existenzsichernde Leistungen zugreift. Der Gesetzgeber muss der Wahl und Ausgestaltung seines Konzepts eine verfassungsrechtlich tragfähige Einschätzung zugrunde legen; soweit er sich auf Prognosen über tatsächliche Entwicklungen und insbesondere über die Wirkungen seiner Regelung stützt, müssen diese verlässlich sein […] Je länger eine Minderungsregel in Kraft und der Gesetzgeber damit in der Lage ist, fundierte Einschätzungen zu erlangen, umso weniger genügt es, sich auf plausible Annahmen zu Wirkungen der Durchsetzungsmaßnahmen zu stützen. Umso tragfähigerer Erkenntnisse bedarf es dann, um die Eignung, Erforderlichkeit und Angemessenheit dieser Sanktionen zu belegen“.[7]

Die Ausgestaltung eines verfassungskonformen Sanktionsrechts im Ausgangspunkt dieser Entscheidung würde erhebliche Anforderungen an den Gesetzgeber stellen,[8] der die Wirkungen seiner Steuerungsbemühungen prognostizieren und evaluieren muss (unten Abschn. 3). Auch über diese konkreten Folgen hinaus geben die intensiven Belastungswirkungen, die sich bei den sozialleistungsrechtlichen Sanktionen, aber auch in anderen Bereichen der mittelbaren Verhaltenssteuerung zeigen, Anlass zu einer kritischen Bestandsaufnahme. Es muss darum gehen, neben den mit mittelbarer Verhaltenssteuerung verbundenen Lenkungsmöglichkeiten auch ihre freiheitsbeschränkenden Wirkungen zu erkennen und die freiheitssichernde Funktion verfassungsrechtlicher Gewährleistungen gegenüber diesen Steuerungsformen zu erschließen (unten Abschn. 4). Der Rechtswissenschaft kommt dabei nach hier vertretener Auffassung die Aufgabe zu, zu einer genaueren Konturierung von Formen der mittelbaren Verhaltenssteuerung, zur Formulierung rechtlicher Maßstäbe und dadurch zur Anleitung von Gesetzgebung und Rechtsanwendung beizutragen (unten Abschn. 5). Perspektiven hierfür diskutieren die in diesem Band versammelten Beiträge, auf die dieser Text Hinweise gibt.

---

[6] Derzeit sind Sanktionen gegenüber Bezieherinnen und Beziehern von Existenzsicherungsleistungen nur in dem in der Entscheidung nicht beanstandeten Umfang vorgesehen; diese wurden zunächst während der Corona-Pandemie ausgesetzt; vgl. Knize/Wolf/Wolff 2022, Nr. 4, S. 1 ff., und dann im Rahmen der Neuregelungen des sog. Bürgergeldes auf eine Kürzung in Höhe von max. 30 % beschränkt, vgl. § 31a Abs. 1 Sätze 1-3 n. F. SGB II.

[7] BVerfGE 152, 68 (134).

[8] Vgl. dazu Wolff 2021a, b, S. 184 ff.; vor der Entscheidung etwa Wissenschaftliche Dienste des Deutschen Bundestags (2017): Auswirkungen von Sanktionen im SGB II. Überblick über qualitative Studien in Deutschland, Dokumentation WD 6-3000-004/17.

2 Konzept

Das Bundesverfassungsgericht verwendet den Begriff der mittelbaren Verhaltenssteuerung in den oben zitierten Entscheidungen in einem Komplementärverhältnis zu (unmittelbar) wirkenden Ge- und Verboten. Im Folgenden soll diese Abgrenzung nach zwei Richtungen nachvollzogen werden: *zum einen* sollen dem Begriff der mittelbaren Verhaltenssteuerung alle Formen staatlicher Verhaltenssteuerung unterstellt werden, die andere als die eigentlich zu regulierenden Sachverhalte adressieren. Der Grund für eine solche Steuerung „über Bande" kann insbesondere darin liegen, dass unmittelbare Steuerungszugriffe aus rechtlichen oder tatsächlichen Gründen erschwert oder unmöglich sind. Vielfältige Beispiele hierfür haben sich im regulatorischen Umgang mit der Corona-Pandemie gezeigt: So adressieren Ausgangsbeschränkungen das infektiologisch kaum bedenkliche Verhalten im öffentlichen Raum, um Ansteckungsgefahren durch – rechtlich wie tatsächlich kaum zu kontrollierende – Ansammlungen in privaten Räumen einzuschränken.[9]

Zum anderen sollen als Phänomene der mittelbaren Verhaltenssteuerung alle Formen der lenkenden Einflussnahme bezeichnet werden, die über nicht-imperative Steuerungsmedien vermittelt werden. Umfasst ist davon insbesondere die Steuerung durch Finanzen,[10] durch Informationen[11] und durch Risikozuweisung.[12] Steuerung durch Finanzen betrifft dabei die Einnahmen- wie die Ausgabenseite öffentlicher Haushalte: Der Staat kann Verhaltenssteuerung durch die Ausgestaltung des Steuer- und Abgabenrechts ebenso betreiben wie durch Förderung bestimmter, erwünschter Tätigkeiten. Der lenkende Zugriff auf Einnahmenseite unterliegt dabei der strengen Gesetzesbindung des Steuerrechts.[13] Als Form einer Makrosteuerung erweisen sich auch Subventionen, die zur Verwirklichung allgemeiner Förderzwecke ausgereicht werden. Diese Art der allgemeinen Förderung ist charakteristisches Element der in Art. 109 Abs. 2 GG angesprochenen Globalsteuerung.[14] Zunehmend werden öffentliche Finanzen auf Ausgabenseite aber auch als Instrument einer Mikrosteuerung erschlossen, wenn öffentliche Leistungen mit konkreten Verhaltenserwartungen gegenüber den Empfängerinnen und Empfängern dieser Leistungen verknüpft werden. Die Erscheinungsformen dieses „Konditionalitätspara-

---

[9] Ausführlich Michl, Mittelbare Verhaltenssteuerung und ihre Wirkung in der Corona-Pandemie, in diesem Band, 2.3.

[10] Dazu die Beiträge von Korioth, Die vergessene Globalsteuerung der Wirtschaft, in diesem Band, und Hesse, Fluch und Segen staatlicher Fördermittel, in diesem Band.

[11] Dazu die Beiträge von Wagner, Eingriffswirkungen staatlicher Publikumsinformationen aus rechtlicher Perspektive, in diesem Band, und Chatziathanasiou, Nudge, Hype, Replikationskrise: Zu unsicheren (Neben-)Wirkungen verhaltenswissenschaftlicher Steuerung, in diesem Band, 3.2.

[12] Dazu die Beiträge von Latzel, Eigeninitiative statt Effektivität – privatrechtliche Verhaltenssteuerung unter Autonomievorbehalt, in diesem Band, und Meynhardt, Das Leipziger Führungsmodell als Kompass für nicht-imperatives Handeln in der Wirtschaft, in diesem Band.

[13] Vgl. Hey 2021, Rz. 19.5.

[14] Dazu Korioth, Die vergessene Globalsteuerung der Wirtschaft, in diesem Band, 1.

digmas“[15] sind vielfältig: Sie umfassen Nachhaltigkeitsvorgaben im Rahmen der Wirtschaftsförderung[16] wie der Wirtschaftsstabilisierung,[17] die Etablierung von Entgeltstrukturen in der sozialstaatlichen Leistungserbringung[18] sowie die schon eingangs angesprochenen Verhaltensvorgaben gegenüber Bezieherinnen und Beziehern von Sozialleistungen und deren Durchsetzung mittels Leistungskürzungen.

Auch die Möglichkeiten und Erscheinungsformen der Steuerung durch Informationen sind vielfältig: Warnungen von Amtsträgerinnen und Amtsträgern vor Jugend- und Gesundheitsgefahren oder vor politischen Gefährdungen, aber auch staatlich betriebene Portale zur Verbraucherinformation. Hier nutzt der Staat seine Möglichkeiten, die Öffentlichkeit anzusprechen, und das Vertrauen, das Bürgerinnen und Bürger den staatlichen Institutionen entgegenbringen. Gleichzeitig vertraut er auf rationale Entscheidungen der Informationsempfängerinnen und -empfänger. Bei der Steuerung durch Risikozuweisung reguliert der Staat Tätigkeiten nicht durch Ge- und Verbot, er weist die Konsequenzen der Materialisierung ihnen innewohnender Gefahren zu.[19] Auch die Nicht-Regulierung kann sich durch die damit geschaffene Rechtsunsicherheit als risikobasierte Verhaltenssteuerung erweisen.[20]

Zwischen den beiden hier beschriebenen Arten mittelbarer Verhaltenssteuerung – mittelbare regulatorische Ansatzpunkte einerseits, Einsatz nicht-imperativer Steuerungsmedien andererseits – kann es auch Verknüpfungen geben. Dies zeigt etwa das Beispiel der staatlichen Publikumsinformation: genutzt wird die Informationsmöglichkeit gegenüber der Öffentlichkeit, um vermittelt durch Marktmechanismen verhaltenssteuernde Wirkungen bei den betroffenen Unternehmen oder Branchen zu erzielen.

Insgesamt bildet die mittelbare Verhaltenssteuerung somit ein breites Panorama staatlicher Handlungsformen ab, die vom klassischen, eingangs beschriebenen Paradigma der Steuerung durch imperative, gegenüber den Betroffenen mit Befehl und Zwang durchsetzbare Ge- und Verbote, abweichen. Diese Definition schließt auch ein Phänomen ein, das als „nudging“ diskutiert wird: staatliches Anstoßen gerade unterhalb der Schwelle zu echten Verhaltensanreizen.[21] Häufig aber stehen die Wirkungen der Steuerung durch Finanzen, Informationen und Risiko sowie der

---

[15] Dazu Müller 2024.

[16] Dazu Knauff 2022, S. 758 ff.; Krönke 2022, S. 1606 ff.; Müller 2023, S. 39 ff.

[17] Vgl. §§ 20, 25 StFG.

[18] Vgl. Wiesner 2016, S. 437; Korioth und Müller 2019, S. 1065 ff.; Korioth und Müller 2020, S. 177; Müller 2021, S. 64 ff.

[19] Im Sinne der Begriffsbildung Luhmanns werden durch die Zuweisung dieser Konsequenzen und die damit verbundene Zurechnung von Gefahren auf Entscheidungen Gefahren in Risiken transformiert, vgl. Luhmann 1991, S. 30 ff.; dort aber auch, S. 129, bereits zu den Grenzen dieser Transformation im Umgang mit später sog. systemischen Risiken; zum Ganzen Müller 2019, S. 63 ff.

[20] Dazu Latzel, Eigeninitiative statt Effektivität – privatrechtliche Verhaltenssteuerung unter Autonomievorbehalt, in diesem Band, 1.3.3, in diesem Band.

[21] Vgl. dazu Thaler und Sunstein 2011; Kirchhof 2015, S. 136; Wolff 2021a, b, S. 21; Chatziathanasiou, Nudge, Hype, Replikationskrise: Zu unsicheren (Neben-)Wirkungen verhaltenswissenschaftlicher Steuerung, in diesem Band, 2.3.

mittelbar wirkenden Steuerung jenen der imperativen Verhaltenssteuerung nicht nach.[22] Formen mittelbarer Verhaltenssteuerung können an die Stelle imperativen Steuerungshandelns treten – wenn etwa im Beispiel der Publikumsinformation auf imperative Anordnungen gegenüber den betroffenen Unternehmen verzichtet wird –, sie können dieses aber auch ergänzen. Gemeinwohlziele können so in Form flexibler „Instrumentenmixe" verwirklicht werden.[23]

3 Wirkungen

Schon im Interesse des effizienten und effektiven Ressourceneinsatzes sollte der Staat sich der Wirkungen seiner Steuerungsformen vergewissern. Zumindest in manchen Bereichen kann er, wie die Entscheidung des Bundesverfassungsgerichts zu den sozialrechtlichen Sanktionen zeigt, hierzu von Verfassungs wegen gezwungen sein.[24] Die Betrachtung der intendierten und tatsächlichen Wirkungen staatlichen Steuerungshandelns kann fünf verschiedene Dimensionen in den Blick nehmen: die Wirkungsweise der Steuerungsmedien (1),[25] intendierte Steuerungseffekte mit Blick auf konkrete Verhaltensweisen (2), die langfristige Zielsetzung der steuernden Maßnahmen (3), die Belastungswirkungen gegenüber den Betroffenen (4) sowie auch etwaige Nebenwirkungen, die bei den Betroffenen oder Dritten eintreten können (5).

Die fünf Kategorien lassen sich anhand der Entscheidung des Bundesverfassungsgerichts zu den Mitwirkungspflichten bei Sozialleistungen nach dem SGB II veranschaulichen: In Form einer *Steuerung durch Finanzen* (1)[26] sollten Empfängerinnen und Empfänger von Sozialleistungen dazu angehalten werden, zumutbare Maßnahmen der Eingliederung in Arbeit anzunehmen. Hinter diesem kurzfristig *intendierten Steuerungseffekt* (2) stand die gesetzgeberische *Zielsetzung*, langfristig dazu beizutragen, den Betroffenen eine eigenständige Teilhabe am Erwerbsleben und die eigenständige Sicherung ihres Lebensunterhalts zu ermöglichen (3).[27] Die sog. Mitwirkungspflichten, die in Leistungsvereinbarungen oder diese ersetzenden Verwaltungsakten festgelegt wurden, waren nicht mit Zwangsmitteln vollstreckbar oder strafbewehrt, ihre Verletzung konnte aber – nach der der Entscheidung des Bundesverfassungsgerichts zugrunde liegenden Fassung von § 31a SGB II – zur Minderung bis hin zum Entfallen des Arbeitslosengeldes II führen.

---

[22] Dazu sogleich Abschn. 2.

[23] Für das Umweltrecht Franzius 2000, S. 101 ff.; allgemein Hellgardt 2016, S. 46; ferner Meynhardt, Das Leipziger Führungsmodell als Kompass für nicht-imperatives Handeln in der Wirtschaft, in diesem Band, 2.

[24] Dazu schon oben 1.

[25] Dazu schon oben 2.

[26] Dazu Korioth 2022, § 42 Rn. 10: „Jeder hat lieber mehr als weniger Geld, weil Geld in jedes den persönlichen Vorlieben und Zwecken entsprechende Gut verwandelt werden kann".

[27] Vgl., auch zur Unterscheidung von kurzfristigen Verhaltensvorgaben und langfristigen Steuerungszielen, BVerfGE 152, 68 (131).

Auf die Betroffenen übt die angedrohte Kürzung von Sozialleistungen, die ein Existenzminimum sichern sollen, eine erhebliche *Belastungswirkung* aus (4). „Der Gesetzgeber enthält vor, was er nach Art. 1 Abs. 1 in Verbindung mit Art. 20 Abs. 1 GG zu gewährleisten hat; er suspendiert, was Bedürftigen grundrechtlich gesichert zusteht, und belastet damit außerordentlich."[28] In der Lebensrealität vieler Betroffener dürften mit Leistungskürzungen verfolgte Vorgaben einschneidender wirken als etwa abstrakt-generell gesetzlich festgelegte, mit Zwangsmitteln vollziehbare Verhaltensanforderungen. Mit Blick auf die Zielsetzung der Wiedereingliederung drohten sogar *Nebenwirkungen* (5) dergestalt, „dass Menschen die Grundlage dafür verlieren, überhaupt wieder in Arbeit zu kommen",[29] wenn Leistungskürzungen zu „Wohnungslosigkeit, [...] Dequalifizierung, verstärkte[r] Verschuldung, eingeschränkte[r] Ernährung, unzureichende[r] Gesundheitsversorgung, soziale[m] Rückzug sowie seelische[n] Probleme[n]" führten.[30]

Die Besonderheit der Entscheidung zu den sozialrechtlichen Sanktionen besteht in der normativen Bedeutung, die das Bundesverfassungsgericht diesen Wirkungen und ihrer Relation zumisst:[31] Zum einen sind die erheblichen Belastungswirkungen Ausgangspunkt einer strengen Verhältnismäßigkeitsprüfung. Zum anderen führen sie dazu, dass im Rahmen dieser Verhältnismäßigkeitsprüfung verlässliche „Prognosen über tatsächliche Entwicklungen und insbesondere über die Wirkungen seiner Regelung" und, nachdem eine Regelung über längere Zeit in Kraft ist, „tragfähigere Erkenntnisse" über „Eignung, Erforderlichkeit und Angemessenheit dieser Sanktionen" gefordert werden.[32] Vor diesem Hintergrund waren die Leistungskürzungen um 60 % bzw. in voller Höhe deshalb verfassungswidrig, weil es an „tragfähige[n] Erkenntnisse[n] zu Eignung und Erforderlichkeit einer Sanktion in dieser gravierenden Höhe" fehle.[33]

4 Kritik

Das Bundesverfassungsgericht hat diese Form der wirkungsbezogenen Maßstabbildung für eine Form der Steuerung durch Finanzen in seiner Entscheidung ausdrücklich auf den Fall des Zugriffs auf existenzsichernde Leistungen beschränkt und daran festgehalten, dass dem Gesetzgeber im Allgemeinen ein weiter Prognosespielraum bei der Auswahl seiner Steuerungsformen zusteht. Gleichwohl gibt die Entscheidung Anlass, die verschiedenen Formen staatlicher Verhaltenssteuerung insgesamt wirkungsbezogen zu betrachten: Erst dann erweisen sich die

[28] BVerfGE 152, 68 (3. Leitsatz).

[29] BVerfGE 152, 68 (141).

[30] BVerfGE 152, 68 (194).

[31] S. dazu BVerfGE 152, 68 (134); hierzu schon das Zitat oben 1.

[32] BVerfGE 152, 68 (134).

[33] BVerfGE 152, 68 (189).

tatsächlichen Folgen, die mit den Maßnahmen verbunden sein können – erhebliche *Belastungswirkungen* liegen etwa auch dann nahe, wenn Konditionalitäten etwa zur Wirtschaftsstabilisierung[34] oder zur kommunalen Konsolidierung[35] erforderliche Finanzmittel betreffen, oder wenn Warnungen rufschädigende Dimensionen einnehmen;[36] *Nebenwirkungen* können in den Folgen kognitiver Überlastung bei *informationeller Steuerung* liegen.[37] Noch schwieriger zu bemessen, aber für die Beurteilung der verschiedenen Steuerungsformen mindestens genauso wichtig sind langfristige Nebenfolgen, die von den Maßnahmen ausgehen können: etwa die Aushöhlung von Autonomiebereichen, wenn goldene Zügel auf Dauer zu goldenen Handschellen werden.[38]

Die Auseinandersetzung mit den Wirkungen eröffnet somit auch kritische Perspektiven auf das Konzept einer mittelbaren Verhaltenssteuerung. Diese kann und muss auch weitere Fragen einschließen, die schon die *Wirkungsweise* der Steuerungsformen und ihr Verhältnis zur Steuerung durch Gesetz betreffen. Dabei ist in Erinnerung zu rufen, dass die Verpflichtung des Staates zum Handeln durch Gesetz im Allgemeinen freiheitssichernde Dimension hat und eine Vielzahl verfassungsrechtlicher Vorgaben auf sie bezogen ist – etwa die gewaltenbegrenzende Funktion der Gesetzgebungskompetenzen,[39] die besondere demokratische Legitimation des Gesetzgebungsverfahrens,[40] die mit der Wesentlichkeitslehre verbundene Transparenz[41] und der staatsbürgerliche Gleichheit sichernde Grundsatz der Allgemeinheit des Gesetzes.[42] Demgegenüber ist etwa der Zugriff einer Steuerung durch Finanzen grundsätzlich ein selektiver, weil er diejenigen in besonderer Weise betrifft, die auf staatliche Mittel angewiesen oder staatlichem Steuerzugriff unterworfen sind.[43] Auch soll nach der wohl noch herrschenden Meinung im Subventionsrecht auch dann regelmäßig kein Gesetzesvorbehalt gelten, wenn Subventionen mit konkreten Verhaltensvorgaben für die Empfängerinnen und Empfänger verbunden sind: wenn das richtig ist, könnten sog. Konditionalitätsvorgaben außerhalb der Gesetz-

[34] Vgl. §§ 20, 25 StFG.

[35] Dazu Stolzenberg 2018, S. 74 ff.; zu Konditionalitäten in der Kommunalfinanzierung vgl. auch den Beitrag von Hesse, Fluch und Segen staatlicher Fördermittel, in diesem Band.

[36] Wagner, Eingriffswirkungen staatlicher Publikumsinformationen aus rechtlicher Perspektive, in diesem Band, 2.4.1.

[37] Chatziathanasiou, Nudge, Hype, Replikationskrise: Zu unsicheren (Neben-)Wirkungen verhaltenswissenschaftlicher Steuerung, in diesem Band, 4.3.

[38] Zu diesem Bild Hesse, Fluch und Segen staatlicher Fördermittel, in diesem Band, 3.2.

[39] Vgl. etwa BVerfGE 12, 205 (228 f.); 157, 223 (261 f.), 160, 1, 22; Voßkuhle/Kaufhold 2012, S. 316.

[40] Zuletzt etwa BVerfGE 157, 30 (149); Huber 2022, S. 2.

[41] BVerfGE 85, 386 (403 f.); 95, 267 (307 f.); 130, 318 (344); 131, 152 (205 f.); Dreier (2015) Art. 20 Rn. 117.

[42] Zur Bedeutung der Allgemeinheit des Gesetzes P. Kirchhof 2010, § 181 Rn. 136; G. Kirchhof 2009, S. 174 ff.; Müller 2022, S. 52 ff.

[43] Ausführlich Müller 2024, § 11.II.

gebungskompetenzen und durch die Verwaltung festgesetzt werden.[44] Und selbst im Steuerrecht, das einer strikten Gesetzmäßigkeit unterliegt, soll der Steuergesetzgeber Lenkungszwecke auch dann festlegen dürfen, wenn ihm die entsprechende Sachkompetenz hierfür fehlt.[45]

Aufgabe einer kritischen, wirkungsbezogenen Analyse der mittelbaren Verhaltenssteuerung kann und muss es vor diesem Hintergrund auch sein, verfassungsrechtliche Maßstäbe zu bilden und rechtsstaatliche Bindungen zu aktivieren – wie dies etwa im Bereich der *Steuerung durch Information* in Form der Anerkennung einer Grundrechtsbindungen und dem inzwischen daraus abgeleiteten Gesetzesvorbehalt gelingen kann.[46]

5 Perspektiven

In der Entscheidung zu den sozialrechtlichen Sanktionen hat das Bundesverfassungsgericht einen verfassungsrechtlichen Ansatz gefunden, der die Wirkungen einer Form der Steuerung durch Finanzen zum Ansatzpunkt einer verfassungsrechtlichen Maßstabbildung macht. Entschiede sich der Gesetzgeber dafür, an intensiveren Sanktionen im Sozialleistungsrecht festzuhalten,[47] bedeutete dies erheblichen empirischen Aufwand schon im Gesetzgebungsverfahren, vor allem aber bei der späteren fortwährenden, oder zumindest regelmäßigen Evaluation. Erforderlich würden Studien, die nicht nur die individualpsychologischen Steuerungseffekte angedrohter Leistungskürzungen auf Betroffene, sondern auch gesellschaftliche und volkswirtschaftliche Folgen und Nebenwirkungen einbeziehen. Der Sache nach handelt es sich bei solchen Vorgaben um Rationalitätsanforderungen an die Gesetzgebung,[48] die ihrerseits eine Form mittelbarer Verhaltenssteuerung sind: Durch prozedurale Vorgaben soll ein inhaltlich verfassungskonformes Ergebnis sichergestellt werden.[49]

---

[44] Vgl. ausführlich und kritisch Kluckert 2018, S. 219 ff.; insbesondere soll nach bislang herrschender Meinung § 36 (L-)VwVfG auch belastende Nebenbestimmungen zu begünstigenden Verwaltungsakten tragen, dazu kritisch Bumke 2022, § 34 Rn. 146; zu möglichen Einschränkungen Lübbe-Wolff 1988, S. 273; Bumke 2022, § 34 Rn. 147; Krönke 2022, S. 1608; Müller 2023, S. 44.

[45] BVerfGE 3, 407 (436); 16, 147 (160 f.); 38, 61 /79 f.); 98, 106 (118); vgl. dazu Wernsmann 2013, § 152 Rn. 6.

[46] Dazu unten Wagner, Eingriffswirkungen staatlicher Publikumsinformationen aus rechtlicher Perspektive, in diesem Band, 2.4.

[47] Vgl zur Entwicklung seit der Entscheidung des Bundesverfassungsgerichts schon oben 1.

[48] Hierzu die Beiträge von Weber, Rationalität als Anforderung an das Gesetzgebungsverfahren: Evidenzbasierte Gesetzgebung?, in diesem Band, und Rauber, Mittelbare Gesetzgebungssteuerung durch verfassungsrechtliche Rationalitätsanforderungen? in diesem Band.

[49] Dazu, auch zu den Limitationen solcher prozeduralen Ansätze, Rauber, Mittelbare Gesetzgebungssteuerung durch verfassungsrechtliche Rationalitätsanforderungen?, in diesem Band, 1.

Wirkungsbezogene Untersuchungen liegen nahe auch in anderen Gebieten, in denen sich Hoheitsträger mittelbarer Steuerungsformen bedienen: So können etwa die politischen Wirkungen von Konditionalitäten auf internationaler[50] wie auf kommunaler Ebene,[51] die Auswirkungen von Kommunikationsakten auf das Verhalten von Individuen und Gruppen oder die Wirkungen von Risikozuweisungen im Unternehmenskontext fachwissenschaftlich untersucht werden. Die Ergebnisse solcher Untersuchungen sind von unmittelbarem Interesse für die Rechtswissenschaften: Sie helfen dabei, das breite Spektrum hoheitlicher Steuerungsformen zu erschließen und zu konturieren, und sie sensibilisieren für die erheblichen Steuerungs-, Belastungs- und Nebenwirkungen, die diese Instrumente mit sich bringen. Dadurch ermöglichen sie zugleich einen Vergleich mit normativen Steuerungsformen.[52]

Erst in Auseinandersetzung mit diesen Fragen kann dann eine vollständige juristische Maßstabbildung gelingen. Insoweit dürften die Aussagen der Entscheidung des Bundesverfassungsgerichts zu den sozialrechtlichen Sanktionen nämlich generalisierbar sein: Kommt mittelbaren Steuerungsformen erhebliche Belastungswirkung zu oder drohen erhebliche Nebenwirkungen, müssen sich die verfassungsrechtlichen Maßstäbe hieran annähern: Fragen mit erheblichen Auswirkungen auf den Freiheitsgebrauch muss der parlamentarische Gesetzgeber entscheiden, es bedarf adäquaten, effektiven Rechtsschutzes, einer hohen Kontrolldichte und einer strikten Verhältnismäßigkeitsprüfung. Die Verhältnismäßigkeitsprüfung wiederum kann sich, auf der Suche nach dem mildesten Mittel, ihrerseits den Vergleich verschiedener Steuerungsformen zunutze machen. Voraussetzung hierfür ist freilich, dass diese Steuerungsformen ihren Wirkungen nach hinreichend verstanden sind.

Eine wirkungsbezogene, interdisziplinär informierte Rechtswissenschaft kann also einen Beitrag leisten zur Konturierung und Einhegung der vielfältigen Steuerungsformen, die modernen Trägern von Hoheitsgewalt zu Gebote stehen, und damit zugleich deren rationalen und rechtsstaatlichen Einsatz anleiten. Die Texte dieses Bandes mögen einen Beitrag hierzu leisten.

Literatur

Andone I, Scheubel B (2019) Once bitten: new evidence on the link between IMF conditionality and IMF stigma. European Central Bank Working Paper Series, No 2262, April 2019. https://doi.org/10.2866/12001

Böhret C, Konzendorf G (2002) Moderner Staat – Moderne Verwaltung: Leitfaden zur Gesetzesfolgenabschätzung. Bundesministerium des Innern, Berlin

Bumke C (2022) § 34: Verwaltungsakte. In: Voßkuhle A, Eifert M, Möllers C (Hrsg) Grundlagen des Verwaltungsrechts, Bd 2, 3. Aufl. C. H. Beck, München, S 513–646

[50] Vgl. etwa Andone und Scheubel 2019.

[51] Stolzenberg 2018, S. 179 ff.

[52] Zur Erforschung von Rechtswirkungen Böhret und Konzendorf 2002, S. 6; Danner 2012, S. 69; Dietsche 2022, S. 21; Hilbert und Rauber 2019; zur Berücksichtigung in der Verhältnismäßigkeitsprüfung von Nebenwirkungen in der Verhältnismäßigkeitsprüfung Klement 2022, § 80 Rn. 44.

Chatziathanasiou K (2024) Nudge, Hype, Replikationskrise: Zu unsicheren (Neben-)Wirkungen verhaltenswissenschaftlicher Steuerung, in diesem Band

Danner W (2012) Qualität der Gesetzgebung. Eine Herausforderung am Beispiel der Energiewirtschaft. Z gesamte Recht der Energiewirtschaft 1(2):66–71

Dietsche H-J (2022) „Nachhaltigkeitsmechanismus" bei Gesetzesfolgenabschätzung. Z Rechtspolitik 55(1):21–24

Dreier H (2015) Art. 20 – Demokratie. In: Dreier H (Hrsg) Grundgesetz, Bd 2, 3. Aufl. Mohr Siebeck, Tübingen, S 27–116

Franzius C (2000) Die Herausbildung der Instrumente indirekter Verhaltenssteuerung im Umweltrecht der Bundesrepublik Deutschland. Duncker und Humblot, Berlin

Hellgardt A (2016) Regulierung und Privatrecht: Staatliche Verhaltenssteuerung mittels Privatrecht und ihre Bedeutung für Rechtswissenschaft, Gesetzgebung und Rechtsanwendung. Mohr Siebeck, Tübingen

Hesse M (2024) Fluch und Segen staatlicher Fördermittel, in diesem Band

Hey J (2021) Arten und Rechtfertigung von Steuervergünstigungen. In: Seer R, Hey J, Englisch J, Hennrichs J (Hrsg) Tipke/Lang, Steuerrecht, 24. Aufl. Otto Schmidt, Köln, S 1329–1342

Hilbert P, Rauber J (Hrsg) (2019) Warum befolgen wir Recht? Rechtsverbindlichkeit und Rechtsbefolgung in interdisziplinärer Perspektive. Mohr Siebeck, Tübingen

Huber PM (2022) Rechtsprechung und Rechtswissenschaft. Juristenzeitung 77:1–7

Kirchhof G (2009) Die Allgemeinheit des Gesetzes. Mohr Siebeck, Tübingen

Kirchhof G (2015) Nudging: zu den rechtlichen Grenzen informalen Verwaltens. Zeitschrift für Rechtspolitik 48:136–137

Kirchhof P (2010) § 181: Allgemeiner Gleichheitssatz. In: Isensee J, Kirchhof P (Hrsg) Handbuch des Staatsrechts, 3. Aufl. C. F. Müller, Heidelberg, S 697–838

Klement J-H (2022) § 8: Grundrechtseingriffe. In: Stern K, Sodan H, Möstl M (Hrsg) Das Staatsrecht der Bundesrepublik Deutschland im europäischen Staatenverbund, Bd 3, 2. Aufl. C. H. Beck, München, S 645–681

Kluckert S (2018) Zuwendung und Gesetz: insbesondere zu Grund und Grenzen der Außenwirkung von Haushaltsgesetz und Haushaltsplan. Mohr Siebeck, Tübingen

Knauff M (2022) Zuwendungsrecht unter Klimaschutzvorbehalt. Deutsches Verwaltungsbl 137(13):758–764

Knize V, Wolf M, Wolff J (2022) Zum Sanktionsmoratorium der Grundsicherung für Arbeitsuchende, IAB-Stellungnahme Nr. 4/2022. https://doi.org/10.48720/IAB.SN.2204

Korioth S (2022) § 42: Finanzen. In: Voßkuhle A, Eifert M, Möllers C (Hrsg) Grundlagen des Verwaltungsrechts, Bd 2, 3. Aufl. C. H. Beck, München, S 1181–1310

Korioth S (2024) Die vergessene Globalsteuerung der Wirtschaft, in diesem Band

Korioth S, Müller MW (2019) Gestaltungsmöglichkeiten bei der Finanzierung der Kindertagesförderung. Neue Z Verwaltungsrecht 2019:1065–1070

Korioth S, Müller MW (2020) Recht und Politik der Kindertagesförderung – Die Umsetzung des Anspruchs auf Kinderbetreuung als Beispiel der Verknüpfung öffentlicher Finanzen und staatlicher Verhaltenssteuerung, Jahrbuch für öffentliche Finanzen 2020-2 . Berliner Wissenschaftsverlag, Berlin, S 177–187

Krönke C (2022) Green Funding: Umwelt- und klimapolitisch aufgeladene Wirtschaftssubventionen im demokratischen Rechts-, Bundes- und Finanzstaat. Neue Z Verwaltungsrecht 41:1606–1611

Latzel C (2024) Eigeninitiative statt Effektivität – privatrechtliche Verhaltenssteuerung unter Autonomievorbehalt, in diesem Band

Lübbe-Wolff G (1988) Die Grundrechte als Eingriffsabwehrrechte: Struktur und Reichweite der Eingriffsdogmatik im Bereich staatlicher Leistungen. Nomos, Baden-Baden

Luhmann N (1991) Soziologie des Risikos. De Gruyter, Berlin

Meynhardt T (2024) Gemeinwohlorientierung im Leipziger Führungsmodell als Brücke zwischen imperativem und nicht-imperativem Handeln in der Wirtschaft, in diesem Band

Michl W (2024) Mittelbare Verhaltenssteuerung und ihre Wirkung in der Corona-Pandemie, in diesem Band

Müller MW (2019) Finanzmarktstabilisierung und Anlegereigentum: Ansätze zu einer verfassungsvergleichenden Prinzipienbildung für den hoheitlichen Umgang mit Finanzkrisen. Mohr Siebeck, Tübingen

Müller MW (2021) Unbedingte Rechtsansprüche im Bildungsföderalismus. Z Gesetzgebung 36:64–84

Müller MW (2022) Zeit in Gesetzen erfasst: G. W. F. Hegels Theorie der Kodifikation. Duncker und Humblot, Berlin

Müller MW (2023) Grundrechtsschutz bei konditionalisierten Zuwendungen: Ansätze einer Strukturbildung ausgehend von BVerwG, Urteil v. 6.4.2022 – 8 C 9.21, Juristenzeitung, S 39–45

Müller MW (2024) Konditionalität. Zu einer Form nicht-imperativer Verhaltenssteuerung durch öffentliche Finanzen im deutschen und europäischen Recht, Manuskript, Veröffentlichung in Vorbereitung, München

Rauber J (2024) Mittelbare Gesetzgebungssteuerung durch verfassungsrechtliche Rationalitätsanforderungen? in diesem Band

Schön W (2011) Besteuerungsgleichheit und Subventionsgleichheit. In: Mellinghoff R, Schön W, Viskorf H-U (Hrsg) Steuerrecht im Rechtsstaat: Festschrift für Wolfgang Spindler. Otto Schmidt, Köln, S 189–202

Stolzenberg P (2018) Kommunale Haushaltskonsolidierung durch Konditionalität. Ein Vergleich der Konsolidierungsprogramme der Bundesländer und ihrer Implementation in kreisfreien Städten. Nomos, Baden-Baden

Thaler R, Sunstein CS (2011) Nudge: Wie man kluge Entscheidungen anstößt. Econ, Berlin

Voßkuhle A, Kaufhold A-K (2012) Grundwissen – Öffentliches Recht: Der Grundsatz der Gewaltenteilung. Juristische Schulung 52:314–316

Wagner EE (2024) Eingriffswirkungen staatlicher Publikumsinformationen aus rechtlicher Perspektive, in diesem Band

Weber T (2024) Rationalität als Anforderung an das Gesetzgebungsverfahren: Evidenzbasierte Gesetzgebung? in diesem Band

Wernsmann R (2005) Verhaltenslenkung in einem rationalen Steuersystem. Mohr Siebeck, Tübingen

Wernsmann R (2013) § 152: Steuerlenkung. In: Kube H, Mellinghoff R, Morgenthaler G, Palm U, Puhl T, Seiler C (Hrsg) Leitgedanken des Rechts: Paul Kirchhof zum 70. Geburtstag, Bd 2. C. F. Müller, Heidelberg, S 1645–1656

Wiesner R (2016) Reformbedarf bei der Finanzierung der Kindertagesbetreuung. Landes- und Kommunalverwaltung 26(10):433–445

Wolff J (2021a) Anreize im Recht: Ein Beitrag zur Systembildung und Dogmatik im Öffentlichen Recht und darüber hinaus. Mohr Siebeck, Tübingen

Wolff J (2021b) Wirkung und Evaluation der Sanktionen im SGB II. Sozialrecht aktuell Sonderheft 25:184–187

Prof. Dr. Michael W. Müller, M.A., LL.M. (Cambridge), ist Inhaber des Lehrstuhls für Öffentliches Recht und Europäisches Wirtschaftsrecht an der Universität Mannheim.

Teil II
Steuerung durch Finanzen

Die vergessene Globalsteuerung der Wirtschaft

Stefan Korioth

Zusammenfassung Die in den 1960er-Jahren entwickelte Globalsteuerung sollte mit verschiedenen Gestaltungen der staatlichen Einnahmen und Ausgaben auf die Gesamtgrößen der Volkswirtschaft Einfluss nehmen. Steuerung bedeutet hier nicht, auf das Verhalten einzelner oder von Gruppen unmittelbar einzuwirken. Das Konzept stand im Zusammenhang verschiedener Versuche einer Rationalisierung und Verwissenschaftlichung der Politik. Diese Ansätze scheiterten zu großen Teilen. Nach einer Änderung der wirtschaftlichen Rahmenbedingungen zu Anfang der 1970er-Jahre stieg der staatliche Finanzbedarf zum Ausgleich wirtschaftlicher und sozialer Krisen. Grundannahmen der Globalsteuerung sind aber in die heutige Haushaltsplanung eingegangen.

1 Einführung

Globalsteuerung heißt: Die öffentlichen Finanzen sollen eine Funktion wahrnehmen, die über ihre primäre Aufgabe der Staatsfinanzierung hinausgeht, aber im Zusammenhang der Bedarfsdeckung und Mittelverwendung wahrgenommen wird. Das Konzept der Globalsteuerung will die Gestaltung der Einnahmen und Ausgaben gezielt als Instrument in der Hand des Staates ausformen, um die volkswirtschaftlichen Gesamtgrößen Wachstum, Preisstabilität, Beschäftigungsgrad und Außenhandel nicht nur zu beeinflussen, sondern zu steuern.

Das Wort Globalsteuerung prägte Karl Schiller,[1] Wirtschaftsprofessor und Wirtschaftsminister der ersten Großen Koalition in der Bundesrepublik von 1966 bis 1969 und danach bis 1972. Es versteht sich, dass „global" damals nicht im Sinne

[1] Zu ihm Hochstätter 2006; Lütjen 2007.

S. Korioth (✉)
Institut für Politik und Öffentliches Recht, Ludwig-Maximilians-Universität München, München, Deutschland
E-Mail: korioth@jura.uni-muenchen.de

M. W. Müller (Hrsg.), *Mittelbare Verhaltenssteuerung – Konzept, Wirkungen, Kritik*,
https://doi.org/10.1007/978-3-662-69010-9_2

einer grenzüberschreitenden, sondern als innerhalb der nationalen Grenzen die wichtigsten Marktdaten und „Aggregate des Wirtschaftskreislaufs (Konsum, Investitionen, Spartätigkeit)“[2] erfassende Steuerung verstanden wurde. Von Karl Schiller stammen auch begleitende und ebenso prägnante Wendungen wie „aufgeklärte Marktwirtschaft“, „Konzertierte Aktion“, „magisches Viereck“ und „soziale Symmetrie“. In einer Grundsatzrede auf dem SPD-Parteitag 1964 hatte Karl Schiller seine Vorstellungen beschrieben: „Es ist [...] die Kunst der modernen Wirtschaftspolitik, dass beide – Marktwirtschaft und Wohlfahrtsstaat –, jeder mit Rücksicht auf die Funktionsbedingungen des anderen, entwickelt werden. Gerade hieraus [...] ergeben sich neue Quellen der Produktivitätssteigerung. Und gerade aus dieser Kombination von Marktwirtschaft, Wohlfahrtsstaat und globalsteuernder Wirtschaftspolitik kann auch schließlich ein gesellschaftliches Leitbild entstehen, das nach außen und innen weiter wirken wird.“[3] In der Sache fasste die Globalsteuerung Empfehlungen der damaligen Wirtschaftswissenschaften zusammen.

1967 wurde ein vollständiger Instrumentenkasten der Globalsteuerung normativ verankert. Die Staatszielbestimmung des Art. 109 Abs. 2 GG verpflichtet seither[4] die Haushaltspolitik des Bundes und der Länder auf die Erfordernisse des gesamtwirtschaftlichen Gleichgewichts. Das Stabilitäts- und Wachstumsgesetz formt dies aus[5] – bis heute im Wesentlichen unverändert, aber weitgehend ungenutzt und vorsätzlich vergessen. § 1 StabG enthält das Ziel, die Handlungsadressaten und Maßnahmenfelder der Globalsteuerung: „Bund und Länder haben bei ihren wirtschafts- und finanzpolitischen Maßnahmen die Erfordernisse des gesamtwirtschaftlichen Gleichgewichts zu beachten. Die Maßnahmen sind so zu treffen, daß sie im Rahmen der marktwirtschaftlichen Ordnung gleichzeitig zur Stabilität des Preisniveaus, zu einem hohen Beschäftigungsstand und außenwirtschaftlichem Gleichgewicht bei stetigem und angemessenem Wirtschaftswachstum beitragen.“

Warum fand die normative Etablierung und Ausformung der Globalsteuerung 1967 statt? Der äußere Grund war die verfassungsändernde Mehrheit der ersten Großen Koalition, die man brauchte – die Inpflichtnahme auch der Länderhaushalte im Rahmen der Globalsteuerung war ein Eingriff in die Haushaltsautonomie der Länder (Art. 109 Abs. 1 GG), die verfassungsrechtlich durch Einfügen des Absatzes 2 in Art. 109 GG ermöglicht werden musste.

---

[2] Heun 2018, Art. 109 Rn. 26.

[3] Zit. nach Hochstätter 2006, S. 119.

[4] 15. Gesetz zur Änderung des Grundgesetzes vom 8. Juni 1967 (BGBl. I S. 581). Die Föderalismusreform II (57. Gesetz zur Änderung des Grundgesetzes vom 29. Juli 2009, BGBl. I S. 2248) hat 2009 Art. 109 Abs. 2 GG dahin geändert, dass jetzt die Verpflichtung von Bund und Ländern primär auf die Einhaltung der Vorgaben des Art. 126 AEUV und erst in diesem Rahmen auf das gesamtwirtschaftliche Gleichgewicht gerichtet ist. Zum verpflichtenden Charakter des Art. 109 Abs. 2 GG bereits Friauf, in: VVdStRL 27 (1969), S. 1 ff., 37; Badura, in: FS H.P. Ipsen 1977, S. 367 ff., 376.

[5] Gesetz zur Förderung der Stabilität und des Wachstums der Wirtschaft (StabG) vom 8. Juni 1967 (BGBl. I S. 582), zuletzt geändert durch Art. 267 der Verordnung vom 31. August 2015 (BGBl. I S. 1474).

Viel wichtiger aber war: Die Mitte der 1960er-Jahre war für die Ermöglichung von Globalsteuerung eine aufgeschlossene Zeit. 1966/67 gab es erstmals in der Bundesrepublik einen kleinen und kurzen Konjunktureinbruch, der nach einer langen Zeit des ungebrochenen Wachstums viele verunsicherte und zum Ende der Kanzlerschaft Ludwig Erhards führte. Zukünftig sollte zur Glättung von Konjunkturausschlägen die staatliche Steuerung helfen. Dem lag ein Steuerungs- und Lenkungsoptimismus und der von fast allen geteilte Glaube an die entsprechende Fähigkeit des Staates zugrunde. Beides wirkt heute fast rührend, es gab hierzu aber in den 1960er-Jahren gute Gründe und einen theoretischen sowie praktischen Gesamtrahmen. Die damalige Marktwirtschaft ähnelte einem technokratischen Verbund von Klein- und Großunternehmen, Verbänden und Regierungen – mit einer besonderen Rolle der Banken, die nicht nur Finanziers, sondern in erheblichem Umfang Aktionäre der Großunternehmen waren. Aus den marktwirtschaftlichen Prozessen waren zudem wichtige gelenkte Bereiche ausgenommen: die Landwirtschaft, zu diesem Zeitpunkt immer noch wichtige Bereiche der Wohnungswirtschaft, die Energiewirtschaft und weiteres. „Die Wirtschaft“ war also, alles in allem, trotz aller Komplexität, ein kompakter Block mit einer überschaubaren Zahl von Entscheidungspunkten und Akteuren; die Annahme der Steuerbarkeit lag nahe. Im Systemwettbewerb zwischen dem damals real existierenden Sozialismus und dem Kapitalismus gab es zur Beeinflussbarkeit von außen eine interessante Annäherung. Der Osten glaubte an die Determiniertheit aller gesellschaftlichen Vorgänge, der Westen zumindest an die Steuerbarkeit. Ein weiterer Grund für die Verankerung der Globalsteuerung gerade in den 1960er-Jahren war: Die Marktwirtschaften mussten sich im Systemwettbewerb durch gesamtgesellschaftliche Leistungen legitimieren. In der Systemkonkurrenz von Markt- und Planwirtschaft war keineswegs das Ende und die völlige Unterlegenheit des real existierenden Sozialismus ausgemacht. Der „Sputnikschock“ des Jahres 1957 wirkte nach. Es gehörte nach 1945 zum neuen Arrangement des Kapitalismus – in Abkehr von dem der Zwischenkriegszeit –, dass er sozialen Fortschritt, Wohlstand für möglichst viele zu gewährleisten und Wirtschaftskrisen, insbesondere Arbeitslosigkeit, zu vermeiden hatte. Auch linke Kritiker des „Spätkapitalismus“ (Adorno) hielten diese Leistungen für möglich. Sie bezweifelten nicht die Funktionsfähigkeit des Nachkriegskapitalismus, allenfalls seine Legitimation. Die westlichen Nationen, so schrieb Etzioni 1968, könnten auf ihre Fähigkeit vertrauen, „gesamtgesellschaftliche Prozesse durch umfassenden Einsatz keynesianischer und anderer Instrumente zur Verhinderung von unkontrollierter Inflation und von Depressionen und zur Erzeugung von Wirtschaftswachstum zu steuern.“[6] Mit Keynes, der das theoretische Fundament lieferte, ist natürlich die Herkunft des Instrumentenkastens benannt, aber auch das gesellschaftstheoretisch neue Prinzip: Die Ökonomie erschien als Gestaltungsobjekt der politischen Ordnung, nicht etwa umgekehrt.

Stabilisierung, Glättung, Konsens, Steuerung – während auf den Straßen des Jahres 1968 ein neues Zeitalter begann, endete in der Politik die Phase des „nach-

[6] Etzioni 1968, S. 10.

totalitären Biedermeier“[7] mit einem Schwenk zu technokratischen Lenkungs- und Steuerungsvorstellungen. Die „formierte Gesellschaft“ Ludwig Erhards traf auf die „Konzertierte Aktion“ Karl Schillers. Globalsteuerung war nicht allein ein keynesianisch inspiriertes Wirtschaftsmodell. Sie transportierte Vorstellungen von Gesellschaft, die fremdsteuernde, teils sogar autoritäre Züge mit gruppenbezogener Selbstbestimmung im Dienste der Zukunftsfähigkeit regulierter marktwirtschaftlicher Strukturen verband. Dazu kam, insbesondere bei Ökonomen, aber nicht nur bei ihnen, eine gesellschaftspolitische Auffassung aus der Zwischenkriegszeit, die ein stilles Auslaufen des Kapitalismus freier Märkte in der zweiten Hälfte des 20. Jahrhunderts prophezeit hatte. In seinem Jahrhundertwerk „The Great Transformation“ von 1944 hatte Karl Polanyi festgestellt: „Innerhalb der Nationen erleben wir eine Entwicklung, durch die das Wirtschaftssystem aufhört, der Gesellschaft die Gesetze vorzuschreiben, nach denen sie funktioniert, und der Primat der Gesellschaft über dieses System gesichert wird.“[8] In diesem Zusammenhang ist der Satz Karl Schillers zu verstehen, wonach Globalsteuerung der Weg zur Rettung der Marktwirtschaft sei – den Primat des Staates nutzen, um die verschlungenen Wege der Wirtschaft zu ordnen und die u. U. zerstörerischen Kräfte des Marktes zu bändigen. Bundeskanzler Erhard, der 1966 der Großen Koalition hatte weichen müssen und der selbst einer Planifikation der Wirtschaft kritisch gegenüberstand, hatte sein damit durchaus kompatibles Weltbild auf dem CDU-Parteitag 1965 so beschrieben: In der formierten Gesellschaft gebe es den „Wunsch nach einer Stabilisierung der Lebensordnung und zugleich nach einer sinnvoll gegliederten Gesellschaft […], die den Einzelnen und der Gemeinschaft ein Gefühl der Geborgenheit gibt […]“.[9] Stabilisierung und sinnvolle Gliederung – das waren die mit der Globalsteuerung verbundenen Ziele. „Brandts Aufbruch in die Ostpolitik und Schillers plan- und machbare Wirtschaftspolitik sind Höhepunkte konzeptioneller und programmatisch-pragmatischer Politik“.[10]

2 Elemente der Globalsteuerung

Was waren (und sind) die Instrumente der Globalsteuerung? Zunächst: Es sind Instrumente der Makrosteuerung. Sie richten sich auf den Rahmen, nicht unmittelbar auf einzelne Akteure. Sie setzen auf die Rationalität der Wirtschaftssubjekte und erwarten, dass diese entsprechend der Makrosteuerung handeln. Erstmals in der Gesetzgebungsgeschichte wurde die Bedeutung von Informationen betont. Datensammeln, -verarbeiten und das Zur-Verfügung-Stellen von Daten werde für die erwünschten Reaktionen sorgen. Die eigentlichen Instrumente zerfallen in zwei Gruppen.

---

[7] Thränhardt 1996, S. 160.

[8] Polanyi 1944, zit. nach der deutschen Ausgabe 1978, S. 251.

[9] Zit. nach Thränhardt 1996, S. 160.

[10] Hochstätter 2006, S. 8.

Die Globalsteuerung I des Stabilitäts- und Wachstumsgesetzes ist Konjunkturpolitik mit fiskalpolitischen Mitteln. Auf der Ausgabenseite sollen bei der Aufstellung und dem Vollzug der Haushalte (§§ 5, 6 StabG) die Ausgaben so bemessen sein, „wie es zur Erreichung der Ziele" des gesamtwirtschaftlichen Gleichgewichts „erforderlich ist" (§ 5 Abs. 1 StabG). Bei Anzeichen der Konjunkturüberhitzung sollen „Mittel zur zusätzlichen Tilgung von Schulden bei der Deutschen Bundesbank oder zur Zuführung an eine Konjunkturausgleichsrücklage veranschlagt werden", im Abschwung zusätzliche Mittel primär dieser Konjunkturausgleichsrücklage entnommen werden (§ 5 Abs. 2 u. 3, §§ 15, 19, 20 StabG), um die staatliche Nachfrage nach Personal, Gütern und Dienstleistungen und die Öffentlichen Investitionen auszudehnen. Eine Rechtsverordnung des Bundes kann im Rahmen der haushaltsgesetzlichen Kreditermächtigungen einen Schuldendeckel für Bund, Länder und Kommunen sowie Sondervermögen und Zweckverbände festsetzen (§§ 19, 20 StabG). Der zentrale Ansatzpunkt solcher antizyklischer Politik sollten auf der Ausgabenseite die staatlichen Investitionen sein, verfassungsrechtlich flankiert durch die Ermächtigungen des Bundes zu Investitionshilfen an die Länder (Art. 104a Abs. 4 GG a. F., heute Art. 104b GG). Auf der Einnahmenseite gibt es die Möglichkeit zur Variation der Einkommen- und Körperschaftsteuersätze durch Zu- und Abschläge (§ 15 Abs. 4 StabG), ferner der Veränderungen der steuerlichen Abschreibungssätze und steuerlich überbrachte Investitionsprämien. Institutionell flankiert wurde dies durch die Verpflichtung zur fünfjährigen Finanzplanung (§§ 9, 10 StabG) und die Einrichtung des – inzwischen abgeschafften – Finanzplanungsrates (§ 51 HGrG a. F.), dessen Aufgabe heute der Stabilitätsrat[11] (Art. 109a GG, § 51 HGrG) wahrnimmt. Der „Konzertierten Aktion" gibt § 3 StabG einen Rahmen. Im Fall einer Gefährdung des gesamtwirtschaftlichen Gleichgewichts „stellt die Bundesregierung Orientierungsdaten für ein gleichzeitiges aufeinander abgestimmtes Verhalten (Konzertierte Aktion) der Gebietskörperschaften, Gewerkschaften und Unternehmensverbände [...] zur Verfügung", um die Ziele des Gleichgewichts zu erreichen (§ 3 Abs. 1 S. 1 StabG).

Die Globalsteuerung II ist diejenige mit geldpolitischen Mitteln. Es geht um die Steuerung der Geldversorgung zur Sicherung der Währung und der Preisstabilität. Dieses Element war 1967 nicht neu und nicht Regelungsgegenstand des damals völlig neu geschaffenen Stabilitäts- und Wachstumsgesetzes. Dieser Aufgabe hatte sich die Bundesbank schon seit ihrer Einrichtung im Jahre 1957 verpflichtet, sie wird heute durch die Europäische Zentralbank wahrgenommen. In diesem Bereich der Globalsteuerung ist der Steuerungsansatz ein ganz anderer als bei den fiskalpolitischen Mitteln. Diese verlassen sich auf den parlamentarischen Prozess, vor allem die Haushaltsaufstellung und den Haushaltsvollzug sowie die Steuergesetzgebung, während die Zentralbanktätigkeit durch Zuweisung an eine unabhängige und weisungsfreie Institution (Art. 88 GG) gerade vom demokratischen Prozess abgekoppelt wird. Die Unabhängigkeit der Zentralbank institutionalisiert das Misstrauen in die Möglichkeit, im demokratischen Prozess geldpolitische Interessen

[11] Eingeführt durch das 57. Gesetz zur Änderung des Grundgesetzes vom 29. Juli 2009 (BGBl. I S. 2248).

sachgerecht wahren zu können. Schon früh attestierte mit Recht Ernst Forsthoff dieser Einhegung der Geldpolitik, dass die Bundesrepublik sich mit der Bundesbank vor sich selbst schütze.[12] Die Konzeption der Unabhängigkeit wirkt in der Institution der Europäischen Zentralbank und den mit ihr verbundenen Erwartungen insbesondere aus Deutschland nach.

Während das Stabilitätsgesetz mit Recht als das eigentliche Grundgesetz der Wirtschaftspolitik bezeichnet und teils als „Jahrhundertgesetz"[13] gepriesen wurde, gab es auch Kritik. Berechtigt war der Einwand, eine volle Aktivierung der Instrumente könne die demokratischen Entscheidungswege durch technokratische Vorabfestlegung ersetzen. Ausdrücklich zur „Konzertierten Aktion" warnte Hans Heinrich Rupp vor einem „ersatzlosen Abbau der bisherigen demokratischen Verfahrensweisen".[14] Das zielte ins Zentrum der ganzen Globalsteuerung, politische Interessen und Konflikte durch rationale und wissenschaftlich vorbereitete Handlungsschritte ersetzen zu wollen. Auch das war eine häufig akzentuierte Hoffnung der Zeit. Helmut Schelsky hatte zu Beginn der 1960er-Jahre eine zunehmende Verwissenschaftlichung aller Lebensbereiche analysiert und dabei den Sozialwissenschaften eine besondere Betonung zuteil werden lassen. Mit ihrer Hilfe seien soziale Beziehungen erkennbar, kategorisierbar und beherrschbar, sie ermöglichten die „Veränderung, Beherrschung und Erzeugung des seelischen wie geistigen Innenlebens der Menschen". Das sei unumkehrbar; wissenschaftliche Erkenntnisse und Lösungen hätten wissenschaftliche Probleme zur Folge, die wiederum nur wissenschaftlich gelöst werden könnten.[15] Damit müsse auch Herrschaft und Politik neu gedacht werden. „Der Staatsmann des technischen Staates [...] betrachtet den Staat als eine Organisation, einen technischen Körper, der funktionieren muss, und zwar mit höchster Leistungsfähigkeit, mit einem Optimum an Ertrag gemessen an dem, was an Kräften darin steckt. Für den ‚Staatsmann des technischen Staates' ist dieser Staat weder ein Ausdruck des Volkswillens noch die Verkörperung der Nation, weder die Schöpfung Gottes noch das Gefäß einer weltanschaulichen Mission, weder ein Instrument der Menschlichkeit, noch das einer Klasse [...]. Die moderne Technik bedarf keiner Legitimität; mit ihr ‚herrscht man', weil sie funktioniert und solange sie optimal funktioniert. Sie bedarf auch keiner anderen Entscheidungen als der nach technischen Prinzipien; dieser Staatsmann ist daher gar nicht ‚Entscheider' oder ‚Herrschender', sondern Analytiker, Konstrukteur, Planender, Verwirklichender."[16] Die darin steckende Hybris der „Sachgesetzlichkeit" zerschellte indes an den Eigengesetzlichkeiten der Politik. Heute, 60 Jahre später, gehört es, fast in Umkehrung zu den Erwartungen Schelskys, fast zum guten Ton in der Politik, selbst faktenbasierte Analysen, etwa zur Zukunft der sozialen Sicherung, dann zu ignorieren und in den Wind zu schlagen, wenn sie den eigenen Zielen zuwiderlaufen. Die große Zeit der wissenschaftsbasierten Politikversuche jedenfalls ist vorbei.

---

[12] Forsthoff 1964, S. 211.

[13] Vgl. Abelshauser 2004, S. 413.

[14] Rupp 1971, S. 1 ff.

[15] Schelsky 1965, S. 439 ff.

[16] Schelsky 1965, S. 456.

3 Fragmentarische Anwendung

Die Umsetzung der Globalsteuerung in der Praxis der Wirtschafts-, Finanz- und Geldpolitik war von Beginn an begrenzt und fragmentarisch. Von den Instrumenten des Stabilitätsgesetzes wurde auf der Einnahmenseite, bei der Gestaltung der direkten Steuern, praktisch kein Gebrauch gemacht. Auf der Ausgabenseite reduzierte sich die Haushaltsgestaltung zur Globalsteuerung fast unmittelbar nach Inkrafttreten des Stabilitätsgesetzes auf die Förderung von Investitionen in einem sehr weit verstandenen Sinn. Hier wurde von Anfang an die Trennung zwischen prozyklischen und antizyklischen Maßnahmen überspielt. Schon 1969/70, in einer Phase der konjunkturellen Überhitzung, erhöhten Bund und Länder die Investitionsausgaben. Die sozialliberale Koalition, die 1969 die Große Koalition abgelöst hatte, begann ein groß angelegtes und ausgabenträchtiges Reformprogramm. Schiller, bis zu seinem abrupten Rücktritt 1972 für ein Jahr „Superminister" für Wirtschaft und Finanzen, wehrte sich ohne Erfolg gegen die durchgehende Erhöhung der Ausgaben. Schon zu diesem Zeitpunkt musste die technokratische Rationalität der Globalsteuerung vor den vielfältigen politischen Interessen und Gestaltungsanforderungen kapitulieren. Das komplizierte Öffnen und Schließen der Wirtschafts- und geldpolitischen Ventile wich einer reinen linearen Erhöhung der Ausgaben. Dieser prozyklische Verlauf der Ausgaben hat sich seither mit nur kurzen Unterbrechungen fortgesetzt. Nach wie vor steht die nach der Globalsteuerung eher technokratisch vorgesehene Einschränkung der Ausgaben und Investitionen in Phasen des wirtschaftlichen Wachstums in deutlichem Konflikt zu anderen politischen Zielen, insbesondere im Bereich der Infrastrukturpolitik, in den Bereichen von Bildung, Gesundheit und sozialer Sicherung.

Die Geldpolitik blieb dagegen ein durchgehend angewendetes Instrument. Fast folgerichtig war daher die in den letzten Jahren feststellbare Entwicklung, dass die europäisierte Geldpolitik in die den Mitgliedstaaten vorbehaltene Wirtschaftspolitik ausgreifen möchte – gegen den erbitterten Widerstand des Bundesverfassungsgerichts.[17]

Die schnell erreichten Grenzen oder sogar das völlige politische Umsetzungsdefizit wichtiger Teile der Globalsteuerung lassen sich aber auch noch auf andere Gründe als die Eigengesetzlichkeiten der Politik zurückführen. Zunächst wurde das Konzept ausgerechnet zu dem Zeitpunkt in die Fiskalpolitik aufgenommen, als seine theoretischen Grundlagen zunehmend in Zweifel gezogen wurden. In den ökonomischen Wissenschaften zeichnete sich seit dem Beginn der 1970er-Jahre ein grundlegender Paradigmenwechsel weg vom Keynesianismus und hin zum Monetarismus ab. Letztlich könnten und sollten nur geldpolitische Maßnahmen den wirtschaftlichen Prozessen einen Rahmen setzen, antizyklische Wirtschaftspolitik müsse scheitern, widerspreche dem Gedanken freiheitlicher Wirtschaftsordnung und sei letztlich herausgeworfenes Geld. Es begann der langsame Übergang zu den unregulierten Märkten, verbunden mit einem generellen Rückzug des Staates durch

[17] BVerfGE 154, 17 (95 ff., Rn. 117 ff.) – PSPP.

Privatisierungen, dem Herunterfahren von öffentlichen Investitionen und sogar der zunehmenden Staatsverschuldung statt Steuerfinanzierung. Der Konsens der ersten Nachkriegsjahrzehnte, die öffentlichen Finanzen als Instrument der Wirtschaftsbeeinflussung im Dienste sozialer Integration zu nutzen, ging verloren. Dahinter steckte wiederum ein neues Staatsverständnis. Der möglichst reduzierte Staat ersetzte den Primat des umfassend regelnden und steuernden Staates, wobei dieses Leitbild des Minimalstaates in den USA und in Großbritannien in den 1980er- und 1990er-Jahren programmatisch verbreiteter war als in Deutschland. Der Blick auf die Zahlen zeigt jedoch, dass dieses Leitbild zu keinem Zeitpunkt wirklich umfassend umgesetzt wurde. Dieser Wechsel der wirtschaftstheoretischen Fundamente zeigt im Übrigen auch, dass Sozialwissenschaften nicht Wahrheiten produzieren, denen die Politik dann folgen könne (und müsse). Es geht vielmehr in der Wissenschaft um Plausibilitäten, die überwunden und durch neue ersetzt werden. Und: Auch die Sozialwissenschaften sind ideologieanfällig.

Unabhängig davon ist die Globalsteuerung bis heute ein grundgesetzliches Staatsziel mit unmittelbarer rechtlicher Relevanz, unbeeindruckt von letztlich ideologisch geprägten und wechselnden Vorstellungen zum Mit- und Gegeneinander von Staat und Wirtschaft. Das Konzept holistischer technokratischer Steuerung der gesamten Wirtschaft stößt aber im demokratischen Prozess auf die genannten vielen gegenläufigen Interessen. Es bleibt die eingebaute und gleichsam selbsttätige Lenkungsfunktion der öffentlichen Haushalte, die – eingeschlossen die Parafisci, insbesondere die Sozialversicherungsträger – fast die Hälfte des Sozialprodukts in Anspruch nehmen und damit „die gesamtwirtschaftliche Entwicklung, also Konjunkturverlauf, Strukturentwicklung, Wirtschaftswachstum und sekundäre Einkommensverteilung beeinflussen". Schon deshalb kommt den „öffentlichen Haushalten eine entscheidende wirtschaftspolitische Lenkungsfunktion zu".[18] Die Zwänge, denen die Haushalte dabei unterliegen, hat das Bundesverfassungsgericht in einer Entscheidung aus dem Jahre 1989 anschaulich dargestellt: „Der Staatshaushalt ist wegen seines Umfangs ein gewichtiger Faktor für das Wirtschaftsleben und kann als konjunktursteuerndes Element eingesetzt werden. Er ist zudem im Sozialstaat wegen der Ausweitung der Staatsaufgaben und der Erfüllung eines Großteils dieser Aufgaben durch Geldleistungen zu einem bedeutenden politischen Gestaltungsmittel geworden. Durch die Entscheidung über die Prioritäten und durch die Verteilungsentscheidungen im einzelnen erhalten eine Regierung und die sie tragende parlamentarische Mehrheit ihr wirtschafts- und sozialpolitisches Profil. Andererseits ist der Gestaltungsspielraum für das einzelne Haushaltsgesetz dadurch beschränkt, dass der größte Teil der Ausgaben durch außerbudgetäre Gesetze und bei einer hohen Staatsverschuldung durch die Zins- und Tilgungslasten festgelegt ist […]. Die Deutsche Bundesbank setzt mit ihrer Geldpolitik einen Rahmen, der der Disposition des Haushaltsgesetzgebers entzogen ist."[19] Insofern ist die Globalsteuerung zwar einerseits angesichts der pluralen politischen Interessen vorsätzlich

[18] Beide Zitate: Heun 2018, Art. 109 Rn. 26.

[19] BVerfGE 79, 311 (329) – Staatsverschuldung I.

vergessen, andererseits aber sind einige ihrer Grundannahmen und Zielsetzungen in die jährliche Haushaltsgestaltung integriert. Die Finanz- und Wirtschaftspolitik haben gelernt und zugleich ihre ganz eigenen Gestaltungsbereiche verteidigt.

Literatur

Abelshauser W (2004) Deutsche Wirtschaftsgeschichte seit 1945. C. H. Beck, München

Badura P (1977) Wachstumsvorsorge und Wirtschaftsfreiheit. In: Stödter R, Thieme W (Hrsg) Festschrift für Hans Peter Ipsen. Mohr Siebeck, Tübingen

Etzioni A (1968) The active society. Collier-Macmillan London und The Free Press, New York

Forsthoff E (1964) Rechtsstaat im Wandel. Kohlhammer, Stuttgart

Friauf K-H (1969) Öffentlicher Haushalt und Wirtschaft, in VVdStRL 27 (1969)

Heun W (2018) In Dreier H (Hrsg) Grundgesetz-Kommentar, Bd. 3, 3. Aufl. Mohr Siebeck, Tübingen

Hochstätter M (2006) Karl Schiller – eine wirtschaftspolitische Biografie. Dissertation an der Gottfried Wilhelm Leibniz Universität, Hannover

Lütjen T (2007) Karl Schiller. J. H. W. Dietz Nachf, Bonn

Polanyi K (1944) The Great Transformation, zitiert nach der deutschen Ausgabe 1978, 13. Aufl. Suhrkamp, Frankfurt am Main, S 2017

Rupp H (1971) Konzertierte Aktion und rechtsstaatliche Demokratie. In: Hoppmann E (Hrsg) Konzertierte Aktion. Athenäum, Frankfurt am Main

Schelsky H (1961) Der Mensch in der wissenschaftlichen Zivilisation, in ders. Gesammelte Aufsätze, 1965. Diederichs. Köln, Düsseldorf

Thränhardt D (1996) Geschichte der Bundesrepublik Deutschland 1949–1990. Suhrkamp, Frankfurt am Main

Prof. Dr. Stefan Korioth ist Inhaber des Lehrstuhls für Öffentliches Recht, insbesondere Kirchenrecht sowie Deutsches Staats- und Verwaltungsrecht an der Ludwig-Maximilians-Universität München.

Fluch und Segen staatlicher Fördermittel

Mario Hesse

Zusammenfassung Der Beitrag zeigt die fiskalische Bedeutung der Landeszuweisungen für die Erfüllung kommunaler Aufgaben auf und setzt sich dabei kritisch mit den antragsgebundenen Zuwendungen auseinander. Diese Form der funktionalen Außensteuerung der Kommunen durch Finanzmittel des Landes ist mit einigen Nachteilen verbunden, darunter die Schwächung der kommunalen Selbstverwaltung, ein ineffizienter Einsatz der Fördermittel und erhebliche Transaktionskosten. Aus „Goldenen Zügeln" können „Goldene Handschellen" werden. Als Lösungsvorschlag wird eine stärkere Pauschalierung der Mittelflüsse diskutiert, bis hin zu einer Überführung in den kommunalen Finanzausgleich und das dortige Schlüsselzuweisungssystem. Hierzu wird ein Kriterienraster vorgestellt, an dem sich die Diskussion um die Pauschalierung orientieren sollte. Da im kommunalen Finanzausgleich Möglichkeiten zur Bedarfsdifferenzierung zur Verfügung stehen, führt die Pauschalierung nicht zwingend zu einem Verlust von Steuerungseinfluss und Kontrolle über die Zuweisungen. Antragsgebunde Förderprogramme sollten nicht vollständig verschwinden, sondern sich auf diejenigen Fälle konzentrieren, in denen sie einen echten Mehrwert bieten können.

1 Motivation und Hintergrund

Fördermittel der Länder stellen eine bedeutende Finanzierungsquelle für die Kommunen dar, insbesondere im investiven Bereich. Mehr als ein Drittel der kommunalen Investitionen werden durch investive Fördermittel der Länder und des Bundes finanziert. Im Zusammenhang mit der finanziellen Unterstützung der Kommunen stellen sich regelmäßig Fragen nach der richtigen Dotierung aber auch nach der richtigen Ausgestaltung der Zuweisungswege. Der Beitrag fokussiert sich auf die

M. Hesse (✉)
Institut für öffentliche Finanzen und Public Management, Universität Leipzig, Leipzig, Deutschland
E-Mail: hesse@wifa.uni-leipzig.de

M. W. Müller (Hrsg.), *Mittelbare Verhaltenssteuerung – Konzept, Wirkungen, Kritik*,
https://doi.org/10.1007/978-3-662-69010-9_3

antragsgebundenen Fördermittel für kommunale Investitionen. Im Kontext des Gesamtbandes geht es damit um die mittelbare Verhaltenssteuerung der Kommunen durch Finanzmittel der Länder.

Fördermittel können durchaus problematisch sein, da sie Verwaltungskapazitäten binden, zur Vorbereitung, Antragstellung, Durchführung und ex post-Kontrolle. Diese Transaktionskosten schmälern die Effizienz des Mitteleinsatzes. Zudem können sie eine Förderung begünstigen, die den eigentlichen Zuweisungszweck verfehlt.

In der jüngeren Vergangenheit wird zunehmend Kritik an den aktuellen Förderpolitiken laut. Kommunen wünschen sich nicht mehr Förderverfahren, sondern eine stärkere Pauschalierung der Finanzmittel. Was ist von diesem Vorschlag zu halten? Dieser Beitrag gibt einen Überblick über die unterschiedlichen Finanzierungswege zur Unterstützung der kommunalen Aufgabenerfüllung, setzt sich kritisch mit den antragsgebundenen Zuwendungen auseinander und diskutiert vor allem eine stärkere Pauschalierung der Mittelflüsse bis hin zu einer Überführung von Teilen der Fachförderung in den kommunalen Finanzausgleich.[1]

Um die theoretischen Problemstellungen zu illustrieren, werden die Strukturen, Probleme und Lösungsvorschläge am Beispiel der Feuerwehrförderung im Freistaat Sachsen dargestellt.

2 Fiskalische Bedeutung der Kommunen

2.1 Kommunalfinanzen im föderalen System

Auf der Grundlage des föderalen Staatsaufbaus der Bundesrepublik sind die drei Gebietskörperschaftsebenen (Bund, Länder, Kommunen) für unterschiedliche Aufgabentatbestände verantwortlich. Während der Bund primär Aufgaben wahrnimmt, die grundsätzlich alle Einwohner im Bundesgebiet gleichermaßen betreffen, wie beispielsweise die Landesverteidigung, das Justizwesen oder die Außenpolitik, erfüllen die Länder Aufgaben mit einer regional begrenzten Wirkung, wie z. B. die Bildungspolitik, die Landesplanung oder die Polizei.[2]

Da die Kommunen staatsrechtlich zu den Ländern gehören, werden ihre Aufgaben in unterschiedlichem Maße durch landespolitische Vorgaben geprägt, die dem Grundsatz der kommunalen Selbstverwaltung entgegenstehen.[3] Auf dieser Grundlage können die kommunalen Aufgaben nach dem Grad des Steuerungseinflusses in folgende vier Gruppen eingeteilt werden:[4]

---

[1] Der Verfasser hat als Teil eines Teams zu diesem Thema der sog. Förderkommission Sachsen I zugearbeitet. Vgl. Hesse et al. 2023 und Kommission zur Vereinfachung und Verbesserung von Förderverfahren im Freistaat Sachsen 2019.

[2] Andel 1999, S. 507; Lenk und Glinka 2017, S. 112–116.

[3] Gern und Brüning 2019, S. 167; Lenk et al. 2013, S. 6 f.

[4] Gern und Brüning 2019, S. 168–176.

- freiwillige Selbstverwaltungsaufgaben (z. B. Wirtschafts- und Sportförderung, Kultur) mit dem höchsten Gestaltungsspielraum,
- pflichtige Selbstverwaltungsaufgaben (z. B. Kindertagesbetreuung, Schulhausbau) mit Einfluss auf die Art und Weise der Erbringung,
- Pflichtaufgaben zur Erfüllung nach Weisung (z. B. Kosten der Unterkunft nach dem SGB II) mit geringfügigen Ermessensspielräumen für kommunale Entscheidungskompetenzen (vor allem Personal- und Organisationshoheit), sowie
- Auftragsangelegenheiten (z. B. Pass-, Melde- und Standesamtswesen) mit einem umfassenden Weisungsrecht gegenüber der kommunalen Ebene.

Aus den Zuständigkeiten der einzelnen Gebietskörperschaftsebenen für die Erfüllung öffentlicher Aufgaben resultieren unterschiedliche Anteile an den Ausgabe- und Einnahmearten in den Kernhaushalten (Abb. 2). Der Bund verzeichnet den höchsten Anteil an den bereinigten Gesamtausgaben (39 %), während die Kommunen rund ein Viertel der Gesamtausgaben der Gebietskörperschaften repräsentieren. Auf die Ebene der Länder entfällt ein hoher Teil der Personalausgaben (57 %), der Anteil der Kommunen liegt hier immerhin noch etwas höher als bei den Gesamtausgaben und rund doppelt so hoch wie derjenige des Bundes. Die Kommunen sind vor allem im Hinblick auf die öffentliche Infrastrukturinvestitionen bedeutsam, von denen sie rund 70 % tragen. Mit Blick auf die Einnahmenseite wird jedoch erkennbar, dass die Kommunen lediglich auf 14 % der gesamten Einnahmen aus Steuern und steuerähnlichen Abgaben zurückgreifen können. Aus diesem erheblichen Missverhältnis im Vergleich zur Ausgabenseite erklärt sich die strukturelle und ausgeprägte Abhängigkeit der Kommunen von laufenden Zuweisungen und Zuschüssen, auf die in den nachfolgenden Abschnitten eingegangen wird. Zugleich verzeichnet die kommunale Ebene lediglich 6 % der gesamten Verschuldung beim nicht-öffentlichen Bereich, was sich aus den Restriktionen bei der kommunalen Kreditaufnahme ableitet.[5] Für die kommunalen Haushalte wird deutlich, dass die Bereitstellung und Bewirtschaftung von Infrastrukturen der Daseinsvorsorge den wesentlichen Teil der Tätigkeit ausmachen, was ihre fiskalische Bedeutung für den Föderalstaat hervorhebt.[6] Da die Ausgaben nur zu einem geringen Teil durch Steuereinnahmen gedeckt sind, müssen die kommunalen Einnahmen durch Zuwendungen und Zuweisungen der Länder ergänzt werden, weshalb deren Dotation und Ausgestaltung einen maßgeblichen Einfluss auf die Qualität der kommunalen Aufgabenerfüllung entfaltet (Abb. 1).

Bezogen auf die Einnahmenstrukturen der einzelnen gebietskörperschaftlichen Ebenen bestätigt sich der Eindruck der Bedeutung der Zuweisungen für die Finanzierung der kommunalen Aufgaben. Während sich der Bund ganz überwiegend aus Steuern finanziert und auch für die Länder die Steuereinnahmen die wichtigste Einnahmenkategorie darstellen, sind für die Kommunen (Gemeinden und Gemeindeverbände) die Zuweisungen wesentlich bedeutsamer (Abb. 2). Während Steuereinnahmen nur rund 37 % der kommunalen Gesamteinnahmen ausmachen, stehen die Zuweisungen (für laufende und investive Zwecke) für rund 45 %.

[5] Hesse 2019, S. 22 ff.

[6] Jänchen und Starke 2022, S. 300.

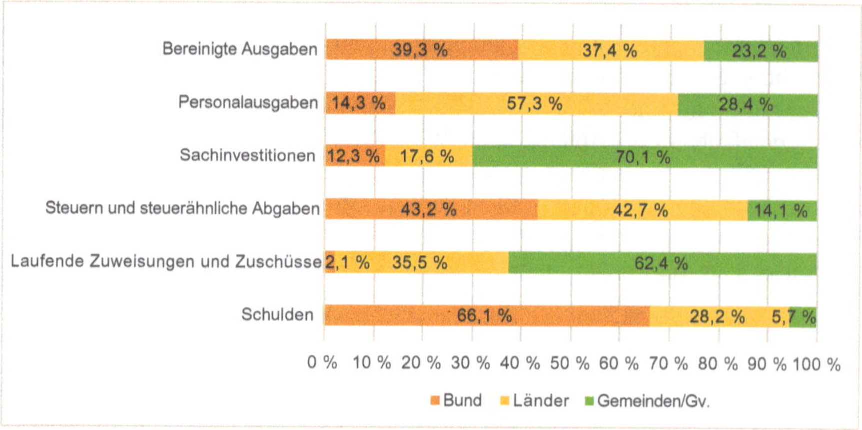

Abb. 1 Anteile der Gebietskörperschaften an ausgewählten Ausgaben, Einnahmen (2022) und der Verschuldung (2021). (Quelle: Eigene Darstellung, eigene Berechnungen. Daten: Statistisches Bundesamt (Kassenstatistik 2022, Schuldenstatistik 2021, Kernhaushalte))

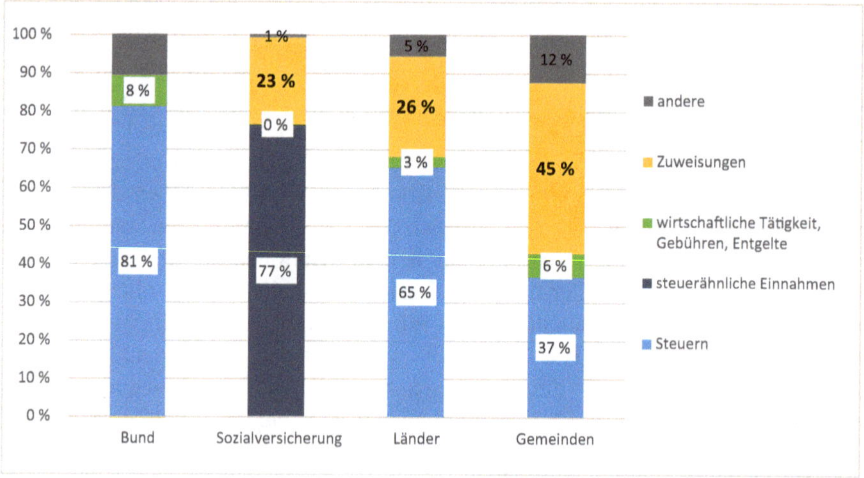

Abb. 2 Struktur der Einnahmen der Gebietskörperschaften im Vergleich 2022. (Quelle: Eigene Darstellung, eigene Berechnungen. Daten: Statistisches Bundesamt (Kassenstatistik 2022, Kernhaushalte))

2.2 *Zuweisungen und Zuwendungen an die Kommunen*

Mit Blick auf die skizzierte quantitative Einordnung der Zuwendungen und Zuweisungen werden nun die einzelnen Zuweisungsarten weiter systematisiert, da sich hieraus sowohl der Charakter der (Investitions-)Fördermittel klarer herausschält als auch Möglichkeiten für alternative Finanzierungswege klar werden. Das erste und für die Zwecke der vorliegenden Untersuchung relevante Unterscheidungskriterium ist, ob die Zuwendungen und Zuweisungen innerhalb oder außerhalb des kommunalen Finanzausgleichs (KFA) gewährt werden. Hierfür ist weniger entscheidend, ob die Mittelflüsse formal in den jeweiligen Finanzausgleichsgesetzen der Länder geregelt sind als vielmehr, ob die Mittel über die Finanzausgleichsmasse (FAG-Masse) an die Kommunen fließen. Daraus ergeben sich unterschiedliche Implikationen mit Blick auf die Entscheidungsfreiheit der Kommunen bezüglich der Mittelverwendung.[7]

Zuweisungen und Zuwendungen außerhalb der FAG-Masse sind äußerst vielgestaltig und dabei i. d. R. aufgaben- und zweckbezogen. Sie können nach vier Typen unterschieden werden (Abb. 3, oberer Ast).

- Erstens gewähren die Länder den Kommunen zweckgebundene Zuweisungen nach dem Zuwendungsrecht, die auf Fachförderprogrammen nach Förderrichtlinien beruhen (z. B. Straßen- oder Schulhausbauförderung). Hier ist somit die Zweckbindung klar erkennbar, die sich auch in der Ausgestaltung der Antrags- und Abrechnungsverfahren widerspiegelt.[8]
- Zweitens werden direkte Transferdurchleitungen erfasst: Dies sind durchlaufende Finanzmittel des Bundes, wie z. B. im Rahmen der Bundesbeteiligung an den Kosten der Unterkunft oder der Grundsicherung im Alter und bei Erwerbsminderung.
- Drittens können Mittel als so genannte Sonderlastenausgleiche gewährt werden, die zwar an bestimmte bedarfsbestimmende Merkmale gebunden sind, allerdings weder eine enge Zweckbindung noch detaillierte Nachweispflichten aufweisen und folglich eher als Allgemeine Deckungsmittel zu charakterisieren sind.[9]

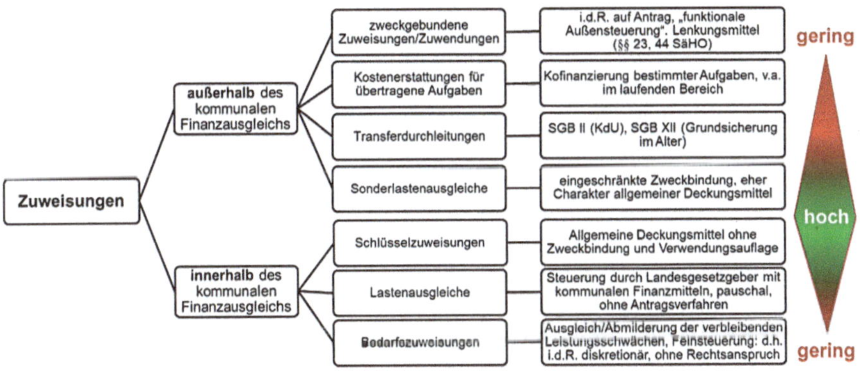

Abb. 3 Zuweisungsarten und Entscheidungsfreiheit der Kommunen. (Quelle: Eigene Darstellung)

[7] Lenk et al. 2019.

[8] Lenk et al. 2021, S. 35.

[9] Hesse und Starke 2021, S. 81.

- Viertens sind Kostenerstattungen für übertragene Aufgaben bzw. Auftragsangelegenheiten zu nennen, die der Kofinanzierung von bestimmten Aufgabentypen dienen, worunter z. B. die Erstattung von Verwaltungsaufwand zu zählen ist.

Zuweisungen innerhalb der FAG-Masse werden – im Kontrast zur Mehrheit der Zuweisungen und Zuwendungen außerhalb der FAG-Masse – grundsätzlich weisungs- und zweckfrei als allgemeine Zuweisungen zur Verfügung gestellt. Die Notwendigkeit eines Kommunalen Finanzausgleichs ist dabei verfassungsrechtlich in Art. 106 Abs. 7 GG verankert, wonach die Kommunen einen Anteil am Steueraufkommen der Länder erhalten. Die Länder besitzen eine Gestaltungsfreiheit in Bezug auf die Steuern, an denen die kommunale Ebene beteiligt werden soll, und auf die Höhe des Ausgleichs. Der Kommunale Finanzausgleich entspricht einem ergänzenden vertikalen Ausgleichssystem mit horizontaler Wirkung, da er die vertikale Gerechtigkeit in Form einer an der Aufgabenverteilung von Land und Kommunen orientierten Finanzverteilung herstellen und zusätzlich die horizontale Gerechtigkeit mittels des Ausgleichs interkommunaler Unterschiede bezüglich Finanzkraft und Finanzbedarf garantieren soll.[10] Damit erfüllt der Kommunale Finanzausgleich vor allem fiskalische (die gesamte Finanzkraft unterstützende) und distributive (horizontal ausgleichende) Funktionen.[11]

Die Zuweisungen innerhalb des Kommunalen Finanzausgleichs können in drei Kategorien eingeteilt werden (Abb. 3, unterer Ast):

- Erstens werden den Kommunen auch innerhalb der FAG-Masse durch den Landesgesetzgeber zweckgebundene Mittel bzw. Lastenausgleiche gewährt. Folglich verfügt das Land damit über einen zusätzlichen Steuerungseinfluss ohne den Einsatz eigener Mittel. Für die Kommunen besteht ein Vorteil darin, dass auch vergleichsweise steuerstarke Kommunen beim Vorliegen der definierten Indikatoren Zuweisungen erhalten können.
- Zweitens erhalten die Kommunen sog. Bedarfszuweisungen, die antragsgebunden und zumeist nur in besonderen Bedarfsfällen zur Verfügung gestellt werden, so z. B. im Falle besonderer struktureller Herausforderungen oder im Zuge der Haushaltskonsolidierung.
- Drittens werden den Gemeinden und Gemeindeverbänden Schlüsselzuweisungen gewährt. Im Gegensatz zu den Zweck- und Bedarfszuweisungen, welche die distributive Funktion eher konterkarieren, liegt bei den Schlüsselzuweisungen eine Zweck- und Weisungsfreiheit vor und der Steuerkraftausgleich steht im Fokus. Sie stellen eine Ergänzung zu den originären kommunalen Steuereinnahmen dar und stärken demnach die allgemeine Einnahmekraft der Kommunen. Die Verteilung der Schlüsselzuweisungen richtet sich dabei nicht nach einem undifferenzierten „Gießkannenprinzip". Stattdessen wird die Steuerkraftmesszahl jeder Gemeinde

[10] Lenk et al. 2019, S. 327.

[11] Starke 2020, S. 62–66.

eines Flächenlandes (bzw. im Falle der Gemeindeverbände die Umlagekraftmesszahl) einer fiktiven Bedarfsmesszahl gegenübergestellt und die daraus hervorgehende Differenz zu einem definierten Prozentsatz ausgeglichen.[12] Hierbei werden vor allem mit Blick auf die Bestimmung der Bedarfsmesszahl Differenzierungen zwischen den Kommunen vorgenommen. Üblich ist eine sog. Einwohnerveredelung, der zufolge größere Städte und Gemeinden höhere fiktive Bedarfe aufweisen als kleinere.[13] Weitere Bedarfsunterschiede werden z. B. mit Hilfe von flächenbezogenen Indikatoren, Kinder- oder Schülerzahlen, Soziallasten und anderen Differenzierungsmerkmalen, wie der demografischen Entwicklung, in Form von Neben- bzw. Ergänzungsansätzen anerkannt. Das Schlüsselzuweisungssystem verbindet damit den Ausgleich unterschiedlicher Steuerkraft mit einer Differenzierung typisierter Bedarfe.

Bezüglich der Dispositionsfreiheit der Mittel ist festzuhalten, dass diese bei den Schlüsselzuweisungen und Lastenausgleichen innerhalb des KFA sowie bei den Sonderlastenausgleichen außerhalb des KFA am höchsten ist. Spiegelbildlich dazu ist angesichts der Zweckbindung antragsgebundener Fördermittel bzw. des aufgabenakzessorischen Charakters von Kostenerstattungen und Transferdurchleitungen von Bundesmitteln (Geldleistungsgesetze) dort die Dispositionsfreiheit am geringsten.

Im Jahr 2022 wurden insgesamt rund 120,3 Mrd. € von den Flächenländern als Zuweisungen und Zuwendungen an die Kommunen gegeben. Davon flossen rund 57,9 Mrd. € über die Systeme des kommunalen Finanzausgleichs und rund 62,5 Mrd. € außerhalb der FAG-Massen. Für die Gesamtfinanzierung der Kommunen haben die Zuweisungen der Länder eine unterschiedliche Bedeutung. In den steuerschwachen Kommunen Ostdeutschlands ist die Pro-Kopf-Zuweisungshöhe wesentlich umfangreicher als im wirtschaftlich starken Süden Deutschlands.[14] In der Abb. 4 ist neben dem Umfang der Zuweisungen je Einwohner auch das Volumen der Investitionszuweisungen angegeben, die sowohl innerhalb als auch außerhalb des KFA an die Kommunen fließen. Der Anteil der Zuweisungen mit investiver Zweckbindung hat dabei ein sehr unterschiedliches Gewicht. In Niedersachsen liegt es nur bei 3,1 %, während die höchsten Anteile in Sachsen-Anhalt (26,5 %) und Bayern (23,7 %) gemessen werden können.

---

[12] Lenk et al. 2019, S. 344–354; Starke 2020, S. 79–97.

[13] Starke und Hesse 2022, S. 74 f.

[14] Darüber hinaus ist die konkrete Aufgabenverteilung innerhalb der Länder maßgeblich für die Zuweisungsflüsse (sog. Kommunalisierungsgrade). Die Kommunen im steuerlich eher schwachen Saarland haben geringere Zuweisungen als in allen Ländern, da dort die spezifische Aufgabenteilung zwischen beiden Ebenen mit einem höheren Gewicht der Landesseite ausgestaltet ist. Vgl. Lenk et al. 2021, S. 50 ff.

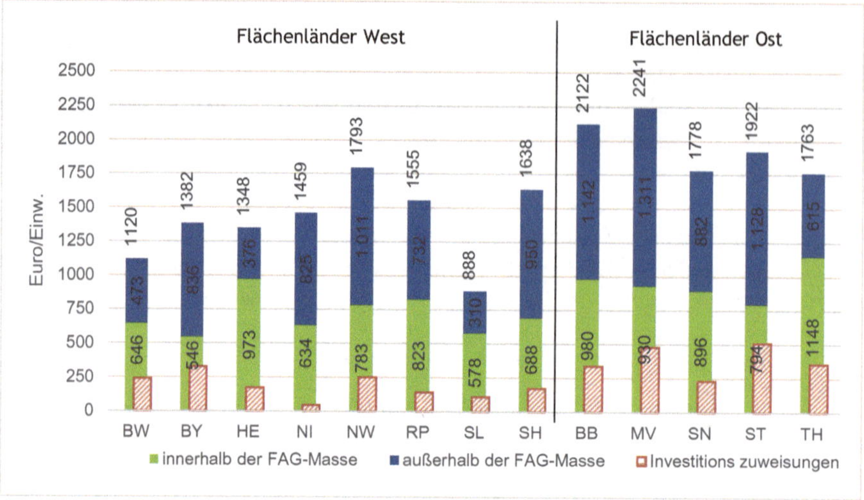

Abb. 4 Zuweisungen der Länder an die Kommunen 2022 in Euro/EW. (Quelle: Eigene Darstellung, eigene Berechnungen; Daten: Haushaltsrechnungen und Haushaltspläne der Länder)

3 Probleme antragsgebundener Förderverfahren für Kommunen

3.1 Benevolente Steuerung und Unterstützung für Kommunen

Die „klassische" antragsgebundene Förderung via Förderrichtlinien hat den Charakter einer funktionalen Außensteuerung der Kommunen durch Rechtsvorschriften und Finanzmittel der Landesgesetzgeber. Im Fokus steht die Steuerung des kommunalen (und damit öffentlichen) Investitionsverhaltens. Voraussetzungen für den Erhalt von Fördermitteln werden nach den Regelungen des Zuwendungsrechts definiert. Die Kommunen sind dabei an das Landesrecht gebunden, das jedoch durch bundesrechtliche Vorgaben stark geprägt ist.[15] Einschlägig sind §§ 23 und 44 BHO, die im Freistaat Sachsen, analog in §§ 23 und 44 SäHO ausformuliert sind. Dabei definiert § 23 SäHO zunächst die Voraussetzungen, unter welchen Zuwendungen gewährt werden dürfen:

> „Ausgaben und Verpflichtungsermächtigungen für Leistungen an Stellen außerhalb der Staatsverwaltung zur Erfüllung bestimmter Zwecke (Zuwendungen) dürfen nur veranschlagt werden, wenn der Staat an der Erfüllung durch solche Stellen ein erhebliches Interesse hat, das ohne die Zuwendungen nicht oder nicht im notwendigen Umfang befriedigt werden kann."

Der Landesgesetzgeber muss demnach seinen Steuerungswillen und sein erhebliches Interesse artikulieren und die finanzielle Förderung für die Kommunen steht

[15] Mayer 2022, S. 39 ff.

in einem subsidiären Verhältnis zu deren eigenen Einnahmen. Angesichts der oben beschriebenen Einnahmenstrukturen dürfte diese Hürde vergleichsweise niedrig liegen, da die eigenen (Steuer-)Einnahmen der Kommunen in der Regel deutlich weniger als die Hälfte der Gesamteinnahmen ausmachen.

Aus § 44 Abs. 1 SäHO leiten sich die mit der Gewährung der Zuwendungen verbundenen Nachweispflichten für die Kommunen und die Prüfungsrechte der zuständigen Landesbehörden ab:

> „Zuwendungen dürfen nur unter den Voraussetzungen des § 23 gewährt werden. Dabei ist zu bestimmen, wie die zweckentsprechende Verwendung der Zuwendungen nachzuweisen ist. Außerdem ist ein Prüfungsrecht der zuständigen Dienststelle oder ihrer Beauftragten festzulegen."

Hieraus erwachsen aus einer ökonomischen Perspektive Transaktionskosten in Form von Verwaltungskosten.[16] Wenn die Kommunen nachweisen müssen, dass die vom Landesgesetzgeber definierten Zwecke erfüllt werden, setzt dies ein Antragsverfahren mit Prüfung der Zuwendungsvoraussetzungen ebenso voraus wie eine Dokumentation der Bewirtschaftung der Mittel während und nach des Umsetzungsprozesses der (Investitions-)Vorhaben.[17]

Für das Beispiel der Feuerwehrförderung im Freistaat Sachsen, das sich als praktischer Anwendungsfall durch den Beitrag ziehen soll, ist in der Richtlinie Feuerwehrförderung Sachsen entsprechend festgehalten:[18]

> „Der Freistaat Sachsen gewährt auf der Grundlage des Sächsischen Gesetzes über den Brandschutz, Rettungsdienst und Katastrophenschutz [...], nach Maßgabe der §§ 23, 44 und 44a der Sächsischen Haushaltsordnung, [...] Zuwendungen zu den notwendigen Beschaffungen und Baumaßnahmen zur Erfüllung der den Zuwendungsempfängern auf dem Gebiet des abwehrenden Brandschutzes und der technischen Hilfe obliegenden Aufgaben sowie zur Förderung der Jugendfeuerwehren."

Auf den ersten Blick ist dieses Vorgehen für beide Ebenen – Land und Kommunen – vorteilhaft, da es nach der Vorstellung einer benevolenten Steuerung die Kommunen bei der Umsetzung ihrer Investitionsvorhaben finanziell unterstützt. Dies dürfte vor allem der Selbstwahrnehmung der Landesgesetzgeber und der Landesbehörden entsprechen. Die Landesseite bietet eine finanzielle Unterstützung, vor allem für die Erfüllung übertragener Aufgaben (siehe oben). Darüber hinaus sichert das Land dabei die Treffgenauigkeit und Qualität des Mitteleinsatzes, sodass Ineffizienzen minimiert werden. Aus der Perspektive des Landesgesetzgebers haben antragsgebundene Fördermittel zudem den Vorteil, dass sie ihnen einen großen Steuerungseinfluss auf deren Verwendung sichern, indem Förderzwecke, Förderumfänge und Förderbedingungen definiert werden und somit in die Präferenzen der Kommunen eingegriffen wird (sog. Goldene Zügel). Des Weiteren bestehen i. d. R. auch im Vollzug des laufenden Haushalts noch Nachsteuerungsmöglichkeiten bei Fördermitteln, d. h., wenngleich die finanzielle Dotation einer Förder-

[16] Zum Terminus der Transaktionskosten siehe Williamson 1981.

[17] Mayer 2022, S. 122 ff.; praktisch: Sydow 2018, S. 26 ff.

[18] RL Feuerwehrföderung Sachsen 2012.

richtlinie im Haushalt festgelegt ist, kann über die Feinsteuerung der Richtlinie selbst sowie mittels der Administration der Antrags- und Prüfverfahren noch Einfluss auf die Einzelheiten der Mittelverwendung genommen werden.

Dass das Land die Realisierung von Ausgaben ermöglicht, die ohne die Fördermittel nicht möglich gewesen wären, dürfte eine Sichtweise sein, die auch die Kommunen teilen. Zuwendungen können demnach als „generöse Goldene Zügel" wahrgenommen werden. Die Zweckbindung kann auch aus kommunaler Perspektive durchaus positiv bewertet werden, da durch die sachliche Zweckbindung der Fördermittel die finanzielle Erfüllung klar definierter Aufgaben gesichert wird (z. B. Verkehrsinfrastruktur, Feuerwehr) und eine alternative Verwendung ausscheidet, sobald die Fördermittel tatsächlich zugewiesen werden. Dies verringert Verteilungskonflikte in den kommunalen Verwaltungen und Räten. Ferner ermöglicht es die finanzielle Förderung (durch eine quotale Beteiligung oder Festbeträge) den Kommunen, laufende Ausgaben und Investitionen zu tätigen, welche ihre originären finanziellen Kapazitäten übersteigen.

Allerdings ist diese Perspektive nicht ohne Widerspruch. Fördermittelprogramme sind aus kommunaler Sicht ambivalent zu bewerten, wenn der benevolente Charakter gegenüber dem Willen des Landesgesetzgebers zur Verhaltenssteuerung in den Hintergrund tritt oder wenn die Transaktionskosten einen prohibitiven Charakter erhalten.

3.2 Einschränkungen der Selbstverwaltung und „Goldene Handschellen"

Staatliche Fördermittel bringen einige Probleme mit sich, die die Effizienz und Effektivität ihres Einsatzes erheblich schmälern können. Diese beziehen sich sowohl auf die faktische Einschränkung der kommunalen Selbstverwaltung, auf Transaktions- und Folgekosten, aber auch auf die faktische finanzielle Abgängigkeit der Kommunen von diesen Mitteln.

Der Zweckbindungscharakter von Fördermitteln schränkt zunächst die Selbstverwaltungsmöglichkeiten der Kommunen deutlich ein. Die Kombination aus Fördergegenständen, der Abgrenzung förderfähiger Kosten und der Festsetzung der Fördersätze setzt Anreize für das Investitionsverhalten der Kommunen, die nicht notwendigerweise mit den lokalen Bedarfen übereinstimmen.[19] Die freie Investitionsentscheidung der Kommunen und damit ein vitaler Aspekt der kommunalen Selbstverwaltung wird damit beeinträchtigt. Die Vorfestlegung erfolgt zwar auf beiden Seiten (auch der Landesgesetzgeber bindet sich). Vor allem für die Kommunen werden jedoch sachliche, zeitliche und ressourcenbezogene Pfadabhängigkeiten geschaffen, die über die Festlegungen im kommunalen Haushalt hinausgehen. Diese abnehmende Dispositionsfreiheit über Haushaltsmittel ist vor allem für zeitlich begrenzte Maßnahmen akzeptabel,

[19] Starke et al. 2022, S. 117.

jedoch insbesondere dann kritisch zu sehen, wenn es sich um grundlegende und wiederkehrende kommunale Aufgaben handelt.[20]

Ambivalent ist zudem das Kofinanzierungserfordernis durch die Kommunen auf der Ebene der einzelnen Maßnahme zu sehen. Sollte ein notwendiges (Investitions-) Vorhaben nicht oder nur in geringem Umfang durch ein bestehendes Förderprogramm (ko-)finanziert werden, bleiben wichtige lokale Ausgabenbedarfe möglicherweise ungedeckt. Dadurch besteht das Risiko, dass Kommunen, die eine Förderung dringend benötigen, diese aufgrund des zu entrichtenden Eigenanteils nicht beantragen können.[21] Werden bestimmte Sachverhalte andererseits sehr umfassend gefördert, ergeben sich Anreize für finanzstärkere Kommunen, Förderbeträge mit niedrigen Eigenleistungen „mitzunehmen".[22] Infolgedessen werden Infrastrukturen gefördert, die für eine gleichwertige Infrastrukturausstattung im Raum möglicherweise nicht vorrangig sind.

Ein weiterer gewichtiger Kritikpunkt betrifft die Transaktionskosten, die sowohl auf der kommunalen als auch auf der Landesseite für die Vorplanung, Antragstellung und -bewilligung, Durchführung, Dokumentation und Ex-Post-Prüfung der Maßnahmen entstehen.[23] Insbesondere auf der Seite der Kommunen stellen sich diese Transaktionskosten bei einer wachsenden Zahl von Förderprogrammen zunehmen als lähmend heraus.[24] Aufgrund des demografischen Wandels und des damit tendenziell schrumpfenden Personalbestandes in den kommunalen Verwaltungen entfaltet die Förderbürokratie zunehmend sogar verhindernde Effekte.[25] Selbst durch die fortschreitende Digitalisierung können diese hinderlichen Effekte nur bedingt abgebaut werden.

Die Fördermittelpraxis in den Ländern ist nicht per se auf die Stärkung finanzschwacher Kommunen ausgelegt; vielmehr profitieren „clevere" Kommunen von Fördermitteln, die mit den dahinterliegenden administrativen Prozessen und Regelungen vertraut sind. Generell ist die Fördermittellandschaft in Deutschland zu unübersichtlich und die Antragsverfahren viel zu komplex, als dass sie auch von Kommunen mit knappen personellen Ressourcen und ohne nennenswerte Kapazitäten für vorbereitende Planungen vollumfänglich genutzt werden könnte.[26] Die fortwährend steigenden Anforderungen bei der Antragstellung erfordern zudem einen wachsenden Bedarf an geschultem Personal, der in der Praxis nur unzureichend oder nicht gedeckt werden kann. Vielmehr deutet die Personalentwicklung in den Bauämtern auf einen Personalmangel hin, was weitere erhebliche Herausforderungen für die Kommunen darstellt.[27] Dieser Aspekt wird im nachfolgenden Abschnitt noch etwas vertieft.

[20] Lenk et al. 2019, S. 328.

[21] Sydow 2018, S. 25.

[22] Sixtus et al. 2020.

[23] Sydow 2018, S. 9 ff.

[24] Brand und Salzgeber 2022.

[25] Scheller et al. 2021, S. 27 ff.

[26] Südekum 2021, S. 24; Sydow 2018, S. 19.

[27] Sydow 2018, S. 30 f.; Brand und Salzgeber 2022, S. 2.

Nicht zuletzt sind Fördermittelprogramme lediglich als begrenzt nachhaltig zu betrachten: Kommunen können mit Hilfe von Fördermitteln zwar die Anschaffungs- und Herstellungskosten bestimmter Infrastrukturobjekte finanzieren. Die sich ergebenden Folgekosten für den Betrieb und die Instandhaltung bleiben allerdings i. d. R. ungedeckt.[28]

Mit Blick auf die mittelbare Verhaltenssteuerung durch Fördermittel ist der Aspekt hervorzuheben, dass das Land über die Definition der sachlichen Fördervoraussetzungen fachliche Auflagen vorgeben kann, sowohl hinsichtlich der Qualität der beschafften Güter und Dienstleistungen als auch hinsichtlich der kommunalen Prozesse (für Vorbereitung, Antragstellung, Durchführung, Dokumentation und Prüfung).

Am Beispiel der Feuerwehrförderung Sachsen führt die einschlägige Förderrichtlinie unter den Fördervoraussetzungen beispielsweise auf (Hervorhebungen durch den Verfasser):[29]

> „1. […] Beschaffungen und Baumaßnahmen müssen wirtschaftlich, sparsam und im Hinblick auf die bestehende Ausstattung der jeweiligen Feuerwehr, **auch unter Berücksichtigung der Ausrüstung benachbarter Feuerwehren**, notwendig sein. Die Auswirkungen auf die Leistungsfähigkeit der Gemeindefeuerwehr im Sinne der Brandschutzbedarfsplanung sind vom Zuwendungsempfänger **darzustellen und von der Bewilligungsbehörde zu prüfen**.
>
> […]
>
> 3. Bei Beschaffungsmaßnahmen muss der Zuwendungsempfänger **Eigentümer** werden.
>
> 4. Feuerwehrfahrzeuge, einschließlich der vollständig vorgesehenen feuerwehrtechnischen Beladung, müssen aus Sicherheitsgründen vor der Auslieferung beziehungsweise Indienststellung von einem amtlich anerkannten Sachverständigen für den Kraftfahrzeugverkehr […] insbesondere auf ihre **Übereinstimmung mit den technischen Vorschriften und den Unfallverhütungsvorschriften**, geprüft und abgenommen werden. Die Abnahme ist schriftlich zu dokumentieren und gegenüber der Bewilligungsbehörde nachzuweisen."

Während hierbei der zuletzt unter Nr. 4 genannte Aspekt der Prüfung der Übereinstimmung mit fachlich einschlägigen Vorschriften naheliegend und kaum der Kritik zugänglich ist, so greifen die unter Nr. 1 und Nr. 3 genannten Aspekte in die Selbstverwaltung der Gemeinden ein. Die Abstimmung mit Nachbargemeinden ist im Sinne der interkommunalen Kooperation und zur Vermeidung teurer Doppelstrukturen sicherlich gut gemeint. Gleichzeitig handelt es sich bei den Brandschutzaufgaben jedoch gemäß § 5 Abs. 1 S. 1 SächsBRKG jedoch um weisungsfreie Pflichtaufgaben der sächsischen Gemeinden und Gemeindeverbände. Insofern stellt die Prüfpflicht eine zusätzliche Anforderung dar, die ohne die Inanspruchnahme der Fördermittel nicht zu erfüllen wäre. Der in Nr. 3 genannte Punkt stellt ebenso ein Eingriff in das Selbstverwaltungsrecht dar, der nur bei der Inanspruchnahme dieser Mittel greift. Die Voraussetzung, Eigentümer der immobilen und mobilen Infrastruktur sein zu müssen, schließt bestimmte Beschaffungs- und Bewirtschaftungsformen aus, etwa Miete und Mietkauf (insbesondere bei Immobilien) oder Leasing

[28] Sydow 2018, S. 21.

[29] RL Feuerwehrförderung Sachsen 2012.

(für Fahrzeuge und Geräte).[30] Würde die Gemeinde die Infrastrukturen ausschließlich aus eigenen Mitteln finanzieren, stünden diese Wege, die durchaus wirtschaftlicher sein können als der Eigenerwerb, gleichwohl offen.

3.3 *Wirtschaftliche Effekte und Abhängigkeit der Kommunen von Fördermitteln*

Neben dem Eingriff in das kommunale Selbstverwaltungsrecht und den bereits genannten Transaktionskosten der Förderbürokratie kommt hinzu, dass die Förderpraxis oft ungewünschte adverse Effekte auf die Effizienz des Mitteleinsatzes hat. Da die Förderbedingungen öffentlich einsehbar sind (und sein müssen), kann die Anbieterseite das Verhalten der Kommunen (als Fördermittelnehmer und Beschaffer) und des Landes (als Fördermittelgeber) antizipieren und das eigene Handeln – insbesondere die Preissetzung – darauf einstellen. Dies betrifft einerseits die Bauwirtschaft, andererseits aber auch Lieferantenkartelle, wie das 2011/2012 aufgedeckte Feuerwehrkartell, dass für die fünf beteiligten Unternehmen zu erheblichen Bußgeldzahlungen führte.[31] Die Bußgelder (insgesamt rund 68 Mio. €) und der zusätzlich ausgehandelte Schadensausgleich zwischen den Anbietern und den betroffenen Kommunen (6,7 Mio. €) zeigen, dass die überhöhten Kosten einen erheblichen wirtschaftlichen Schaden verursacht haben.[32] Für solche Formen des koordinierten Vorgehens durch die Anbieterseite ist die beschriebene Ausgestaltung der Förderpolitik mindestens förderlich.

Ein weiterer wirtschaftlicher Aspekt betrifft den Modus der Verteilung der Fördermittel. Trotz des aufwändigen Antragsverfahrens erfolgt die Förderung letztlich oft sehr stark pauschaliert, die effektive Steuerung ist dagegen gering. In der Praxis erfolgt etwa gemäß der Richtlinie Feuerwehrförderung Sachsen zunächst eine 75 %ige Kofinanzierung der förderfähigen Kosten, was eine starke finanzielle Unterstützung darstellt.[33] Die effektive Zahlungsbereitschaft der Kommunen reduziert sich auf die verbleibenden 25 %. Dies betrifft jedoch nur kleinere Beschaffungsprojekte. Für großvolumige Anschaffungen für Fahrzeuge und Gebäude, einschließlich der relevanten betrieblichen Einbauten und Geräte, sind Festbeträge vorgesehen.[34] Diese sind sehr feingliedrig für einzelne Fahrzeugtypen Ausstattungsvarianten definiert. In einer solchen Förderkulisse ist es für alle Marktseiten besonders einfach, sich auf die dort definierten Preise einzustellen. Die erforderliche Aushandlung der Einzelheiten der Förderrichtlinien befördert die Organisation in

[30] Diese Finanzierungswege sind am Markt verfügbar, weshalb diese Einschränkung nicht einen bloßen theoretischen Wert hat.

[31] Bundeskartellamt 2012.

[32] KoPo 2013.

[33] V. Nr. 2 der RL Feuerwehrförderung Sachsen 2012.

[34] Anlage 2 der RL Feuerwehrförderung Sachsen 2012.

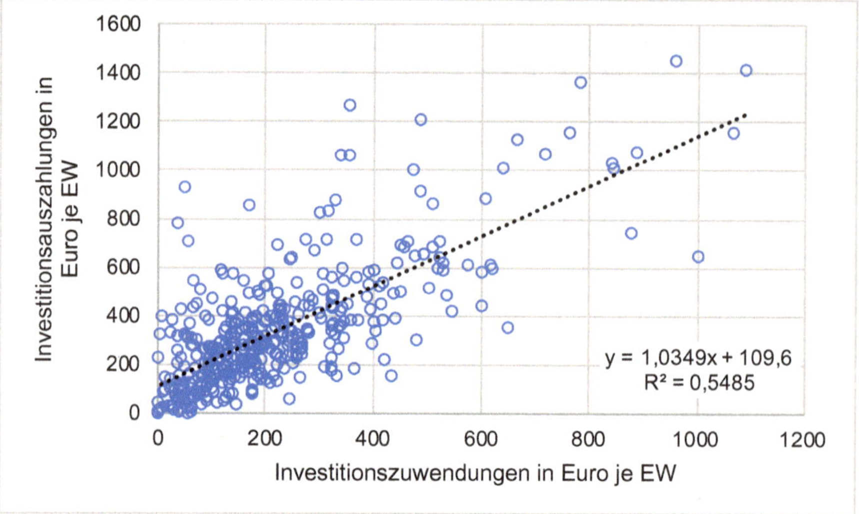

Abb. 5 Zusammenhang von Investitionszuwendungen und Investitionsausgaben. (Quelle: Eigene Darstellung, eigene Berechnungen. Daten: Statistisches Landesamt des Freistaates Sachsen (Kassenstatistik 2020, Kernhaushalte))

„Fachbruderschaften", in denen sich Vertreter des Landes, der Kommunen und der Anbieter koordinieren können. Diese Konstellation fördert eher den Detailgrad der Förderrichtlinien, es besteht jedoch kein nennenswerter Anreiz für eine kostengünstigere Beschaffung.

Ein letzter kritischer Aspekt ist die fiskalische Abhängigkeit der Kommunen von Fördermitteln des Landes. Dies illustriert eine durch den Verfasser erstellte, einfache empirische Analyse am Beispiel der Städte und Gemeinden im Freistaat Sachsen. Gegenübergestellt werden hierzu die Investitionsauszahlungen der Kommunen auf der einen und die hierfür vereinnahmten investiven Zuweisungen auf der anderen Seite für das Jahr 2020.[35] Der recht simple univariate Schätzansatz weist auf einen starken Zusammenhang beider Größen hin (Abb. 5).

Die Schätzergebnisse zeigen, dass die Kommunen im Durchschnitt autonome Investitionen in Höhe von rund 110 €/EW tätigen, was ungefähr einem Viertel der gesamten Investitionsausgaben entspricht (450 €/EW). Darüber hinaus befördert jeder Euro Fördermittel fast 1:1 die Investitionsausgaben (Schätzer: 1,035). Dies weist auf die enorme Bedeutung der Fördermittel für die Realisierung der Investitionen in den sächsischen Gemeinden hin.[36] Allerdings lassen sich aus den empirischen Er-

[35] Eingangsdaten: Statistisches Landesamt des Freistaates Sachsen, Kassenstatistik 2020, Basis: Gemeinden im Freistaat Sachsen, n = 431. Aus der Untersuchung ausgeschlossen wurden insgesamt vier Gemeinden mit Investitionsausgaben weit über 2000 €/EW, da diese das Schätzergebnis unsystematisch verzerren. Die Schätzung wurde zur Robustheitsprüfung auch für Daten des Jahres 2019 vorgenommen, wobei fast identische Ergebnisse festzustellen sind.

[36] Das Bestimmtheitsmaß von $R^2 = 0{,}55$ zeigt, dass trotz des sehr rudimentären empirischen Ansatzes der größte Teil der Variation der Pro-Kopf-Investitionsausgaben durch die erhaltenen Fördermittel aufgeklärt werden kann.

gebnissen auch Mitnahmeeffekte ablesen. Da jede Investition von den Kommunen kofinanziert werden muss, müsste jeder Euro Fördermittel eigentlich eine Transmission von deutlich >1 auf die Investitionen haben. Bei einer 50 %igen Förderquote müsste der Schätzer bei 2,0 liegen, bei einer 75 %igen Förderquote noch bei 1,33.[37] Der geringere Schätzer von rund 1,0 zeigt dagegen, dass der Aspekt der Zusätzlichkeit für viele kommunale Investitionen in diesem Kontext nicht gegeben ist. Stattdessen werden offenbar auch viele Projekte realisiert, um Fördermittel mitzunehmen und ggf. werden Projekte mit laufenden Ausgaben als Investitionen gelabelt um in den Genuss einer Förderung zu kommen. Dies geht zu Lasten der aus Eigenmitteln finanzierten Investitionen und verfestigt die Abhängigkeit von den Landesmitteln.

Zusammengefasst zeigen die Kritikpunkte in diesem Kapitel, dass die „generösen Goldenen Zügel" durchaus zu „Goldenen Handschellen" werden können. Die Bindung der Kommunen durch Landespolitik und Landesverwaltung bezieht sich sowohl auf fachliche Auflagen als auch auf die faktische Abhängigkeit von den Finanzmitteln.

4 Lösungsvorschläge

Im vorangegangenen Abschnitt wurden einige Schwächen der aktuellen Ausgestaltung der Fördermittelpolitik skizziert, die zu einem ineffizienten Mitteleinsatz, zeitlichen Verzögerungen, einer Schwächung der kommunalen Selbstverwaltung und letztlich sogar einem Verlust der eigentlich durch die Landespolitik intendierten Steuerungswirkung führen können. Der hier vorgestellte Lösungsvorschlag orientiert sich dabei an der Frage, ob durch eine stärkere Pauschalierung der Mittelverteilung eine Vereinfachung und Verbesserung der Verfahren erreicht werden kann. Hierbei geht es sowohl um eine Pauschalierung der Mittelzuweisung außerhalb des FAG als auch die Diskussion, ob eine Überführung in den kommunalen Finanzausgleich in Betracht kommt. In der Praxis erweist sich die Reform der Fördermittellandschaft regelmäßig als schwierig bis unerreichbar.[38] Die Pfadabhängigkeiten auf allen Seiten sind umfangreich, auf die „Fachbruderschaften" ist bereits hingewiesen worden. Die Lösungsvorschläge werden entlang finanzwissenschaftlicher Kriterien erarbeitet. Hierbei geht es um Kriterien, die für oder gegen eine Pauschalierung sprechen sowie um konkrete Umsetzungsvorschläge für ein vereinfachtes Verfahren.

[37] Eine 50 %ige Förderung beding, dass jeder Euro Förderung einen weiteren Euro aus Eigenmitteln mit sich bringt, also insgesamt 2 €. Bei einer 75 %igen Förderung kommen auf 1 € Investitionsausgaben 0,25 € Eigenmittel und 0,75 € Fördermittel. Das Verhältnis der Investitionsausgaben zur Förderung müsste demnach bei 1/0,75 = 1,333 liegen.

[38] Kommission zur Vereinfachung und Verbesserung von Förderverfahren im Freistaat Sachsen 2019; Kommission zur Konsolidierung von Förderprogrammen und Weiterentwicklung der sächsischen Förderstrategie 2022.

4.1 *Kriterien zur Untersuchung der Pauschalierungsfähigkeit*

Zur Untersuchung der „Pauschalierungsfähigkeit“ der in Fachförderprogrammen gebundenen Mittel ist in einem Autorenteam um den Verfasser ein Kriterienraster entwickelt worden, das insgesamt 17 verschiedene Aspekte umfasst.[39] Die Prüfung entlang dieser Kriterien lässt Aussagen dahingehend zu, ob eine Pauschalierung insgesamt möglich ist oder ob sogar eine Überführung in den KFA in Frage kommt (siehe Tab. 1). Diese lassen sich zu drei Gruppen zusammenfassen:

Tab. 1 Kriterien zur Pauschalierung von Fördermitteln. (Quelle: Eigene Darstellung nach Hesse et al. 2023)

Kriterium	außerhalb FAG	Lastenausgleich (finanzkraftunabhängig)	Schlüsselzuweisungen (finanzkraftabhängig)
allokative Aspekte			
Pflichtaufgabe zur Erfüllung nach Weisung	x	(x)	
Striktes Konnexitätsprinzip	x	(x)	
Zeitlich begrenzte Aufgabe	x		
Prozessvorgaben externer Mittelgeber (EU, Bund)	x		
Quotale Förderung (fester Eigenfinanzierungsanteil)	x		
Fiskalische Äquivalenz nicht erfüllt / Existenz von Spill-over-Effekten		x	x
Vielzahl von Kommunen betroffen		x	x
Bestimmbarkeit der Bedarfe		x	(x)
Normalverteilte Streuung der Ausgaben bezogen auf Einwohnerzahl			x
Steuerkraftausgleich erwünscht			x
Aufgabe mit stetiger			
Aufgabe mit stetiger Ausgabendynamik		x	x
Vergleich Ausgabendynamik mit Dynamik der Verbundgrundlagen		x	x
Charakteristika Transaktionskosten			
Rechtsaufsichtliche Begleitung	x	(x)	(x)
Fachaufsichtliche Begleitung	x		
Transaktionskosten Bewilligung	x	(x)	
Transaktionskosten Abrechnung	x	(x)	(x)
Transaktionskosten Budgetierung	x		

[39] Hesse et al. 2023.

- **Allokative Aspekte**, welche die Ziele der Mittelflüsse und die Mittelherkunft bewerten, z. B., ob es externe Mittelgeber gibt (Bund, EU), ob ein striktes Konnexitätsprinzip herrscht, ob ein Steuerkraftausgleich sachgerecht ist oder ob die Förderung mit einer klaren zeitlichen Begrenzung ausgestattet ist. Hierbei spielen auch statistische Eigenschaften der Fördermittelgewährung eine Rolle, auf die nachfolgend gesondert eingegangen wird. Hier fällt die Bewertung der Pauschalierungsfähigkeit sehr unterschiedlich aus.
- **Fiskalische Effekte**, die vor allem die Ausgabendynamik und die damit verbundene Dynamik der Förderung im Blick haben. Soll eine Dynamisierung verfolgt werden, ist ein Mittelfluss innerhalb des FAG zu favorisieren.
- **Charakteristika der Transaktionskosten**. Die rechts- und fachaufsichtliche Begleitung der Prozesse und umfangreiche Antrags- und Abrechnungskosten sind für die antragsgebundenen Fördermittelprogramme typisch. Durch die Pauschalierung lässt sich ein erheblicher Teil dieser Transaktionskosten einsparen.

Eine Pauschalierung kommt vor allem dann in Frage, wenn eine Vielzahl von Kommunen betroffen ist (keine Einzelfallregelungen) und wenn die damit verbundenen Finanzbedarfe gut bestimmbar sind. Hierzu sind vor allem die statistischen Eigenschaften der Verteilung von Bedeutung (Erläuterung im übernächsten Absatz). Ist dazu noch beabsichtigt, die Mittelverteilung subsidiär mit dem Steuerkraftausgleich zu verbinden, so sind Schlüsselzuweisungen das Mittel der Wahl. Bereits oben ist ausgeführt worden, dass diese Zuweisungsart die größte Dispositionsfreiheit für die Kommunen mit sich bringt. Zusätzlich verringert die Einbeziehung des Steuerkraftausgleichs die Mitnahmeeffekte von finanziell gut situierten Kommunen. Es wird jedoch gleichzeitig klar, dass eine Pauschalierung nicht in allen Fällen eine sachgerechte Lösung ist. Erfordern etwa externe Mittelgeber ihrerseits detaillierte Nachweise über die Mittelverwendung (Bund, EU), handelt es sich um herausgehobene Projekte, die nur wenige oder gar eine einzelne Kommune betreffen oder kommen sehr strikte Regeln zur Kostenerstattung zur Anwendung, dann sind andere Zuweisungswege besser geeignet und auch die antragsgebundene Förderung kann eine angemessene Lösung sein.

Ob neben der Pauschalierung zudem eine Überführung der Mittel in den KFA eine angemessene Lösung darstellt, ist vor allem eine Frage der Dynamisierung der Mittel. Die Systeme des KFA sind dynamisch, d. h., ihre Dotation bemisst sich vor allem nach der Entwicklung der Steuern und steuerinduzierten Einnahmen des Landes (in einigen Fällen auch denjenigen der Kommunen), nicht aber nach der Entwicklung der Ausgaben in bestimmten Aufgabenbereichen.[40] Ist zu erwarten, dass die Kosten für die Erfüllung der Aufgabe, deren zugehörige Fördermittel pauschaliert werden sollen, stetig steigen werden und keine wesentlich höhere Dynamik der Kosten als diejenige der Steuereinnahmen zu erwarten ist, so liegt eine Überführung in die FAG-Masse nahe. Dies entschärft auch wiederkehrende Verteilungskonflikte bei der Finanzierung übertragener Aufgaben. Darüber hinaus kann in der FAG-Masse, präziser im Schlüsselzuweisungssystem, eine Verbindung mit dem

[40] Hesse und Starke 2021.

Steuerkraftausgleich erfolgen, sodass steuerschwache Einheiten effektiv eine höhere Unterstützung als steuerstarke oder abundante Einheiten.

Zur Bewertung der Pauschalierungsfähigkeit werden unter anderem statistische Eigenschaften untersucht. Wenn sich ein typischer (= durchschnittlicher) Wert für den Ausgabenbedarf einer Aufgabe empirisch bestimmen lässt, so kann dieser als Referenz für eine staatliche Förderung dieser kommunalen Aufgabe genutzt werden. Technisch gesprochen ist hierzu eine Normalverteilung der Ausgaben je Einwohner erforderlich, die idealerweise eine positive Kurtosis hat (die Verteilung läuft steil zum Mittelwert hin zu, Abb. 6).[41] In diesem Fall liegt der überwiegende Teil aller Fälle in einem engen Abstand zum Mittelwert, der wiederum als typisches Ausgabenniveau für die meisten Kommunen gelten kann. Abweichungen sind durchaus vorhanden, aber so selten, dass sie einer Pauschalierung nicht im Wege stehen.[42] Die Normierung muss nicht zwingend auf die Einwohnerzahl erfolgen. Es kann auch ein anderer sachlicher Bedarfsindikator genutzt werden, wodurch der Charakter eines Lastenausgleichs gegeben ist (z. B. für Straßenlängen, Infrastruktureinrichtungen, Flächentypen, Empfänger bestimmter Sozialleistungen). Andere Verteilungstypen eignen sich dagegen schlechter oder gar nicht für die Pauschalierung. Wenn etwa eine Normalverteilung gegeben ist, die jedoch eine negative Kurtosis aufweist, so ist der Mittelwert nicht mehr typisch für eine Vielzahl von Fällen, sondern ein großer Anteil der Fälle liegt weit davon entfernt, sodass die

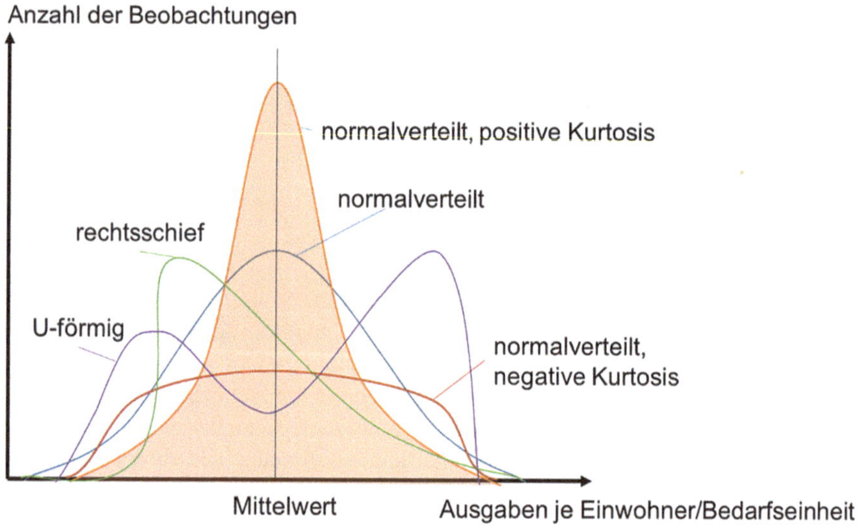

Abb. 6 Streuungsmuster zur Beurteilung der Pauschalierungsfähigkeit. (Quelle: Eigene Darstellung)

[41] Für die Hintergründe dieser statistischen Größe siehe Urban und Mayerl 2008, S. 194 f.

[42] Die Möglichkeit einer ergänzenden antragsgebundenen Förderung für solche stark abweichenden Fälle bleibt unbenommen.

Pauschalierung erhebliche Sickerverluste zur Folge hätte. In Fällen einer einseitig schiefen Verteilung ist der Mittelwert ebensowenig ein Repräsentant eines typischen Ausgabenniveaus. Am schlechtesten schneidet in diesem Zusammenhang eine U-förmige Verteilung ab, in der der Mittelwert selbst einen Ausnahmefall bildet und stattdessen eine Häufung der Fälle in anderen Bereichen der Verteilungskurve gegeben ist. In Abb. 6 haben übrigens alle Verteilungen den identischen Mittelwert. Wie aus den kurzen Ausführungen klar geworden ist, eignen sich allerdings nur die normalverteilten, „spitz zulaufenden" Verteilungsmuster für eine Pauschalierung. Kann für die Ausgaben ein stark abweichendes Verteilungsmuster festgestellt werden, so sollten diese im Rahmen der antragsgebundenen Fachförderung bedient werden. Hier liegen offenbar jeweils besondere Gegebenheiten vor, die einen Antrags- und Prüfprozess tatsächlich inhaltlich und empirisch rechtfertigen.

Der Aufgabenbereich Feuerschutz weist der empirischen Untersuchungen zufolge tatsächlich aus empirischer Sicht den erforderlichen Charakter für eine Pauschalierung auf (Abb. 7). Der Mittelwert, der in diesem Fall in den sächsischen Städten und Gemeinden für das untersuchte Jahr 2018 bei rund 37 €/EW liegt, repräsentiert ein Ausgabenniveau, das für die überwiegende Zahl der Gemeinden auskömmlich sein dürfte. Dieses Ergebnis stellt sich jedoch längst nicht für alle kommunalen Aufgaben ein. Anders ist dies beispielsweise für die Förderung der Wasserbauinfrastruktur (ohne Abbildung). Hier haben viele Kommunen aus

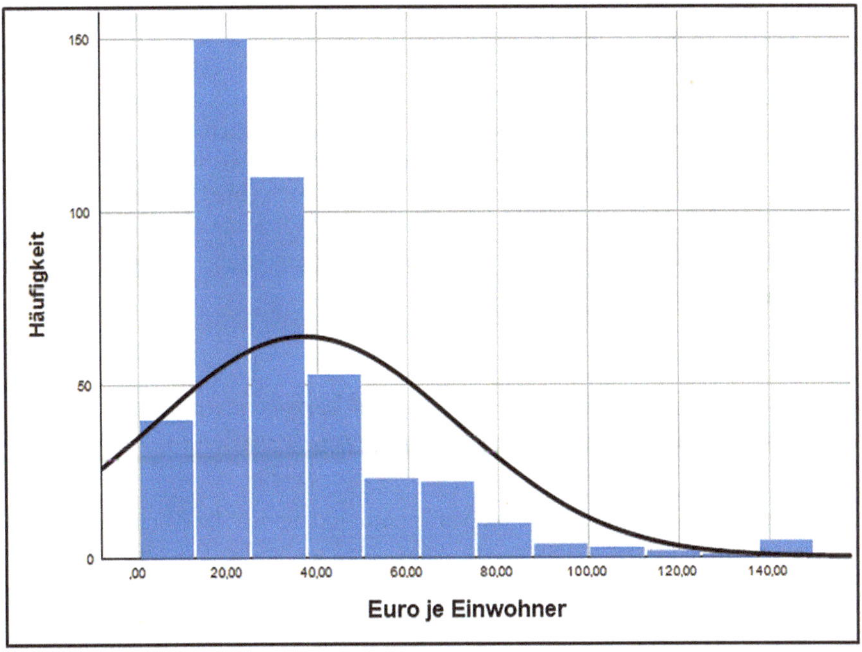

Abb. 7 Verteilung der Ausgaben je Einwohner im Aufgabenbereich Feuerschutz 2018. (Quelle: Eigene Darstellung, eigene Berechnungen; Daten: Statistisches Landesamt des Freistaates Sachsen, Jahresrechnungsstatistik 2018)

topografischen Gründen keine bzw. sehr geringe Ausgaben, die Ausgabelast ist dagegen auf wenige Kommunen mit hohen Ausgaben konzentriert. Hier ist es folglich sachgerecht, weiterhin im System antragsgebundener Zuwendungen zu bleiben, da eine Pauschale weder für die Kommunen mit tatsächlichen Ausgaben (zu niedrig) noch für die Kommunen ohne Ausgaben (zu hoch) effizient wäre.

Nach dem beschriebenen Muster können Förderprogramme weiterführend untersucht werden. Im eingangs dieses Abschnittes genannten Projekt wurden insgesamt 24 Förderprogramme detailliert ausgewertet.[43] Davon wurden insgesamt fünf Programme identifiziert, bei denen eine Übertragung in den kommunalen Finanzausgleich in Frage kommt. Hierzu gehört die Richtlinie Feuerwehrförderung, die sich als Praxisbeispiel durch den Beitrag gezogen hat. Hier könnte mit einem einwohnerbezogenen Schlüssel und einer Verbindung mit dem Steuerkraftausgleich eine verbesserte Finanzierung unter Einsparung der Transaktionskosten von der Beantragung bis zur nachträglichen Prüfung erreicht werden. Weitere Programme, die sich sowohl für die Pauschalierung als auch für eine Übertragung in den KFA eignen, sind Richtlinien zur Förderung der schulischen Infrastruktur und zum Ausbau von Ganztagsangeboten in Schulen. Ein weiteres Beispiel ist die Kita-Finanzierung (laufende Betriebskosten), die bereits heute pauschaliert abläuft, jedoch ebenfalls in den KFA überführt werden könnte. Zuletzt ist eine Richtlinie zur Förderung des kommunalen Straßen- und Brückenbaus außerhalb bedeutender Einzelmaßnahmen zu nennen, die der Gesetzgeber zwischenzeitlich tatsächlich in den KFA überführt hat.[44]

Für andere Förderprogramme wurde dagegen das Ansinnen der Pauschalierung klar zurückgewiesen, beispielsweise die Investitionsförderung der Siedlungswasserwirtschaft, die Unterstützung für Förderschulen oder die Integrationsmaßnahmen für Menschen mit Behinderungen. Hier würde eine Pauschalierung voraussichtlich zu viele Sickerverluste erzeugen und die sehr unterschiedliche kommunale Aufgabenerfüllung in diesen Bereichen nicht angemessen widerspiegeln. Grenzfälle, die einer Pauschalierung zugängig sind, bei denen jedoch eine Überführung in den KFA weniger gut geeignet erscheint, sind beispielsweise die Richtlinien für die Schulsozialarbeit, für die kommunale Sportförderung oder für den Bau von Kindertagesstätten.[45]

4.2 *Vorschläge zur Vereinfachung und Verbesserung der finanziellen Förderung von Kommunen*

Um die Kommunen finanziell zu unterstützen und dennoch die Nachteile der antragsgebundenen Förderverfahren zu reduzieren, steht die Pauschalierung der

---

[43] Hesse et al. 2023. Diese Förderprogramme repräsentieren zusammen rund 65 % aller über Förderrichtlinien ausgereichten Zuwendungen im Freistaat Sachsen zum Untersuchungszeitpunkt 2018.

[44] §§ 20a und 20b SächsFAG.

[45] Hesse et al. 2023.

Mittelflüsse im Fokus. Am Beispiel der Förderprogramme im Freistaat Sachsen wurden die hierfür relevanten Kriterien vorgestellt. Die Pauschalierung kann jedoch bereits niedrigschwelliger erfolgen. Als einfachste Lösung kann versucht werden, vereinfachte Nachweis- und Prüfverfahren durchzuführen, etwa listenmäßige Nachweise und stichprobenbasierte Prüfungen. Um den Selbstverwaltungsanteil bei der Infrastrukturfinanzierung zu stärken, ist zudem die Nutzung von Regionalbudgets und Investitionspauschalen zu intensivieren. Gute Erfahrungen konnten mit diesen Instrumenten bereits bei der Umsetzung des Gesetzes zur Förderung von Investitionen finanzschwacher Kommunen (KInvFG) in den Jahren 2015 bis 2020 gesammelt werden.[46] Dabei kam auch ein an der Wirtschaftsschwäche orientierter Verteilungsschlüssel zum Einsatz, der die oben genannten Mitnahmeeffekte und Begünstigung der fiskalisch bereits solide aufgestellten Kommunen eindämmt.

Sollte sich die Überführung in den KFA als geeignete Lösung herausstellen, so handelt es sich bei der Verteilung keinesfalls um eine undifferenzierte „Gießkanne". Wenn die empirische Prüfung bestätigt, dass die Einwohnerzahl der geeignete Indikator für die Mittelverteilung ist, so können die Mittel ohne weitere Modifikationen in die Schlüsselzuweisungen überführt werden. Die Finanzbedarfe werden dann pauschal anerkannt und die geringe Streuung zwischen Kommunen minimiert Sickerverluste trotz der Pauschalierung.

Streuen die Ausgaben abweichend von der Einwohnerzahl, so sind zusätzliche Informationen für das Schlüsselzuweisungssystem erforderlich. Wenn die Aufgabe ein nennenswertes fiskalisches Volumen beansprucht, so können sachliche Schlüssel zur Anwendung kommen, die die Erfüllung dieser Aufgabe repräsentieren (z. B. Straßenlängen, Kinderzahlen, raumstrukturelle Aspekte) und als sog. Nebenansätze im Schlüsselzuweisungssystem genutzt werden. Damit ist eine feine Aussteuerung möglich, die den Steuerkraftausgleich bewahrt, zugleich Unterschiede zwischen den Gemeinden ermöglicht. Wenn die Bedarfstatbestände nur in einem Teil der Kommunen vorliegen, nicht aber in allen, so ist eine Umsetzung als Lastenausgleich im KFA aber außerhalb des Schlüsselzuweisungssystems geeignet. Hierzu sollte die Aufgabe jedoch ein gewisses fiskalisches Volumen aufweisen, um keine unproduktive Häufung von Nebenansätzen zu erzeugen.[47]

Dem Abbau von Transaktionskosten und einer erleichterten Zugänglichkeit der Mittel für die Kommunen steht ein weitgehender Verlust der funktionalen Außensteuerung durch die Landespolitik- und -verwaltung entgegen. Aus Sicht des Landes sind die Mittel zwar nicht vollständig „verloren", da auch die Regelungen des kommunalen Finanzausgleichs durch den Landesgesetzgeber feingesteuert werden und insofern Impulse für eine differenzierte finanzielle Unterstützung der Kommunen gesetzt werden können. Die direkten Steuerungsmöglichkeiten einer antragsgebundenen Zuwendungspolitik, mit der Definition von Zugangsvoraussetzungen und Nebenbestimmungen stehen gleichwohl nicht mehr zur Verfügung. Wichtig wäre in diesem Zusammenhang, dass im Zuge der Pauschalierung nicht das inhaltliche Interesse des Landes an der Unterstützung der Kommunen leidet und ein

[46] Lenk und Hesse 2017, S. 168 ff.

[47] Lenk et al. 2019, S. 349 f.

schleichender Abbau der Zuweisungen erfolgt. Wiederum wäre hierzu eine Überführung in den kommunalen Finanzausgleich zu favorisieren, da dessen Dotation regelgebunden und im Zeitablauf dynamisch ausgestaltet ist.

Zuletzt sollte auch nicht unerwähnt bleiben, dass die Pauschalierung der Fördermittel nicht nur die kommunale Selbstverwaltung, sondern auch ein „doppisches Denken" unterstützt. Um im fortlaufenden Beispiel der Feuerwehrförderung zu bleiben: Bei der Anschaffung eines Feuerwehrfahrzeuges für 250.000 € fallen die entsprechenden Auszahlungen an, die nach einer zahlungsorientierten (kameralen) Sichtweise der Länder als Fördermittelgeber anteilig durch die Förderung zu decken sind. Aus der Sicht der (ressourcenverbrauchsorientierten) doppischen Haushaltsregeln, die für die überwiegende Mehrheit der Kommunen in Deutschland einschlägig sind, ist jedoch der Ausgleich des jährlichen Ergebnisses entscheidend (der Ausgleich der Zahlungsmittelsalden ist i. d. R. nachrangig). Wenn die Abschreibung über einen Zeitraum von 8 Jahren hinweg erfolgt, fallen jährliche Aufwendungen in Höhe von 31.250 € p. a. an. Für den doppischen kommunalen Haushalt ist es damit äquivalent, einmalig einen Förderbetrag von 200.000 € zu erhalten (vereinfacht werden 80 % Förderquote unterstellt) oder achtmal 25.000 € in jährlichen Beträgen. Den Kommunen ist mit stetig planbaren, kleineren Beträgen mitunter mehr geholfen als mit wenigen, schlecht planbaren, großen Beträgen.

5 Zusammenfassung und Ausblick

Der Beitrag hat die fiskalische Bedeutung der Landeszuweisungen für die Erfüllung kommunaler Aufgaben aufgezeigt und sich dabei auf die antragsgebundenen Zuwendungen konzentriert. Es wurde klar, dass diese Form der funktionalen Außensteuerung von Kommunen durch Finanzmittel des Landes mit einigen Nachteilen verbunden ist. Die Möglichkeiten der kommunalen Selbstverwaltung werden durch die bisherigen Verfahren geschwächt und Ineffizienzen gefördert, die dadurch entstehen, dass die Kommunen ihre Investitionspolitik eher an der Förderkulisse orientieren und weniger an den lokalen Erfordernissen. Fördermittel reizen die Kommunen einerseits an, zu investieren und dies im Einklang mit den Interessen der Landespolitik zu tun. Andererseits begünstigen sie Mitnahmeeffekte und ermöglichen allen Beteiligten, sich auf die Preissignale einzustellen, was einer effizienten Mittelverwendung nicht zuträglich ist.

Allen Beteiligten werden durch antragsgebundene Zuwendungsverfahren enorme Transaktionskosten aufgebürdet. Diese binden personelle und sachliche Ressourcen sowohl auf der kommunalen als auch auf der Landesebene. Mit Blick auf den demografischen Wandel und die zunehmenden Beschränkungen auf beiden Ebenen für die Antragstellung, das Management und die Nachprüfung von Investitionsprojekten wird eine Fortführung der Zuwendungspolitik unter den derzeitigen Bedingungen kaum möglich sein.

Die Pauschalierung der Mittelgewährung bis hin zu einer Überführung bestehender Förderprogramme in den KFA ist für einige fiskalisch bedeutsame

Förderprogramme möglich. Insbesondere der Finanzierungsweg über das Schlüsselzuweisungssystem ist pauschal, subsidiär, dynamisch und spart Transaktionskosten. Je nach Eigenheiten des Programms stehen auch innerhalb des KFA differenzierende Möglichkeiten zur Verfügung (Nebenansätze im Schlüsselzuweisungssystem, Lastenausgleiche neben dem Schlüsselzuweisungssystem). Vereinfachte Antrags- und Nachweismöglichkeiten können allerdings auch außerhalb des KFA umgesetzt werden, sei es mittels Investitionspauschalen oder – nicht zuletzt – durch die Verschlankung der bestehenden Förderrichtlinien.

Antragsgebunde Förderprogramme sollten nicht vollständig verschwinden, sondern sich auf diejenigen Fälle konzentrieren, in denen sie einen echten Mehrwert bieten können. Beispielsweise, wenn es sich um einzelne Großprojekte handelt oder Aufgabenbereiche, die nicht alle Kommunen in vergleichbarem Umfang betreffen. In einigen Fällen ist eine Pauschalierung faktisch unmöglich, etwa bei externen Verpflichtungen zum Verwendungsnachweis (Bund, EU), einer klaren zeitlichen Begrenzung der Förderung oder dezidierten Einzelfällen. Im Regelfall sollte die Landespolitik aber den Pfad verlassen, für neue Herausforderungen immer neue Förderprogramme zu schaffen und an den bestehenden Programmen festzuhalten. Vielmehr sollten die Länder (aber auch der Bund) der Versuchung der Organisation in „Fachbruderschaften" widerstehen und stattdessen den Kommunen mehr Vertrauen entgegenbringen, dass diese die Ihnen zugewiesenen Mittel eigenverantwortlich und im Sinne der kommunalen Selbstverwaltung verantwortungsvoll einsetzen.

Literatur

Andel N (1999) Finanzwissenschaft. Mohr Siebeck, Tübingen

Brand S, Salzgeber J (2022) Knappe Personalkapazitäten erschweren Ausweitung kommunaler Investitionen, KfW Research Fokus Volkswirtschaft, Bd. 375

Bundeskartellamt (2012) Bundeskartellamt verhängt weiteres Millionenbußgeld gegen Hersteller von Feuerwehrfahrzeugen, Pressemitteilung vom 7.3.2012. https://www.bundeskartellamt.de/SharedDocs/Meldung/DE/Pressemitteilungen/2012/07_03_2012_Iveco.html. Zugegriffen am 09.02.2024

Gern A, Brüning C (2019) Deutsches Kommunalrecht. Nomos, Baden-Baden

Hesse M (2019) Haushaltskonsolidierung in Kommunen – Möglichkeiten und Grenzen kommunaler Konsolidierungspolitik unter besonderer Berücksichtigung einnahmenseitiger Instrumente. Berliner Wissenschafts-Verlag, Berlin

Hesse M, Starke T (2021) Dotation des Kommunalen Finanzausgleichs – vertikale Verteilung, Strukturprinzipien und Wirkungen. Sachsenlandkurier 32(2):80–87

Hesse M, Kratzmann A, Sydow J, Tyufekchieva K (2023) Überführung von Landesförderprogrammen in den kommunalen Finanzausgleich im Freistaat Sachsen – Eine finanzwissenschaftliche Untersuchung. KOMKIS Analyse, 22, Leipzig

Jänchen I, Starke T (2022) Kommunalfinanzen in Deutschland – ein Weg in die Tragfähigkeit. In: Europäisches Zentrum für Föderalismus-Forschung Tübingen (EZFF) (Hrsg) Jahrbuch des Föderalismus 2022: Föderalismus, Subsidiarität und Regionen in Europa., Nomos, Baden-Baden, S 298–312

Kommission zur Konsolidierung von Förderprogrammen und Weiterentwicklung der sächsischen Förderstrategie (2022) Förderkommission II im Freistaat Sachsen, Bericht, Mai 2022. https://publikationen.sachsen.de/bdb/artikel/40072. Zugegriffen am 09.02.2024

Kommission zur Vereinfachung und Verbesserung von Förderverfahren im Freistaat Sachsen (2019) Abschlussbericht, Mai 2019. https://publikationen.sachsen.de/bdb/artikel/33320. Zugegriffen am 09.02.2024
Kommunalpolitische Blätter (KoPo) (2013) Feuerwehr-Kartell muss Kommunen entschädigen, https://kopo.de/blog/2013/05/16/feuerwehr-kartell-muss-kommunen-entschadigen/. Letzter Zugegriffen am 09.02.2024
Lenk T, Glinka P (2017) Die Länder in den finanziellen Ausgleichssystemen: Verteilung von Aufgaben, Ausgaben und Einnahmen sowie die finanzielle Entwicklung der Länder im Vergleich zu Bund und Kommunen. In: Schweisfurth T, Voß W (Hrsg) Haushalts- und Finanzwirtschaft der Länder in der Bundesrepublik Deutschland, Schriften zur öffentlichen Verwaltung und öffentlichen Wirtschaft, Bd 236, S 79–116
Lenk T, Hesse M (2017) Gemeindefinanzbericht Sachsen 2016/2017. Sachsenlandkurier 05/2017
Lenk T, Hesse M, Lück O (2013) Synoptische Darstellung der kommunalen Finanzausgleichssysteme der Länder aus finanzwissenschaftlicher Perspektive. Studie im Auftrag des Landesrechnungshofs Mecklenburg-Vorpommern, Leipzig
Lenk T, Starke T, Hesse M (2019) Kommunaler Finanzausgleich – vertikale und horizontale Verteilung, Strukturprinzipien und Wirkungen. In: Schweisfurth T, Wallmann W (Hrsg) Haushalts- und Finanzwirtschaft der Kommunen in der Bundesrepublik Deutschland. Berliner Wissenschafts-Verlag, Berlin, S 325–358
Lenk T, Hesse M, Starke T (2021) Überprüfung des kommunalen Finanzausgleichs in Brandenburg zum Ausgleichsjahr 2022. Gutachten im Auftrag des Ministeriums der Finanzen und für Europa des Landes Brandenburg, Leipzig
Mayer V (2022) Zuwendungsrecht für die Praxis in Bund, Ländern und Gemeinden. Walhalla Fachverlag, Regensburg
Richtlinie Feuerwehrförderung vom 7. März 2012 (SächsABl. S. 358), zuletzt enthalten in der Verwaltungsvorschrift vom 29. November 2021 (SächsABl. SDr. S. S 167). https://www.revosax.sachsen.de/vorschrift/12427-Richtlinie-Feuerwehrfoerderung. Zugegriffen am 09.02.2024
Scheller H, Rietzler K, Raffer C, Kühl C (2021) Baustelle zukunftsfähige Infrastruktur. Ansätze zum Abbau nichtmonetärer Investitionshemmnisse bei öffentlichen Infrastrukturvorhaben. In: Friedrich Ebert Stiftung (Hrsg), Wiso Diskurs, 12/2021. https://library.fes.de/pdf-files/wiso/17978.pdf. Zugegriffen am 09.02.2024
Sixtus F, Reibstein L, Slupina M (2020) Wer schon viel hat, dem wird noch mehr gegeben? – Warum der Eigenanteil bei Förderprogrammen strukturschwache Kommunen benachteiligt. https://www.berlin-institut.org/fileadmin/Redaktion/Publikationen/152_Wer_schon_viel_hat__dem_wird_noch_mehr_gegeben/Eigenanteil_online.pdf. Zugegriffen am 09.02.2024
Starke T (2020) Bestimmung des Finanzbedarfs von Gemeinden und Städten im horizontalen Kommunalen Finanzausgleich mit Fokus auf die demografische Entwicklung. Berliner Wissenschafts-Verlag, Berlin
Starke T, Hesse M (2022) Edel sei der Einwohner! – Würdigung und Weiterentwicklung der Hauptansatzstaffel im Kommunalen Finanzausgleich. Der Gemeindehaushalt 123(4):73–79
Starke T, Mengs C, Lenk T (2022) Neue Koalition, neue Konzepte: Stärkung der Kommunalfinanzen? In: Junkernheinrich M, Korioth S, Lenk T et al (Hrsg) Jahrbuch für öffentliche Finanzen 2-2022 – Neue Knappheitsbedingungen, makroökonomische Unwägbarkeiten und wachsende Transformationsanforderungen, Schriften zur öffentlichen Verwaltung und öffentlichen Wirtschaft, Bd 255, S 107–123
Südekum J (2021) Place-based policies – how to do them and why. DICE Discussion Paper 367, Düsseldorf
Sydow J (2018) Förderprogramme für kommunale Infrastrukturprojekte – Herausforderungen und Handlungsfelder am Beispiel des Freistaates Sachsen. KOMKIS Analyse 9, Leipzig
Urban D, Mayerl J (2008) Regressionsanalyse. Theorie, Technik und Anwendung, Bd 3. VS Verlag für Sozialwissenschaften, Wiesbaden
Williamson OE (1981) The economics of organization: the transaction cost approach. Am J Sociol 87(3):548–577. https://doi.org/10.1086/227496

Dr. Mario Hesse ist wissenschaftlicher Mitarbeiter (Postdoc) an der Professur Finanzwissenschaft am Institut für öffentliche Finanzen und Public Management der Universität Leipzig, Geschäftsführer des Kompetenzzentrums für kommunale Infrastruktur Sachsen (KOMKIS) und Mitglied im Kompetenzzentrum öffentliche Wirtschaft, Infrastruktur und Daseinsvorsorge (KOWID).

Teil III
Steuerung durch Risiko, Steuerung im Privatrecht

Gemeinwohlorientierung im Leipziger Führungsmodell als Brücke zwischen imperativem und nicht-imperativem Handeln in der Wirtschaft

Timo Meynhardt

Zusammenfassung In diesem Beitrag wird mit Hilfe des Leipziger Führungsmodells eine Handlungsorientierung für nicht-imperatives Handeln in der Wirtschaft skizziert. Ausgangspunkt für eine Verbindung zu imperativem Handeln ist die Gemeinwohlorientierung. Auf deren Basis können rechtliche Perspektiven in einen ganzheitlichen Führungsansatz integriert werden. Recht und Rechtsstaatlichkeit werden dabei aus unternehmerischer Sicht als Ressource und nicht als Behinderung betrachtet. Das Modell plädiert für ein möglichst offenes Gemeinwohlverständnis, welches sich – aufgrund der Eigenschaft des Gemeinwohls als Erfahrungskategorie des Sozialen – primär an menschlichen Grundbedürfnissen orientiert.

1 Einführung

In Unternehmen werden staatliche Eingriffe und Regulierung oft als Blockade für Kreativität und Innovation gesehen. Es ist dann nicht so einfach, dafür zu werben, dass Rechtsstaatlichkeit eine Ressource ist und keine Behinderung. Der unternehmerische Alltag zeigt allerdings: Wenn man diese Diskussion erstmal ein Stück weit überwunden und Verständnis dafür entwickelt hat, dass Recht mehr ist als Vertragsrecht oder die Beauftragung eines Gutachtens, um die Gangbarkeit von einem Projekt zu prüfen, kommt man sehr schnell auf die Frage, wie sich unterschiedliche Steuerungsmechanismen ergänzen beziehungsweise komplementär so wirken, dass heterogene Erwartungen in Einklang gebracht werden können.

Im Folgenden möchte ich das Leipziger Führungsmodell[1] heranziehen und aufzeigen, wie dieses für eine ganzheitliche Perspektive auf nicht-imperatives Handeln

[1] Meynhardt et al. 2022.

T. Meynhardt (✉)
HHL Leipzig Graduate School of Management, Leipzig, Deutschland
E-Mail: timo.meynhardt@hhl.de

M. W. Müller (Hrsg.), *Mittelbare Verhaltenssteuerung – Konzept, Wirkungen, Kritik*,
https://doi.org/10.1007/978-3-662-69010-9_4

in der Wirtschaft genutzt und in Verbindung mit dem Imperativ gesetzlicher Vorgaben gebracht werden kann. Während imperatives Handeln des Staates darauf zielt, per Gesetz, Verwaltungsakt oder Gerichtsurteil einen Steuerungseinfluss auf die Praxis auszuüben, werden unter dem Stichwort nicht-imperatives Handeln alle anderen Steuerungsimpulse gefasst, wie z. B. Kommunikation, Information oder auch die Kontrolle der Mittelverwendung. Diese werden auch als Methoden der mittelbaren Verhaltenssteuerung angesehen.[2] In der Praxis müssen die unterschiedlichen Impulse zusammengeführt werden.[3] Woran sollte sich die konkrete Führungsarbeit orientieren, in die auch juristische Perspektiven integriert werden? Um die Antwort vorwegzunehmen, gute Führung orientiert sich am Gemeinwohl.

2 Kerndimensionen des Leipziger Führungsmodells

Führungshandeln muss sich in einem Rechtsstaat stets vor dem Hintergrund rechtlicher Normen legitimieren. Innerhalb dieses imperativen Rahmens obliegt es allerdings den Akteuren, ihre Freiheit schöpferisch und verantwortungsvoll zu gestalten. Die Entwicklung unternehmerischer Ideen und die Etablierung zwischenmenschlicher Umgangsformen sind daher wesentlicher Teil der Führungsarbeit in Organisationen. Führen bedeutet, Verantwortung zu übernehmen, diese Freiheit(en) mit den äußeren Anforderungen in Einklang zu bringen oder den Rahmen selbst zu verändern – also Führung im System und Führung am System.

Niemand kann allerdings die Effekte und Wirkungen eigenen Handelns sicher abschätzen. Daher ist es sinnvoll, sich selbst als Teil eines größeren Ganzen zu sehen und sich auf den eigenen Beitrag zu konzentrieren. Im Gegensatz zu einer reinen Resultat- und Ergebnisorientierung gilt es, sich nach bestem Wissen und Gewissen einzubringen, in dem Bewusstsein beschränkter Steuerbarkeit der Entwicklung.

Anstatt vor der Herausforderung zu kapitulieren („Da kann man eh nichts machen.") oder diese zu verdrängen („Es wird schon nicht so schlimm werden.") misst sich die Führungsleistung daran, Verantwortung für einen Beitrag – so klein dieser auch sein mag – zu übernehmen. Je komplexer die Herausforderung, desto eher definiert sich gute Führung über einen Beitrag zum Gemeinwohl. Dieses entsteht dann, wenn einzelne Personen oder ganze Gruppen die Erfahrung machen, dass sie ihre Grundbedürfnisse im sozialen Umfeld befriedigen können. Dies ist aber keine Einbahnstraße, individuelles Wohl und Gemeinwohl bedingen einander: Ein funktionierendes Gemeinwesen ist auf verantwortungsvolle Persönlichkeiten an-

[2] Müller, Mittelbare staatliche Verhaltenssteuerung als Gegenstand interdisziplinär informierter Rechtswissenschaft, in diesem Band.

[3] Die Verwendung der Begriffe „mittelbar" und „unmittelbar" unterscheidet sich je nach disziplinärem Hintergrund. Aus rechtswissenschaftlicher Perspektive sind Kommunikation und Information Ausdrucksweisen mittelbarer Verhaltenssteuerung. In der psychologischen Führungsforschung werden diese auch der unmittelbaren, direkten Einflussnahme zugeordnet.

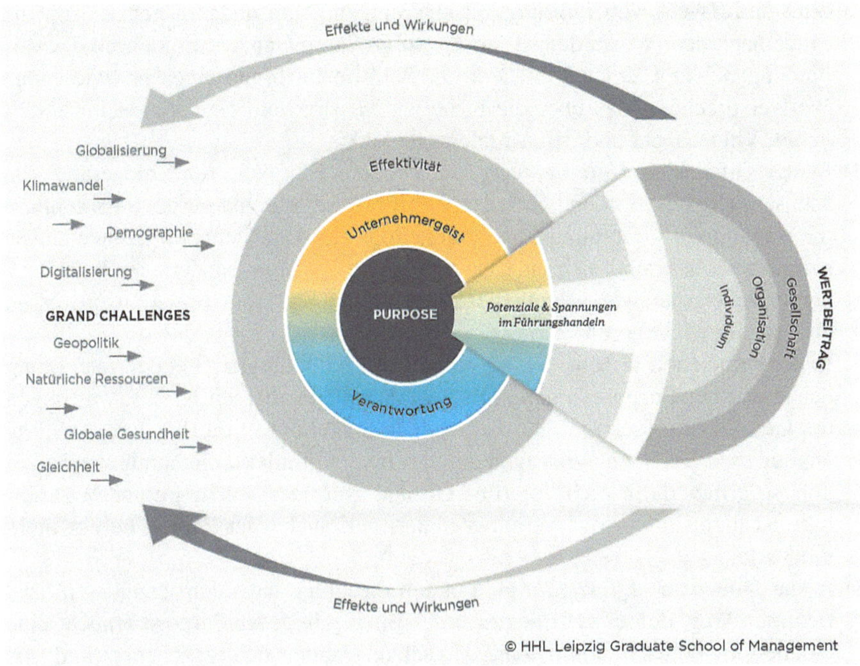

Abb. 1 Das Leipziger Führungsmodell; Meynhardt et al. 2022, S. 174

gewiesen, die es tragen und schützen. Ist die Balance zwischen individuellen Bedürfnissen und gesellschaftlichen Erwartungen gestört, resultieren Unzufriedenheit und Veränderungsdruck. Die Aufgabe gemeinwohlorientierter Führung besteht darin, immer wieder nach neuen Formen des Miteinanders zu suchen und auf ein neues dynamisches Gleichgewicht einzuwirken.

Es ist dieses Rollenverständnis von guter Führung, welches dem Leipziger Führungsmodell zugrunde liegt und es erlaubt, im Alltag die Verbindung zwischen den großen Herausforderungen, insbesondere den „Grand Challenges" und dem eigenen Handeln herzustellen (Abb. 1). Wie lösen wir einen möglichen Konflikt zwischen Purpose und Gesetz? Was ist mein Anteil? Wo kann ich mich einbringen? Die Frage nach dem eingenen Beitrag wird zur Schlüsselfrage für jede Führungskraft, denn: Wer führen will, muss beitragen.

Zwischen der (inneren) Annahme der Herausforderungen und dem eigenen Wertbeitrag steht die Führungsarbeit, die sich nach dem Modell an vier Kerndimensionen ausrichten sollte: Purpose, Unternehmergeist, Verantwortung und Effektivität. Die Beachtung gesetzlicher Vorgaben (imperative Logik) und die kreative Nutzung der Handlungsspielräume (nicht-imperative Logik) sollten dabei Hand in Hand gehen.

1) In der Dimension *Purpose* wird die Zweck-Mittel-Relation in der Führungsarbeit hervorgehoben, d. h. die Frage nach der Zielausrichtung und der dafür notwendigen Aktivitäten. Zum einen geht es um die Frage nach dem Warum, dem

Sinn und Zweck von Führungsentscheidungen. Zum anderen geht es um die Frage nach dem Wozu, dem Beitrag zum größeren Ganzen. Erst durch die Verbindung beider Elemente entsteht ein Purpose im Sinne eines motivierenden Wertversprechens, das über die bisherige Mission und eine Vision im Unternehmen hinausgeht und den Mitteleinsatz lenkt.

2) In der Dimension *Unternehmergeist* wird die Fähigkeit zur Erneuerung von Mensch, Organisation und Gesellschaft in den Mittelpunkt gerückt. Es geht um die Handlungs-, Gestaltungs- und Innovationsfähigkeit. Der resultierende Unternehmergeist bestimmt nicht nur den Erfolg von Start-ups, sondern spielt auch für etablierte private wie öffentliche Unternehmen in Transformationsprozessen eine immer wichtigere Rolle.
3) In der Dimension *Verantwortung* wird eine Randbedingung bei der Verfolgung des jeweiligen Purpose benannt. Es geht darum, den berechtigten Erwartungen der Gesellschaft (genauer: der betroffenen Stakeholder) im (Führungs-)Alltag angemessen Rechnung zu tragen und das heißt vor allem, niemandem zu schaden, sofern es dafür nicht legitime Gründe gibt. Das Machbare und Wünschbare ist nicht immer das Verantwortbare, und auch: Der Zweck heiligt nicht die Mittel.
4) In der Dimension *Effektivität* geht es um die Frage nach dem gangbaren bzw. richtigen Weg, den es effizient zu beschreiten gilt. Jeder Purpose braucht eine fachlich-methodisch kompetente Umsetzung unter den gegebenen und zukünftigen Bedingungen knapper Ressourcen, des Wettbewerbs und nicht zuletzt gesetzlicher Vorgaben. Die Entwicklung zielgerichteter Strategien, Strukturen und Prozesse ist eine grundlegende Voraussetzung guter Führung.[4]

Anhand der vier Perspektiven lassen sich Führungsherausforderungen schrittweise analysieren und mit Blick auf rechtliche Rahmenbedingungen bewerten. In der Auseinandersetzung damit konkretisieren sich die Handlungsoptionen, d. h. wie und in welcher Stimmigkeit ein Führungsansatz verfolgt werden kann. Dazu gehört immer auch die Einordnung in einen rechtlichen Kontext. Dies betrifft in erster Linie die Frage nach der Verantwortbarkeit einzelner Entscheidungen. Wer haftet, wenn es schiefgeht? Wie legitimiert sich ein Purpose in rechtlichen Grauzonen? Wo nehmen wir rechtliche Risiken aus unternehmerischer Sicht in Kauf? Dies ist der Blick vom Nicht-Imperativen auf die imperativen Vorgaben und oftmals strafbewehrten Grenzziehungen. In der Praxis stoßen umgekehrt aber auch gesetzliche Vorgaben schnell an Grenzen bzw. können das Handeln nur bedingt lenken: Nicht alles, was legal ist, ist auch legitim. Gesetzestexte sind nicht selten schwer zu verstehen und lassen Interpretationsspielräume. Im schwierigen Fahrwasser von Unter- oder Überregulierung sind demnach Wertentscheidungen gefragt, die sich letztlich – und das ist der Dreh- und Angelpunkt der Argumentation – vor dem Gemeinwohl rechtfertigen sollten. Spätestens hier müssen jegliche Formen von imperativer und nicht-imperativer Handlungslogik zu kreativen und verantwortungsvollen Lösungen zusammengeführt werden.

[4] Meynhardt et al. 2022, S. 18 f.

3 Abwägungsprozesse in der Praxis gestalten

In Analogie zur Ermessensausübung in der öffentlichen Verwaltung geht es auch in der Führungsarbeit im Unternehmen darum, der Gemeinwohlorientierung in der konkretisierenden Anwendung schöpferisch gerecht zu werden. Unterschiedlich ist die gedankliche Annäherung: In der Tradition der deutschen Verwaltungslehre erfolgt der Zugang über Fragen nach Sachgerechtigkeit, Wirtschaftlichkeit, Unparteilichkeit und Rechtmäßigkeit. In der unternehmerischen Führungsarbeit erfolgt der Zugang über Fragen nach Purpose, Unternehmergeist, Verantwortung und Effektivität. In beiden Bereichen geht es um eine ganzheitliche Perspektive in Abwägungsprozessen unter Nutzung von Kriterien, die sowohl imperative als auch nicht-imperative Elemente enthalten können.[5]

Die Übersetzung unter den konkreten Rahmenbedingungen unternehmerischen Handelns kann durch die Nutzung des Leipziger Führungsmodells systematisch strukturiert werden: Der anspruchsvollste Purpose läuft ins Leere, wenn er fachlich nicht effektiv, unternehmerisch und verantwortungsvoll umgesetzt wird. Er muss sich vor allem in Grauzonen als handlungsrelevant erweisen, in denen es keine richtige oder falsche Antwort gibt, die man aus einem gesetzlichen Rahmen ableiten könnte. In der Praxis fällt es allerdings oft schwer, Tätigkeiten in einen größeren Zusammenhang zu stellen und den eigenen Beitrag zum größeren Ganzen zu erkennen. Genau dies ist aber die Herausforderung guter Führung.

In vielen Situationen ermöglicht dieser Bezugsrahmen überhaupt erst, die Spannungsfelder, aber auch die Potenziale zu erkennen, die mit einer Entscheidung oder Handlung einhergehen. Mit der jüngsten Erweiterung des Modells[6] um systemische Aspekte der Rückkopplung und Abhängigkeit vom größeren Ganzen werden die vielschichtigen Voraussetzungen eines Produktionssystems noch deutlicher in den Blick genommen. Damit soll das Bewusstsein für tatsächliche Effekte und realistische Wirkungsziele geschärft werden. „Effekte" zielen auf unbeabsichtigte und „Wirkungen" auf beabsichtigte Einflüsse unternehmerischen Handelns auf das gesellschaftliche Umfeld und die natürliche Umwelt ab. Im Modell sind die vom jeweiligen System ausgelösten Effekte und Wirkungen mit dem gesellschaftlichen Wertbeitrag auf das größere Ganze (Gemeinwohl) gefasst, welcher mit den von außen auf das System wirkenden „Grand Challenges" verknüpft ist. Diese treiben das Gemeinwohl an und fordern es heraus.

In der Konsequenz fordert das Modell systemisches Denken in Kreisläufen, Abhängigkeiten und stärkerer Kontextsensibilität ein. Es geht darum, auf pragmatische Weise Wege zu finden, die großen Herausforderungen (heute zuallererst die ökologische Frage) nicht als Kompensations- oder Reparaturproblem zu formulieren, sondern ein neues Verständnis von Konsum, materiellem Wohlstand und nachhaltiger

[5] Im Zuge der Verwaltungsmodernisierung in den letzten Jahrzehnten ist der unternehmerische Aspekt stärker in die öffentliche Verwaltung integriert worden. Dazu Meynhardt und Metelmann 2008, S. 2 46 ff.).

[6] Meynhardt et al. 2022, S. 172 ff.

Lebensqualität zu fördern. Die Herausforderung besteht darin, Lösungen zu vermeiden (so innovativ sie auch erscheinen mögen), die genau wieder die Probleme erzeugen, die eigentlich überwunden werden müssen. Warum sollten etwa diejenigen in der Lage sein, die Probleme zu lösen, die sie vorher selbst erzeugt haben? Überhaupt ist Vorsicht und Umsicht geboten, wenn Effekte und Wirkungen unternehmerischer Tätigkeiten abgeschätzt werden sollen.

Die entsprechenden Informationsdefizite betreffen insbesondere auch jeden Eingriff des Gesetzgebers, der in bester Weise das allgemeine Interesse zu berücksichtigen hat und doch oft unter großer Unsicherheit entscheiden muss. Soll es der Markt mit dem Wettbewerbsprinzip richten oder sind klare gesetzliche Normen gefragt?

Im Leipziger Führungsmodell wird an dieser Stelle die Gemeinwohlorientierung als Brücke eingeführt, um vermeintliche und tatsächliche Dilemmata zwischen öffentlichem und privatem Handeln zu thematisieren und wo möglich zumindest teilweise zu überwinden. Dort heißt es dazu: „Gute Führung bedeutet im Leipziger Führungsmodell, einen Beitrag zu einem größeren Ganzen zu leisten, den Dritte als sinn- und wertvoll erachten, ohne dass legitime Rechte und Ansprüche Dritter verletzt werden. Die Führungsleistung bemisst sich konsequent am Wertbeitrag auf der Ebene des Individuums, der Organisation und der Gesellschaft, d. h. dem Gemeinwohl.“[7]

Die gesellschaftlichen Herausforderungen sind zu groß, als dass wir uns in unsere Teilsysteme mit ihrer eigenen Rationalität zurückziehen und den anderen nicht mehr verstehen. Da ist ein offener Begriff des Gemeinwohls – der in der liberalen Demokratie offenbleiben muss – ein Begriff an dem sich sowohl Jurist:innen als auch Unternehmer:innen nicht nur reiben, sondern auch gemeinsam orientieren können.

4 Die DNA des Gemeinwohls verstehen und nutzen

Dieser offene Gemeinwohlbegriff steht in der Tradition aristotelischen oder platonischen Denkens, wonach ein funktionierendes Gemeinwesen für sein Überleben etwas Verbindendes, Zusammenhaltendes benötigt. Ein großer Streitpunkt ist immer die Frage des Verhältnisses von prozeduraler und materialer Bestimmung des Gemeinwohls. Besonders attraktiv erscheint heute ein vermittelnder Ansatz, der sich an den menschlichen Grundbedürfnissen orientiert.

Das ist *erstens* das Bedürfnis nach Selbstwerterhalt und Selbstwertsteigerung – die moralische Idee von Respekt und Achtung – übersetzt im Grundgesetz: „Die Würde des Menschen ist unantastbar“. Den *zweiten* Gemeinwohlkomplex bildet das Bedürfnis von Menschen, sich als soziale Wesen in Gruppen zu binden und aus der Gruppenzugehörigkeit Wertschätzung, soziale Identität und Status abzuleiten. Das

[7] Kirchgeorg et al. 2019, S. V.

dritte Bedürfnis zielt auf positive Erfahrungen, die Vermeidung von Schmerz und Leid und damit auf das ganze Spektrum hedonistisch-ästhetischer Werte. Das *vierte* Grundbedürfnis richtet sich auf unser Streben nach Orientierung und Kontrolle in unserer Umwelt in einem ganz instrumentell-utilitaristischen Sinne.[8]

Diese vier Grundbedürfnisse bilden – wie die Bausteine der DNA – die Basis für komplexere Bedürfnisstrukturen, an denen sich die Gemeinwohlerfahrung ausrichten kann. Der Metapher der DNA folgend: Ihre vier Bausteine bilden wie stets gleiche Buchstaben die Grundlage für einzigartige Gemeinwohlstrukturen. Mit dieser Verbindung zwischen dem universalen Anspruch der menschlichen Grundbedürfnisse und ihrer situativen Realisierung in unterschiedlichen Kontexten scheint ein Kompromiss zwischen materialer und prozeduraler Bestimmung des Gemeinwohls möglich.

Noch entscheidender als der bedürfnisbasierte Systematisierungsversuch selbst ist die Anbindung des Gemeinwohls an menschliche Bedürfnisse als Ausgangs- und Endpunkt des Gemeinwohls.[9] Erst darüber wird die regulative Idee des Gemeinwohls material fassbar. Unternehmen oder staatliche Einrichtungen leisten dann einen Beitrag zum Gemeinwohl, wenn ihre Handlungen im Auge des Betrachters als wertvoll in den vier Dimensionen empfunden werden. „Gemeinwohl als Erfahrungskategorie des Sozialen zu erfassen, bedeutet zwangsläufig, auf die Wahrnehmungsfähigkeiten beim Individuum zu setzen, ja letztlich darauf setzen zu müssen."[10]

In der hier vertretenen Auffassung werden sämtliche Steuerungs- und Führungsimpulse an diesen Bedürfnisstrukturen „gebrochen" und müssen sich dort bewähren. Wer Verhalten beeinflussen möchte, sollte daher die menschlichen Grundbedürfnisse beachten und jede konkrete Gemeinwohlvorstellung daran überprüfen. Und: Wer die Sprache des Gemeinwohls erlernen möchte, sollte sich an menschlichen Grundbedürfnissen orientieren. Deren Nichtbeachtung führt zu mangelnder Akzeptanz und Ablehnung bis hin zu offenem Widerstand. Das Leipziger Führungsmodell steht in diesem Sinne in einer humanistischen Tradition, in der Respekt vor dem anderen und die Achtung individueller Würde eine nicht zu unterlaufende Wertgrundlage bilden.

5 Fazit

Mit dem Leipziger Führungsmodell wird ein Vorschlag unterbreitet, welche Dimensionen nicht-imperativen Handelns in der Wirtschaft in einem ganzheitlichen Führungsansatz zu berücksichtigen sind. Gute Führung bemisst sich in diesem Modell daran, inwieweit es gelingt, eine übergeordnete Zielausrichtung (Purpose),

[8] Meynhardt 2016, S. 173 ff.

[9] Meynhardt 2009, S. 192 ff.

[10] Meynhardt 2016, S. 180.

unternehmerisch, effektiv und verantwortungsvoll zu verfolgen und einen Wertbeitrag zu leisten. Gleichzeitig erlaubt dieser Denkrahmen eine systematische Auseinandersetzung mit imperativen Handlungsvorgaben im Führungshandeln. Die Frage nach dem Gemeinwohlbeitrag dient dabei als Brücke, um auch juristische Perspektiven in einen Führungsansatz zu integrieren, der wiederum das Recht als Ressource und nicht als Behinderung in komplexen Abwägungsprozessen betrachtet. Die Gemeinwohlverträglichkeit der Aktivitäten und Handlungen wird dabei am Maßstab menschlicher Grundbedürfnisse geprüft und bemessen. Das Leipziger Führungsmodell setzt damit nicht nur intellektuelle Fähigkeiten, sondern vor allem auch verinnerlichte Werthaltungen voraus, die zu einem *inneren Imperativ* des Handelns werden und als Kompass in komplexen Abwägungsprozessen dienen.

Literatur

Kirchgeorg M, Meynhardt T, Pinkwart A, Suchanek A, Zülch H (2019) Das Leipziger Führungsmodell. Führen und Beitragen. HHL Academic Press, Leipzig

Meynhardt T (2009) Public value inside: what is public value creation? Int J Public Admin 32(3–4):192–219

Meynhardt T (2016) Ohne Gemeinwohl keine Freiheit. Zur Psychologie des Gemeinwohls. In: Papier HJ, Meynhardt T (Hrsg) Freiheit und Gemeinwohl. Ewige Gegensätze oder zwei Seiten einer Medaille? Tempus Corporate, Berlin, S 173–192

Meynhardt T, Metelmann J (2008) Public Value – ein Kompass für die Führung in der öffentlichen Verwaltung. Verwaltung Manag 14(5):246–251

Meynhardt T, Kirchgeorg M, Pinkwart A, Suchanek A, Zülch H (2022) Führen in der Krise. Herausforderungen an das Leipziger Führungsmodell. HHL Academic Press, Leipzig

Müller, MW (2024) Mittelbare staatliche Verhaltenssteuerung als Gegenstand interdisziplinär informierter Rechtswissenschaft, in diesem Band

Prof. Dr. Timo Meynhardt ist Inhaber des Dr. Arend Oetker Lehrstuhls für Wirtschaftspsychologie und Führung an der HHL Leipzig Graduate School of Management.

Eigeninitiative statt Effektivität – privatrechtliche Verhaltenssteuerung unter Autonomievorbehalt

Clemens Latzel

Zusammenfassung Verhaltenssteuerung durch Privatrecht gerät unweigerlich in Konflikt mit der Privatautonomie. Kraft ihrer Privatautonomie steht es Bürgern und Unternehmen bislang frei, ihre Rechte durchzusetzen. Die verhaltenssteuernde Wirkungen von Privatrecht hängt somit maßgeblich von der Eigeninitiative der Berechtigten ab. Um diese „Schwachstelle" zu beheben, wird nicht nur die Durchsetzung privater Rechte erleichtert, sondern werden private Rechte teilweise sogar unabhängig vom Willen der Berechtigten hoheitlich oder automatisch durchgesetzt. Damit wird indes ihre Privatautonomie beschränkt, was nur in Ausnahmefällen zu rechtfertigen ist.

1 Spezifika des Privatrechts

1.1 Ausgestaltung und Steuerung der Privatautonomie

Es ist vor allem[1] das Privatrecht,[2] das den Rechtsraum schafft, in dem Bürger und Unternehmen ihre Rechtsbeziehungen mit- und untereinander frei gestalten können. Diese Privatautonomie[3] ist ausschließlich auf die Rechtslage bezogen und

[1] Privatautonomie kann auch durch öffentliches Recht (einschl. Strafrecht) gestaltet werden, Latzel 2020, S. 365; vgl. Hellgardt 2016, S. 526, der in der Privatautonomie ein rechtsgebietsübergreifendes Prinzip sieht.

[2] Maßgeblich ist hier der den Regelungsgegenstand (Rechtsbeziehungen zwischen Bürgern und Unternehmen) betreffende materielle Privatrechtsbegriff, nicht der für Rechtswegfragen maßgebliche formale Privatrechtsbegriff; zur Differenzierung Hellgardt 2016, S. 524 ff.

[3] Flume 1992, S. 1; Hellgardt 2016, S. 542; Hillgruber 2011, S. 165, 169.

C. Latzel (✉)
Ludwig-Maximilians-Universität, München, Deutschland
E-Mail: latzel@zaar.uni-muenchen.de

M. W. Müller (Hrsg.), *Mittelbare Verhaltenssteuerung – Konzept, Wirkungen, Kritik*,
https://doi.org/10.1007/978-3-662-69010-9_5

existiert nur durch das Recht.[4] Privatautonomie ist somit – wie Recht selbst – virtuell und menschengemacht.[5] Die Privatautonomie ist aber nicht nur ein Rechtsprinzip,[6] sondern auch eine grundrechtlich geschützte Freiheit.[7] Liberalismus bildet somit das Fundament der Privatautonomie[8]: Was nicht verboten ist, ist erlaubt.[9]

Das Privatrecht schafft als Verfassung der Privatautonomie[10] nicht nur einen formal-neutralen Ordnungsrahmen, sondern steuert zugleich das Verhalten der Rechtsunterworfenen materiell in bestimmte Richtungen – unabhängig davon, ob das vom Rechtsetzer intendiert ist oder nicht. Ordnendes und steuerndes Privatrecht lassen sich kaum trennen[11] und privatrechtliche Verhaltenssteuerungen sind mithin nicht immer leicht zu identifizieren – es könnten ja auch bloße Ausgestaltungen der Privatautonomie sein. Welche Privatrechtsvorschrift im Einzelfall regulierende, den Freiheitsgebrauch steuernde Einflussnahme und welche Privatrechtsvorschrift notwendige Rahmengestaltung zur Gewährleistung freier Selbstentfaltung und Herstellung eines Interessenausgleichs ohne Determinierung durch Allgemeininteressen ist,[12] kann hier offenbleiben.[13] Jedenfalls ist die verfassungsrechtliche Unterscheidung zwischen notwendiger Ausgestaltung einer Freiheit und klassischem Eingriff in selbige Freiheit unergiebig;[14] ebenso eine Abgrenzung anhand der jeweiligen Normzwecke (z. B. der eher formal

---

[4] Zur verfassungsrechtlichen Notwendigkeit der Ausgestaltung der Privatautonomie durch einfaches Recht Hillgruber 2011, S. 165, 169; Latzel 2020, S. 312 ff.

[5] Naturrecht im Sinne zeitalter- und kulturübergreifender aus Physis, Psyche und Zusammenleben der Menschen vorgegebener Sollenssätze beschränkt sich wohl auf die Anerkennung des Überlebensdrangs, Latzel 2020, S. 161 f.

[6] Zur Prinzipienqualität der Privatautonomie Riesenhuber 2018, S. 352, 354 ff.; Hellgardt 2016, S. 522 f.; Poelzig 2012, S. 404: Privatautonomie „gegen andere Rechtsprinzipien und Interessen abzuwägen".

[7] BVerfG v. 12.11.1958 – 2 BvL 4/56 u. a. (PreisG) – BVerfGE 8, 274, 328; BVerfG v. 19.10.1993 – 1 BvR 567/89 u. a. (Bürgschaft) – NJW 1994, 36, 38; BVerfG v. 6.7.2010 – 2 BvR 2661/06 (Honeywell) – NZA 2010, 995 Rn. 50.

[8] Poelzig 2012, S. 402 f.

[9] *F.* Bydlinski 1996, S. 148 f.

[10] Latzel 2020, S. 364.

[11] Zur Mär vom formal-neutralen Privatrecht ohne materielle Intentionen Croon-Gestefeld 2022, S. 21 ff.; Hellgardt 2016, S. 328 ff.; Latzel 2020, S. 375 ff.

[12] Zu diesen Kategorien Hellgardt 2016, S. 543, 558; Grundmann 2017, S. 907, 909 f., 913 ff.

[13] Zum Meinungsstand Riesenhuber 2018, S. 352, 356 f.; einen Gegensatz von Ausgestaltung und Verhaltenssteuerung bestreitet Poelzig 2012, S. 404 f.; tendenziell auch Grundmann 2017, S. 907, 912: „Die allgemeinwohlorientierte Regulierung und das auf Ausgleich von Einzelinteressen ausgerichtete Privatrecht sind folglich als Idealtypen zu denken, die für die Analyse hilfreich sind, auch wenn die Realität des Normenbestandes stärker differenziert erscheint".

[14] Wie bei der Tarifautonomie (Art. 9 Abs. 3 GG) als kollektiv ausgeübter Privatautonomie, Löwisch und Rieble 2017, Grundl. Rn. 121 ff.; zur verfassungsrechtlichen Rechtfertigungsbedürftigkeit eingriffsgleicher Beschränkung der Privatautonomie durch staatliche Maßnahmen mit objektiv verhaltenslenkender Tendenz Latzel 2020, S. 324 ff.

ausgestaltenden *iustitia commutativa* und der eher materiell steuernden *iustitia distributiva*[15] oder der eher formalen Chancengerechtigkeit und eher materiellen Ergebnisgerechtigkeit[16]).

Das Privatrecht muss seine Instrumentalisierung für politische Zwecke, die über die Bereitstellung rechtlicher Infrastruktur für den privaten Wirtschaftsverkehr hinausgehen (Materialisierung), ertragen.[17] Die Regeln des Privatrechts lassen sich mithin „in ihrer Gesamtheit nie allein auf die Privatautonomie zurückführen".[18] Doch bildet die Privatautonomie einen argumentativen[19] und (schwachen[20]) grundrechtlichen[21] Schutz gegen eine übermäßige Instrumentalisierung der privaten Rechtsbeziehungen der Bürger und Unternehmen und damit mittelbar auch des Privatrechts gegen politische Steuerungsanliegen.[22]

1.2 Vermeintliche Steuerungsmilde des Privatrechts

1.2.1 Steuerungsmilde durch Anreize?

Privatrechtlichen Verhaltenssteuerungen könnte man eine mildere, freiheitsschonendere Wirkung als öffentlich-rechtlichen Steuerungen unterstellen, weil Privatrecht vor allem Anreize zu gewünschtem Verhalten[23] setzt und damit unerwünschtes Verhalten nicht generell unterbindet. Indes lassen sich die meisten rechtlichen Verhaltenssteuerungen in „bloße" Anreize übersetzen, die die Kosten-Nutzen-Abwägung der Adressaten beeinflussen sollen.[24] Da unterscheidet sich die öffentlich-rechtliche Notwendigkeit einer Baugenehmigung nicht von der privatrechtlichen Notwendigkeit eines Einverständnisses zur Vertragsaufhebung: Wer ohne Baugenehmigung ein Gebäude errichtet, muss selbiges u. U. wieder abreißen;

---

[15] Canaris 1997, S. 126 f.; Moes 2021, S. 257, 284 f. – für die Preiskontrolle.

[16] Vgl. Latzel 2020, S. 305 ff., 376 ff.

[17] Hellgardt 2016, S. 549 ff.; Latzel 2020, S. 421 ff.; Poelzig 2012, S. 255 ff., 326 ff.; Rüping 2017, S. 38 ff.; Wagner 2006, S. 352, 432, 450.

[18] Riesenhuber 2018, S. 352, 359.

[19] Canaris 1997, S. 128: „Verwirklichung distributiver Postulate mit Hilfe des Privatvertragsrechts [bedarf] grundsätzlich einer besonderen Legitimation".

[20] Ohne Kernbereichsschutz beschränkt sich der verfassungsrechtliche Schutz der Privatautonomie auf eine Begründungslast für den regulierenden Staat, Latzel 2020, S. 329 ff.

[21] BVerfG v. 12.11.1958 – 2 BvL 4/56 u. a. (PreisG) – BVerfGE 8, 274, 328; BVerfG v. 19.10.1993 – 1 BvR 567/89 u. a. (Bürgschaft) – NJW 1994, 36, 38; BVerfG v. 6.7.2010 – 2 BvR 2661/06 (Honeywell) – NZA 2010, 995 Rn. 50.

[22] Burgi 2022a, b, S. 779, 785 f.: Staat und Privatunternehmen sind nicht in gleicher Weise und Intensität für die Verwirklichung des Gemeinwohls verantwortlich; vgl. Engel 1995, S. 213, 218.

[23] Zu psychologischen Grundlagen der Verhaltenssteuerung durch Anreize Latzel 2020, S. 5 ff.

[24] Zum damit adressierten Menschenbild des *homo oeconomicus* Latzel 2020, S. 53 ff.

wer ohne Einverständnis des Vertragspartners sich vom Vertrag löst, kann auf Vertragserfüllung, jedenfalls auf Schadensersatz in Anspruch genommen werden. Die drohenden Kosten für den Abriss bzw. Schadensersatz und deren jeweilige (subjektiv beurteilte) Eintrittswahrscheinlichkeit[25] setzen in beiden Fällen den Anreiz zu rechtstreuem Verhalten. Ob dieser Anreiz stark genug ist, um den Einzelnen von seinem autonomen Plan abzubringen, hängt u. a.[26] von der individuellen Anreizsensibilität des Adressaten ab. Unter Anreizaspekten sind die Spezifika privatrechtlicher Verhaltenssteuerungen mithin gering (bei hoheitlichem Normenvollzug können freilich Steuern, Abgaben, Bußgelder, Geld- und Freiheitsstrafen die Kosten-Nutzen-Abwägung – je nach Eintrittswahrscheinlichkeit – zusätzlich beeinflussen[27]).

1.2.2 Steuerungsmilde durch Staatsferne?

Privatrechtliche Verhaltenssteuerung kann noch aus einem anderen Grund als eher mild erscheinen: Während im Strafrecht Fehlverhalten mit Geld- oder Freiheitsstrafen sanktioniert und im öffentlichen Recht Ge- und Verbote mit Verwaltungszwang durchgesetzt werden (jeweils durch den Staat), weht im Privatrecht der formal-liberale Geist der Privatautonomie: Hier führt die Missachtung des Rechts grds. nur zu Einstandspflichten ggü. denjenigen, die durch die Rechtsverletzung benachteiligt oder geschädigt sind. Der Staat setzt nur abstrakt-generelles Privatrecht, sorgt aber nicht selbst für dessen Vollzug, sondern fungiert nur im Streitfall durch seine Richter als Schlichter.[28] Zwar begünstigt der grds. autonome Privatrechtsvollzug (unten Abschn. 2) eine interessen- und situationsadäquate Rechtsdurchsetzung (unten Abschn. 3.3), aber deshalb nicht unbedingt eine milde, freiheitsschonende Verhaltenssteuerung (unten Abschn. 3.2).

1.3 Steuerungsmittel des Privatrechts

Es können hier nicht alle Steuerungsinstrumente und damit Wirkungsweisen des Privatrechts vorgestellt werden.[29] Nur drei seien herausgegriffen:

---

[25] Zur Entscheidungsfindung nach der Neuen Erwartungstheorie Tversky und Kahneman 1984, S. 341 ff.; Tversky und Kahneman 1992, S. 297 ff.; vgl. Latzel 2020, S. 36 ff.

[26] Zu den generellen Wirksamkeitsparametern des Rechts Latzel 2020, S. 447 ff.

[27] Zur besonderen, da moralisch verstärkten Steuerungswirkung des Strafrechts Latzel 2020, S. 342 ff.; zur Verhaltenssteuerung durch Steuern Latzel 2020, S. 556 ff.

[28] *F.* Bydlinski 1996, S. 78; Glöckner 2019, S. 546, 554; Halfmeier 2006, S. 220.

[29] Eingehend zu Regulierungsfunktionen in Teilgebieten des Privatrechts Hellgardt 2016, S. 98 ff.; zu Instrumenten zur Steuerung privatautonomen Verhaltens Latzel 2020, S. 437 ff.

1.3.1 Gebote und Verbote

Harte Ge- und Verbote gibt es zwar im Privatrecht,[30] aber sie sind mangels hoheitlicher Überwachungs- und Durchsetzungsinstanz nicht imperativ im engeren Sinne. Privatrechtlich verbotene Geschäfte können ohne weiteres dennoch getätigt werden, weil kein hoheitlicher Hüter der Rechtsordnung (z. B. Behörde) präventiv oder repressiv polizeiähnlich gegen privatrechtswidriges Verhalten einschreiten wird – die Verhinderung oder Sanktionierung von Privatrechtsverletzungen obliegt denjenigen, die davon unmittelbar betroffen sind (unten Abschn. 2). Die strengste privatrechtliche Folge eines verbotenen Rechtsgeschäfts besteht darin, dass die Rechtsordnung das Rechtsgeschäft als solches nicht anerkennt.[31] Geschäfte ohne privatrechtliche Anerkennung bleiben möglich und finden auch täglich statt, ohne dass hierin – im Gegensatz zum sanktionslosen Begehen von Straftaten oder Missachten von Verwaltungsrecht – ein Vollzugsdefizit läge (unten Abschn. 3.3).

1.3.2 Leistungs- und Sorgfaltspflichten

Die privatrechtliche Feinsteuerung erfolgt durch Leistungs- und Sorgfaltspflichten. Mit jeder Geschäftsbeziehung (Schuldverhältnis) sind gesetzliche und vertragliche Verhaltensanforderungen verknüpft (vgl. § 241 BGB). Verletzt ein Schuldner eine privatrechtliche Pflicht, kann der berechtigte Gläubiger, der von der Pflichterfüllung profitiert hätte, die ordnungsgemäße Erfüllung der Pflicht verlangen, notfalls einklagen oder seinen durch die Pflichtverletzung erlittenen Schaden ersetzt verlangen. Das sorgt in der Regel präventiv dafür, dass Leistungs- und Sorgfaltspflichten befolgt werden,[32] weshalb die Privatwirtschaft hierzulande im Großen und Ganzen funktioniert.

Wenn die Missachtung einer Leistungs- oder Sorgfaltspflicht allerdings – wie in aller Regel – nur eine Schadensersatzpflicht in Form einer Geldzahlungspflicht auslöst, kann das den rational kalkulierenden *homo oeconomicus* zu „nützlichen Pflichtverletzungen" motivieren. Auch wenn eine Pflichtverletzung zu keinem monetarisierbaren Schaden bei einem Einzelnen führt oder der Schaden über viele Geschädigte mit jeweils nur geringem Ausmaß verteilt ist (Minimalschäden, Gemeinschaftsgüterschäden, Streuschäden[33]), hat das Pflichtenprogramm nur geringe oder keine Steuerungswirkung, weil es dann keinen Geschädigten gibt, der den Pflichtverletzer in Haftung nehmen kann oder wird (unten Abschn. 3.1).

[30] Dazu Hellgardt 2016, S. 456 ff.

[31] Latzel 2020, S. 501 ff.

[32] Zur Präventionsfunktion von Schadensersatzpflichten Poelzig 2012, S. 478 ff.

[33] Meller-Hannich 2018, Gutachten A 24 ff.; Wagner 2009, S. 41, 49 ff.

1.3.3 Unklare Rechtslage

Sie ist gewiss kein Alleinstellungsmerkmal des Privatrechts, aber entfaltet besonders hier verhaltenssteuernde Wirkung: die fehlende Klarheit der (gegenwärtigen[34]) Rechtslage. Verbindliche Auskunft über die Privatrechtslage ist nur von den Gerichten zu erlangen, die in aller Regel aber nur *ex post* entscheiden. *Ex ante* ist deshalb abseits von Standardfällen selten klar, ob ein bestimmtes privatautonomes Verhalten uneingeschränkt, eingeschränkt oder überhaupt keine rechtliche Anerkennung erfährt oder Haftungsrisiken (insb. Schadensersatzpflichten) birgt. Die typische Juristenantwort nach eingehender Prüfung lautet hier wohl noch häufiger als in anderen Rechtsgebieten: Es kommt darauf an.

Das Risiko, die Rechtslage *ex ante* falsch zu beurteilen (Rechtsrisiko), trägt derjenige, der auf die falsche Rechtslage gesetzt hat. Eine Verschuldenskontrolle findet faktisch nicht statt. Auch ein wohlbegründeter und damit *ex ante* unvermeidbarer Rechtsirrtum setzt den Rechtsverletzer nicht vom Unrecht ins Recht, sondern entlastet allenfalls seine Anwälte von der Haftung wegen Falschberatung.[35] Immerhin kann die Haftung wegen schuldhafter Pflichtverletzung (hier: Pflichtverkennung) ausgeschlossen sein, wenn ein Rechtsirrtum bei Anwendung der „im Verkehr erforderlichen Sorgfalt" (§ 276 Abs. 2 BGB) unvermeidbar war.[36]

Privatautonomie unter dem Damoklesschwert der Rechtswidrigkeit gedeiht schwerlich; Rechtsunsicherheit hemmt die Wirtschaft. Dementsprechend wird das Recht von Unternehmern als „Stacheldraht" oder „Hemmnis" wahrgenommen.[37] Um unklare Rechtslagen werden Zäune wie um die Tora gezogen und Bürger und Unternehmen beschränken sich stärker in ihrer Privatautonomie als nötig, um vor negativen Überraschungen sicher zu sein. Risikoaversion begünstigt das Vorsichtsprinzip, wodurch das Recht über seine intendierte Steuerungsrichtung, jedenfalls -intensität hinaus ausgeweitet wird, sodass sich gewissermaßen Phantomrecht bildet (unten Abschn. 3.2). Um es nicht zu einem Rechtsstreit mit all seinen Unwägbarkeiten und Kosten kommen zu lassen, werden in der Praxis nicht selten einvernehmliche Lösungen (Vergleiche) gesucht, die dem Recht (jedenfalls staatlichen Gerichten) ausweichen und damit seine originären Steuerungszwecke ins Leere laufen lassen.

2 Privatrechtsdurchsetzung auf Eigeninitiative

Privatrechtstreue kann grds. nur derjenige einfordern, den das Privatrecht materiell berechtigt, also der durch das Recht einen Vorteil erlangt. Dem privatrechtlich Berechtigten steht es allerdings frei, ob er sein Recht und damit zugleich *das* Recht durchsetzt.

---

[34] Zu Rechtsunsicherheiten wegen (rückwirkenden) Rechtsänderungen Latzel 2015, S. 415 ff.

[35] Grundmann 2022, § 276 Rn. 133.

[36] Caspers 2019, § 276 BGB Rn. 55 ff.

[37] Vgl. Meynhardt, Gemeinwohlorientierung im Leipziger Führungsmodell als Brücke zwischen imperativem und nicht-imperativem Handeln in der Wirtschaft, in diesem Band, 1.

2.1 Prinzip der Eigeninitiative

Privatrecht regelt nicht nur die Rechtsverhältnisse zwischen Privaten (oben Abschn. 1.1), sondern überlässt auch die Rechtsdurchsetzung den Privaten. Im Privatrechtsverkehr muss grds. jeder für sein Recht selbst eintreten[38] (Prinzip der Eigeninitiative, auch: Prinzip der Privatinitiative,[39] Eigenverantwortungsprinzip[40]). Der privatrechtlich Berechtigte kann sich zur Durchsetzung seiner Rechte an staatliche Gerichte wenden, die aber grds. nicht von Amts wegen, sondern nur auf entsprechende Anträge hin tätig werden. Sie bestrafen auch nicht den Privatrechtsverletzer, sondern verhelfen nur dem Berechtigten zu seinem Recht ggü. dem Rechtsverletzer und das auch nur insoweit, wie es der klagende Berechtigte verlangt (Dispositionsmaxime, § 308 ZPO).[41] *Wo kein Kläger, da kein Richter.*

Das Prinzip der Eigeninitiative kann man als Teil des Allgemeinen Persönlichkeitsrechts (Art. 2 Abs. 1 i. V. m. Art. 1 Abs. 1 GG) ansehen.[42] Jedenfalls ist das Prinzip der Eigeninitiative Teil der Privatautonomie,[43] der vor allem[44] das Privatrecht verpflichtet ist. Wenn die Bürger und Unternehmen kein Interesse an der Durchsetzung ihrer Rechte haben, braucht das niemanden zu stören, denn im Ausgangspunkt schützt das Privatrecht nur ihre Interessen. Rechtsdurchsetzung ist im Privatrecht deshalb kein Selbstzweck. Das Prinzip der Eigeninitiative sorgt für „dezentrale Gemeinwohlverwirklichung", indem Recht nur dort durchgesetzt wird, wo ausreichend Individualinteresse daran besteht.[45] Die Eigeninitiative dient damit auch der Funktionsfähigkeit des Marktes.[46] Es besteht nicht einmal eine moralische Obliegenheit, private Rechte durchzusetzen.[47] Die private Rechtsdurchsetzung ist frei[48] und keinem Allgemeininteresse verpflichtet.[49] Es ist Ausdruck der Privatautonomie des einzelnen Berechtigten, wenn er sein Recht gar nicht, nicht vollständig oder noch nicht durchsetzen will. Bei Gestaltungsrechten (z. B. Widerruf, Rücktritt,

---

[38] Von Jhering 1877, S. 47 f.; Poelzig 2012, S. 440; krit. Halfmeier 2006, S. 221: kontrafaktische Annahme, dass der Einzelne willens und in der Lage sei, seine Angelegenheiten selbst zu regeln.

[39] Hellgardt 2016, S. 560.

[40] *S.* Arnold 2008, S. 74 f.; zum damit verknüpften Selbstverantwortungsprinzip unten 4.

[41] Thönissen 2022, S. 550 ff.

[42] Hellgardt 2016, S. 562; vgl. BVerfG v. 13.5.1986 – 1 BvR 1542/84 – BVerfGE 72, 155, 170 f.: Beschränkung des Persönlichkeitsrechts minderjähriger Kinder durch elterliche Fremdverpflichtung (§ 1629 Abs. 1 BGB); Hillgruber 2011, S. 165, 166 ff.

[43] Von Jhering 1888, S. 331: „Die rechtliche Ermöglichung und Sicherung dieser freien, gänzlich der individuellen Zwecksetzung sich anpassenden Zweckverwendung ist der Sinn der privatrechtlichen Autonomie"; Latzel 2020, S. 467; Thönissen 2022, S. 551 f.

[44] Latzel 2020, S. 365; vgl. Hellgardt 2016, S. 526.

[45] Hellgardt 2016, S. 561; ebenso Poelzig 2012, S. 440 f.

[46] Poelzig 2012, S. 405.

[47] A.A. von Jhering 1888, S. 19 f., 47 f., 50 ff.

[48] Poelzig 2012, S. 440.

[49] Kern 2007, S. 351, 368: „lack of accountability".

Kündigung)[50] ist das offenkundig, weil ihre Ausübung meist mit nachteiligen Folgen für den Berechtigten verbunden ist. Doch auch bei Ansprüchen ist die Freiheit, sie durchzusetzen oder nicht, Teil der Privatautonomie. Es gilt geradezu als eine der „Errungenschaften des modernen Zivilrechts", dass private Ansprüche nicht nur in ihrem Bestand, sondern auch in ihrer Durchsetzung staatlichem Zugriff entzogen sind.[51] Jeder Einzelne kann selbst entscheiden, ob er sein Recht, ja selbst unveräußerliche höchstpersönliche Rechte geltend macht oder nicht. Selbst wem der Verzicht auf subjektive Rechte verboten wird, dem bleibt die Möglichkeit, sie nicht geltend zu machen. Er wird deshalb durch die bloße Unveräußerlichkeit nicht entmündigt.[52] Und auch der stets um praktische Wirksamkeit (*effet utile*) des Unionsrechts besorgte und bemühte EuGH sieht den Effektivitätsgrundsatz im Verbraucherschutzrecht dann überstrapaziert, wenn „eine völlige Untätigkeit des betroffenen Verbrauchers ausgeglichen wird".[53]

2.2 *Eigeninitiative und Subsidiarität*

Zweiseitige Begründung, Subsidiarität und Selbstverantwortung hat Franz Bydlinski als Prinzipien des gesamten Privatrechts identifiziert.[54] Das Prinzip der Eigeninitiative lässt sich als Unterfall des Subsidiaritätsprinzips verstehen (zur Verknüpfung mit dem Prinzip der Selbstverantwortung unten Abschn. 4), denn es geht auch hier um das Verbleiben von Aufgaben bei kleinen Einheiten (Bürgern und Unternehmen), soweit diese in der Lage sind, „den fundamentalen Rechtsgrundsätzen insgesamt zureichend entsprechende Zustände herbeizuführen bzw. aufrechtzuerhalten".[55] Auch wenn der Staat die Privatautonomie von Verfassungs wegen bereitstellen und ausgestalten muss,[56] kennzeichnet das Prinzip der Eigeninitiative eine gewisse Staatsferne: Bürger und Unternehmen verfolgen ihre Interessen untereinander grds. ohne staatliche Einmischung. Nur für den Streitfall stellt der Staat – als Serviceleistung – eine Gerichtsbarkeit und Vollstreckungsinstrumente bereit, damit der Einzelne zu seinem Recht gelangen kann, falls er das möchte. Andernfalls wird ihm staatlicherseits nicht zwangsweise zu seinem Recht verholfen.

---

[50] Zum Einsatz von Gestaltungsrechten als Regulierungsinstrument Hellgardt 2016, S. 461.

[51] Glöckner 2019, S. 546, 554.

[52] So aber Rieble 2022, § 397 BGB Rn. 249 – für Erlassverbote von Entgeltfortzahlungsansprüchen von Arbeitnehmern.

[53] EuGH v. 22.9.2022 – C-335/21 (Vincente) – GRUR 2022, 1607 Rn. 56, indes mit der Einschränkung, dass keine „nicht zu vernachlässigende Gefahr" besteht, dass verklagte Verbraucher davon abgehalten werden, ihre Rechte geltend zu machen.

[54] *F.* Bydlinski 1996, S. 92 ff.; 97 ff., 99 ff.

[55] *F.* Bydlinski 1996, S. 97.

[56] Hillgruber 2011, S. 165, 169; Latzel 2020, S. 312 ff.

3 Eigeninitiative und Steuerungseffektivität

Obgleich die Effektivität rechtlicher Verhaltenssteuerungen schwer ermittelbar ist,[57] filtert jedenfalls das Prinzip der Eigeninitiative die Privatrechtswirkung – und zwar selektiv[58] nach dem Rechtsdurchsetzungsinteresse der Berechtigten.[59]

3.1 Eigeninitiative als Steuerungshemmnis

Liegt der Rechtsvollzug in der Eigenverantwortung der Bürger und Unternehmen, kann das Recht nur insoweit verhaltenssteuernd wirken, wie Bürger und Unternehmen das Recht auch tatsächlich vollziehen,[60] sprich: dazu im Einzelfall – als *homo oeconomicus* und vor allem auch als *homo sapiens* – motiviert sind:[61]

- Hohe Transaktionskosten bei der Rechtsdurchsetzung begünstigen rationale Apathie oder rationales Desinteresse an der Rechtsdurchsetzung.[62] Im Privatrecht kann vor allem die Beweislast den Berechtigten von der klageweisen Durchsetzung seiner Rechte abhalten.[63]
- Menschliche Eigenheiten (Präferenzen, Trägheit, Unkenntnis, „Denkfehler", Unlust etc.) reduzieren die Rechtsdurchsetzungsneigung weiter. So können selbst Menschen, denen Datenschutz wichtig ist, dennoch bei der Verwendung digitaler Medien kurzerhand in die Verarbeitung ihrer personenbezogenen Daten einwilligen, um schnell „nervende" Banner loszuwerden (*privacy paradox*).[64] Das Steuerungsziel der Datensparsamkeit wird dann von denjenigen, zu deren Schutz das Recht dient, konterkariert.
- Im Einzelfall kann es der Berechtigte schlicht für inopportun halten, sein Recht durchzusetzen (z. B. um eine langjährige Geschäftsverbindung, Freundschaft

[57] Basedow 2018, S. 1, 2 f.: „ein wolkiger politischer Begriff und juristisch nur schwer zu fassen".

[58] Auf die Selektivität hoheitlicher Rechtsdurchsetzung weist Basedow 2018, S. 1, 5, hin.

[59] Kern 2007, S. 351, 359.

[60] Basedow 2018, S. 1, 3; Fries 2016, S. 51; Poelzig 2012, S. 569.

[61] Halfmeier 2006, S. 221 f., der skeptisch von „fingierter Autonomie der jeweils Betroffenen" spricht; eingehend zu Anreizen zur Privatrechtsdurchsetzung Poelzig 2012, S. 375 ff.; zu menschlichen Irrationalitäten und „Denkfehlern" Latzel 2020, S. 22 ff.; zu den Menschenbildern des Privatrechts Kähler 2019, Menschenbilder im Recht, S. 127 ff. = Kähler 2018, S. 1 ff.; Gegenüberstellung von Menschenbildern des öffentlichen Rechts bei F. Becker 2019, S. 1385, 1387 f.

[62] Fries 2016, S. 57 f.; Fries 2019, S. 901, 903; Kern 2007, S. 351, 365 f.; Poelzig 2012, S. 40; Meller-Hannich 2018, Gutachten A 24 ff.; Shavell 1993, 255 ff.; Van den Bergh und Keske 2009, S. 17, 20 f.; Wagner 2009, S. 41, 52 f.

[63] Poelzig 2012, S. 519 ff.

[64] Dienlin 2019, S. 305 ff.; Norberg et al. 2007; weitere Empirie liefert Bender 2021, S. 61 ff.

oder familiäre Beziehung nicht zu belasten).[65] Auch kann der Einzelne darauf vertrauen, dass andere für rechtmäßige Zustände sorgen werden, und von deren Einsatz profitieren (Trittbrettfahrerverhalten).[66]

- Mitunter gelingt es dem Verpflichteten, den Berechtigten um sein Recht zu bringen[67] (z. B. durch schlichtes Bestreiten oder Ausüben legitimer Gegenrechte).
- Eine unklare Rechtslage (oben Abschn. 1.3.3) kann bewirken, dass der Berechtigte gar nicht weiß, was seine Rechte sind. Risiko- und Verlustaversion halten ihn dann von der Rechtsdurchsetzung ab.[68]

3.2 Auswirkung der Rechtsdurchsetzung auf die faktische Rechtslage

Bei sehr geringer Rechtsdurchsetzung (*underenforcement*) kann das Recht von den Verpflichteten mehr oder minder folgenlos missachtet werden.[69] Rudolph von Jhering sah darin sogar eine Existenzfrage des Privatrechts: Wenn die Berechtigten als Rechtsdurchsetzer versagen, „ist die einfache Folge, dass der Rechtssatz nicht zur Anwendung gelangt".[70] *Wo kein Kläger, da kein Richter* – und da auch kein Steuerungseffekt. Freilich ist für einen möglichst großen Steuerungseffekt nicht unbedingt möglichst große Rechtsdurchsetzung erforderlich; es genügt meist eine hinreichend große Durchsetzungswahrscheinlichkeit, die die Verpflichteten zu rechtstreuem Verhalten motiviert (Abschreckungswirkung).[71]

Bei sehr starker Rechtsdurchsetzung (*overenforcement*) wird hingegen auf Verpflichtetenseite das Vorsichtsprinzip begünstigt, das materielle Recht überdehnt und individuelle Privatautonomie ohne Grund eingeschränkt.[72] So begünstigt etwa eine Überkompensation erlittener Schäden die Durchsetzung von Schadensersatz- und Entschädigungsansprüchen, was die Verpflichteten vom entschädigungsauslösenden Verhalten übermäßig abschrecken kann.[73] Zu starke Rechtsdurchsetzung kann mithin die materiellen Rechtszwecke verfälschen, „Phantomrecht" schaffen[74] und damit den Steuerungszweck des Rechts verfehlen.

---

[65] Fries 2016, S. 58 ff.

[66] Van den Bergh und Keske 2009, S. 17, 21.

[67] Hofmann 2019, S. 125, 126.

[68] Basedow 2018, S. 1, 5; Van den Bergh und Keske 2009, S. 17, 19 f.

[69] Zur ineffektivitätsbedingten „Krise des Rechts" Halfmeier 2006, S. 228 ff.

[70] Von Jhering 1888, S. 47.

[71] Poelzig 2011, S. 395, 397 ff. – für Kartellrechtstreue durch Angst vor Schadensersatzpflicht ggü. Kartellopfern.

[72] Basedow 2018, S. 1, 2; Hofmann 2019, S. 125, 131 f.; Kern 2007, 351, 364.

[73] Kern 2007, S. 351, 364.

[74] Hofmann 2019, S. 125, 132; ebenso Burgi 2022a, b, S. 779, 786 – für die verwaltungsrechtliche Durchsetzung privatrechtlicher Sorgfaltspflichten.

3.3 *Adäquate Steuerungseffektivität dank Eigeninitiative*

Die durch das Prinzip der Eigeninitiative gefilterte Privatrechtswirksamkeit kann man als „Durchsetzungsschwäche" des Privatrechts,[75] als „Vollzugsdefizit"[76] oder als Systemversagen[77] ansehen. Solche Effektivitätsenttäuschungen drohen vor allem dann, wenn an das Privatrecht – gewissermaßen von außen – Steuerungswünsche herangetragen werden (vor allem seitens des Staates[78] oder der EU[79]), die an den Individualinteressen der vom Privatrecht adressierten Bürger und Unternehmen vorbeigehen.

Dann soll die Durchsetzung privater Rechte plötzlich nicht mehr frei (oben Abschn. 2.1) sein, sondern soll der Einzelne mit der privaten Rechtsdurchsetzung zugleich Anliegen der Allgemeinheit wahrnehmen.[80] Jedenfalls wenn Privatrecht nicht nur individualschützende, sondern auch (Markt-)Regulierungsziele verfolge, komme dem Einzelnen die Aufgabe zu, „objektives Recht" durchzusetzen.[81] Das komme „indirekt auch dem fairen Wettbewerb und der Effizienz im Gesamtmarkt zugute".[82] So wird es etwa als problematisch angesehen, wenn die Verletzung von Sorgfaltsmaßstäben zu Streuschäden führt, deren Ersatz die Geschädigten nicht einfordern. Dann wird der Schädiger für seine Rechtsverletzung nämlich nicht sanktioniert und verfehlt der Sorgfaltsmaßstab seinen Steuerungszweck.[83] „Solange kein individueller Schaden entsteht, mag es auch gleichgültig erscheinen, wenn rechtswidriges Verhalten ohne Sanktion bleibt, eine *Prävention* rechtswidrigen Verhaltens geht aber die Allgemeinheit sehr wohl etwas an".[84]

Indes ist die „Verfehlung" privatrechtlicher Maßgaben i. d. R. weder Straftat noch Verwaltungsunrecht; das Allgemeininteresse an der Durchsetzung von Privatrecht erschöpft sich in Eigentums- und Vermögensschutzdelikten des Strafrechts und den Tatbeständen des Wirtschaftsstrafrechts.[85] „Entspräche aber jedem vom Staat durch die Privatrechtsordnung begründeten Individualrecht ein Allgemeininteresse an seiner Durchsetzung, so wäre die Unterscheidung von Individual- und

---

[75] Burgi 2022a, b, § 18 Rn. 17, 57.

[76] Halfmeier 2006, S. 222; Poelzig 2012, S. 440.

[77] Meller-Hannich 2018, Gutachten A 26 – für Streuschäden.

[78] Hellgardt 2016, S. 232 ff.

[79] Zur Ermächtigung Privater mit der Unionsrechtsdurchsetzung zur Steigerung von dessen praktischer Wirksamkeit Hellgardt 2016, S. 184 ff.; zur Durchsetzung des europäischen Wettbewerbsrechts Poelzig 2011, S. 395, 400 ff.

[80] Kern und Uhlmann 2022, S. 849, 854.

[81] Moes 2021, S. 257, 281.

[82] Fries 2019, S. 901, 903.

[83] Meller-Hannich 2018, Gutachten A 25 f.: „Allgemeininteresse an der Sanktionierung von Streuschäden und Abschreckung gegenüber weiteren Rechtsbrüchen".

[84] Meller-Hannich 2018, Gutachten A 28 – Hervorh. im Original.

[85] Glöckner 2019, S. 546, 554.

Allgemeininteressen bedeutungslos".[86] Pflichtenorientierte Privatrechtsdurchsetzung konkurriert mit dem subjektiv-rechtlichen Privatrechtsmodell, das auf Willen und Freiheit des Einzelnen gründet.[87] Sofern das Unterlasen der Privatrechtsdurchsetzung nicht dazu führt, dass die Allgemeinheit die Ausfälle zu tragen hat (z. B. Sozialleistungen anstelle missachteter Unterhaltspflichten), ist eine „Rechtsdurchsetzung im Allgemeininteresse ganz fernliegend".[88]

Maximale Rechtsdurchsetzung ist ohnehin kein Selbstzweck. Das „richtige" Maß der Rechtsdurchsetzung ist vielmehr eine politische Frage, die der Rechtsetzer beantwortet. Er kann sich hierbei des öffentlichen wie des Privatrechts als wechselseitige Auffangordnungen bedienen[89] oder auch zu öffentlich-privaten Mischformen greifen[90] (z. B. Kartellrechtsdurchsetzung durch Behörden und Schadensersatzansprüche von Kartellopfern[91]). Schaltet der Rechtsetzer nicht eigene Durchsetzungsorgane (vor allem Behörden) zur Rechtsdurchsetzung ein,[92] sondern überantwortet er die Durchsetzung des Rechts in Kenntnis des privatrechtlichen Prinzips der Eigeninitiative dennoch den Bürgern und Unternehmen, gibt der Rechtsetzer damit seinen Einfluss auf die Durchsetzungsintensität bewusst weitgehend aus der Hand.[93] Während der Staat nämlich die Effektivität straf- und verwaltungsrechtlich verfolgter Steuerungsziele durch Zuteilung hoheitlicher Durchsetzungskapazitäten unmittelbar beeinflussen kann,[94] legt er mit privatrechtlicher Verhaltenssteuerung die Effektivität des Rechts in die Hände der Bürger und Unternehmen.[95] Freilich ist verwaltungsmäßige Rechtsdurchsetzung nicht durchweg wirksamer und lässt nicht stets höhere Steuerungseffektivität erwarten, weil etwa staatliche Institutionen und Beamte bei der Rechtsdurchsetzung i. d. R. keine persönlichen Interessen verfolgen, was ihren Eifer hemmen kann.[96] Private Rechtsdurchsetzung kann hingegen auch dort wirksam werden, wo Verwaltungsbehörden nicht hingelangen.[97]

Der Rechtsetzer kann die Wirksamkeit privatrechtlicher Verhaltenssteuerungen mittelbar beeinflussen. Je stärker die Rechtsdurchsetzung im Interesse des Einzelnen

[86] Glöckner 2019, S. 546, 554.

[87] Thönissen 2022, S. 428.

[88] Glöckner 2019, S. 546, 554.

[89] Hoffmann-Riem und Schmidt-Aßmann 1996 S. 6; Poelzig 2012, S. 565 ff.; Gegenüberstellung von *public* und *private enforcement* bei Kern 2007, S. 351 ff.

[90] Jung 2018; zu den Friktionen solcher Kombinationslösungen Poelzig 2012, S. 579 ff.; krit. Roth 2016, S. 1134 ff.

[91] *F.* Becker 2019, S. 1385, 1390 f.; Burgi 2022a, b, S. 779, 780 f.; zur Entwicklung der Kartellrechtsdurchsetzung Basedow 2018, S. 1, 5 ff.

[92] Dazu Poelzig 2012, S. 18 ff.; zur öffentlich-rechtlichen Durchsetzung privatrechtlicher Verhaltensnormen Burgi 2022a, b, S. 779, 781 ff.

[93] Hofmann 2019, S. 125, 130 ff.

[94] Poelzig 2012, S. 572.

[95] Hellgardt 2016, S. 559 f.

[96] Kern 2007, S. 351, 361 f.: "agency slack".

[97] Kern und Uhlmann 2022, S. 849, 854; zu weiteren Vorteilen privater Rechtsdurchsetzung Kern 2007, 351, 360 ff.

liegt, desto höher wird die Durchsetzungswahrscheinlichkeit sein.[98] Die privaten Durchsetzungsinteressen kann der Rechtsetzer durch geschickte Rechtszuweisungen (Anreize) ansprechen. Doch ein „interessengerechtes Privatrecht entsteht nicht nur über interessengerechte Rechtszuweisungen, sondern auch durch situationsadäquate Rechtsdurchsetzung“[99] – und die Situationsadäquanz beurteilt jeder Berechtigte individuell.

Um *overenforcement* zu vermeiden, nimmt der Rechtsetzer teils die Durchsetzbarkeit und damit Wirksamkeit des Privatrechts gezielt zurück, indem er es dispositiv stellt oder es nicht über primäre Erfüllungsansprüche, sondern nur über sekundäre Haftungsansprüche oder gar nur über Obliegenheiten durchsetzbar gestaltet (z. B. Berücksichtigung des Mitverschuldens des Geschädigten gem. § 254 BGB nur als Obliegenheit, nicht als Pflicht zur Schadensminderung, unvollkommene Verbindlichkeiten bei Spiel und Wette gem. § 762 BGB, Heiratsvermittlung gem. § 656 BGB und Verlöbnis gem. § 1297 BGB) oder die Vollstreckung ausschließt (z. B. bei Verpflichtungen zu höchstpersönlichen Diensten gem. § 888 Abs. 3 ZPO).[100] Auch kurze Geltendmachungsfristen (z. B. drei Wochen für materiellen Kündigungsschutz der Arbeitnehmer gem. §§ 4, 7 KSchG oder zwei Monate für Diskriminierungsentschädigung gem. § 15 Abs. 4 AGG) können die Rechtsdurchsetzungswahrscheinlichkeit materiellrechtlich reduzieren.

3.4 Erleichterte Privatrechtsdurchsetzung und Eigeninitiative

Um die Effektivität privatrechtlicher Verhaltenssteuerung zu steigern, liegt es nahe, mehr Privatrecht tatsächlich durchzusetzen. Dabei scheint sich das Prinzip der Eigeninitiative zunehmend als Anachronismus zu erweisen, den es zur effektiven Verwirklichung „hehrerer“ Ziele als der schnöden Eigeninteressen von Bürgern und Unternehmen zu überwinden gilt.

3.4.1 Möglichkeiten der Privatrechtseffektuierung

Die Effektuierungsbewegung will Bürgern und Unternehmen vordergründig den Zugang zu ihren Rechten erleichtern.[101] Um das nicht mit Stärkung des Egoismus rechtfertigen zu müssen, werden andere Motive bemüht, etwa eine gleichmäßigere Rechtsanwendung. So soll für eine stärkere Durchsetzung des Verbraucherschutzrechts

[98] Hellgardt 2016, S. 561; die Mobilisierungskraft des Privatinteresses betont auch Poelzig 2011, S. 395, 396 f.; Poelzig 2012, S. 440 f., 569; ebenso bereits von Jhering 1888, S. 47, der daneben noch das „Rechtsgefühl“ für maßgeblich erachtete.

[99] Hofmann 2019, S. 125, 140.

[100] Basedow 2018, S. 1, 3.

[101] Grundlegend Cappelletti et al. 1976, 669 ff.; zum *private law enforcement* in den USA Poelzig 2012, S. 51 ff.; Thönissen 2022, S. 286 ff.

sprechen, dass bei geringer Rechtsdurchsetzung „typischerweise nur einzelne Angehörige oberer Bildungsschichten in den Genuss der Anspruchserfüllung kommen, während die vom Verbraucherrecht eigentlich in den Blick genommenen Schwächeren diesen Erfüllungskonsum über den Preismechanismus auch noch mitfinanzieren müssen“.[102] Stets geht es aber im Kern darum, dem materiellen Recht und seinen Steuerungszielen zu mehr Geltung zu verhelfen. Zu diesem Zweck können den Berechtigten entweder – als Stufe I – Rechtsdurchsetzungshindernisse genommen oder kann – als Stufe II – ihre Eigeninitiative überflüssig gemacht werden.

Stufe I: Aktivierende Lösungen, die den Zugang zum Recht erleichtern sollen, sind zahlreich („Industrialisierung“ der Rechtsdurchsetzung[103]):

- Prozesskostenhilfe und Beratungskostenhilfe
- erleichterte Klageerhebung, Online-Mahnantrag
- Streitgenossenschaft[104]
- Prozessstandschaft (z. B. § 11 LkSG)
- Verbandsklage[105]
- Sammelklage (Gruppenklage)[106]
- Musterklagen (Repräsentativklagen)[107]
- Rechtsaufklärung (z. B. Widerrufsbelehrung, Urlaubverfallsbelehrung)
- hoheitliche Privatrechtsdurchsetzung (z. B. durch die BaFin, die private Banken zwingen kann, Bürger mit einem Basiskonto auszustatten, die sich zuvor erfolglos um ein solches bemüht und die BaFin um Hilfe ersucht haben, §§ 48 f. ZKG)

Eine starke Zunahme der Rechtsdurchsetzung und damit Effektuierung der Steuerungsziele darf man sich davon indes nicht erhoffen, weil es immer noch am einzelnen Berechtigten liegt, ob er sich um sein Recht bemüht oder mehr oder minder rational desinteressiert bleibt (oben Abschn. 3.1).

Stufe II: Deutlich größere Breitenwirkung versprechen selbst-exekutierende Lösungen, die nicht auf die Eigeninitiative der Berechtigten angewiesen sind:

- hoheitlicher Privatrechtsvollzug von Amts wegen: Behörden könnten über digitale Schnittstellen selbst Tatbestände ermitteln, die privaten Gläubigern Leistungsansprüche geben, und entsprechende Leistungen zulasten der privaten Schuldner anweisen.[108] Demgemäß könnte etwa die BaFin von Amts wegen das Land nach kontenlosen Bürgern durchsuchen und Banken verpflichten, jenen ein Basiskonto einzurichten.

---

[102] Fries 2019, S. 901, 903, unter Verweis auf Ben-Shahar 2013, S. 447, 466.

[103] Angelehnt an Breidenbach 2009, S. 39 ff.; zur prozessualen Effektuierung des *access to justice* Cappelletti 1981; Halfmeier 2006, S. 223 ff.

[104] Wagner 2009, S. 41, 60 f.

[105] Eingehend Halfmeier 2006, S. 199 ff.; außerdem Fries 2016, S. 178 f.; Kern und Uhlmann 2022, S. 849, 852 ff.; Poelzig 2012, S. 451 ff.; Van den Bergh und Keske 2009, S. 17, 35 ff.

[106] Meller-Hannich 2018, Gutachten A 75 ff.; Wagner 2009, S. 41, 63 ff.; zu Vor- und Nachteilen Van den Bergh und Keske 2009, S. 17, 22 ff.

[107] Wagner 2009, S. 41, 67 ff.

[108] Fries, NJW 2019, 901, 903.

- Automatischer Privatrechtsvollzug: Bei Smart Contracts lösen Algorithmen vertraglich vorgesehene Rechtsfolgen automatisch aus, sobald deren tatbestandliche Voraussetzungen erfüllt sind.[109] Hierbei müssen freilich die Tatbestandsvoraussetzungen leicht feststellbar und die Algorithmen auf Rechtstreue programmiert sein.[110] Compliance-Pflichten können die Schuldner dazu anhalten, für automatisierten Rechtsvollzug zu sorgen, um eigennütziger Vollzugsgestaltung Einhalt zu gebieten.[111]

3.4.2 Beschränkung durch das Prinzip der Eigeninitiative

Jede Erleichterung der Durchsetzung des Privatrechts ist so lange mit dem Prinzip der Eigeninitiative und damit der Privatautonomie vereinbar, wie der einzelne Berechtigte noch selbst entscheiden kann, ob er sein Recht geltend machen will oder nicht – selbst wenn dafür ein einfacher Klick genügt.[112] Hingegen würde staatlich zwingende Privatrechtsdurchsetzung oder ein Leistungsautomatismus (z. B. mittels eines Algorithmus oder einer Sammelklage ohne aktive Anschlusserklärung, gewissermaßen *self-executing*[113]) die Entscheidungsfreiheit des berechtigten Bürgers oder Unternehmens übergehen nach dem Motto: Der Berechtigte kommt zu seinem Recht – was sollte er dagegen haben?[114] Eine solche Negierung eigeninitiativer Privatrechtsdurchsetzung durch automatischen oder behördlichen Rechtsvollzug auch gegen den Willen der Berechtigten kann als zwangsbeglückender Paternalismus[115] bzw. „ungebetene behördliche Feststellung“[116] angesehen werden. Jedenfalls ist beides – soweit es die privaten Rechtsverhältnisse zwischen Bürgern und Unternehmen betrifft – eine Beschränkung der Privatautonomie[117] und als solche rechtfertigungsbedürftig. Gleiches gilt für Opt-out-Modelle, bei denen der Berechtigte aktiv der automatischen oder hoheitlichen Durchsetzung seiner Rechte widersprechen muss, wenn er sie nicht möchte. Solche Überspielungen der an sich notwendigen Eigeninitiative können etwa wegen des Sozialstaatsprinzips gerechtfertigt sein, wenn ohne die Durchsetzung der privaten Rechte der Staat oder die Solidargemeinschaft einspringen müsste[118] (z. B. gesetzlicher Übergang von Unterhaltsansprüchen von Sozialhilfeempfängern ggü. ihren

[109] Eingehend Finck 2019, S. 1 ff.; Hofmann 2019, S. 125, 127 ff.

[110] Fries 2019, S. 901, 902.

[111] Fries 2019, S. 901, 903.

[112] Insoweit überzeugend Fries 2019, S. 901, 904.

[113] Grundmann 2017, S. 907, 935 ff.

[114] In diese Richtung Fries 2019, S. 901, 904, der in automatischem Verbraucherrechtsvollzug nur eine Verschiebung der Initiativlast auf die Unternehmer sieht; ebenso Guggenberger, Durchsetzung nach Datenlage, FAZ Einspruch Magazin v. 02.05.2018.

[115] Vgl. Latzel 2020, S. 467.

[116] Fries 2019, S. 901, 903.

[117] Thönissen 2022, S. 556 ff. – für die zivilprozessuale Dispositionsmaxime; hingegen für Vereinbarkeit von Popular- und Verbandsklagen mit subjektiven Rechten Halfmeier 2006, S. 243 ff.

[118] Vgl. Glöckner 2019, S. 546, 554.

Verwandten bis zur Höhe der geleisteten Sozialleistungen auf den Träger der Sozialhilfe, der sie dann gegen die säumigen Verwandten durchsetzt gem. § 94 SGB XII; Geltendmachungsbefugnis und gesetzliche Prozessstandschaft des Staates für Heimarbeiter zur Nachzahlung von ausstehenden Löhnen auch gegen deren Willen[119] gem. §§ 23 ff. HAG).

Außerdem ist zu bedenken, dass auch die privatrechtlich verpflichteten Schuldner unter dem Schutz der Privatautonomie stehen. Freilich haben sie sich mit freiwilliger Eingehung ihrer Leistungsverpflichtung (i. d. R. durch Vertragsabschluss) insoweit eines Stücks ihrer Freiheit begeben, sind deswegen aber nicht bedingungslos zur Leistung verpflichtet, sondern können u. U. Schuldnerschutzrechte (z. B. Zurückbehaltungsrechte, Leistungsverweigerungsrechte, Rücktrittsrechte, Anfechtungsrechte) geltend machen, die ihre Privatautonomie schützen. Durch Leistungsautomatismen würden diese Schutzmaßnahmen ausgeschaltet[120] und damit die Privatautonomie der Verpflichteten beschränkt.[121]

4 Exkurs: Angst vor der Eigenverantwortung

Das Prinzip der Eigeninitiative hängt mit dem viel diskutierten Prinzip der Eigenverantwortung (auch: Selbstverantwortung) zusammen, wonach jeder für sein eigenes Handeln selbst verantwortlich ist und dessen Folgen zu tragen hat.[122] Eigenverantwortung ist im philosophischen Ausgangspunkt positiv konnotiert, in der Realität der Einzelne damit aber bisweilen überfordert. Der Nobel-Gedächtnispreisträger James Buchanan sprach von der „Furcht vor der Freiheit", die geradezu eine Sehnsucht nach externen Verhaltensvorgaben (Wertvorgaben, Bevormundung) auslösen kann („Parentalismus").[123]

Hinter der Angst vor der Freiheit und vor der Eigenverantwortung kann man die Angst vor Rechtfertigungsdruck vermuten: Warum man sich in dieser oder jener Weise verhalten oder nicht verhalten hat, ist die Frage, auf die der Einzelne aus seiner Sicht eine Antwort geben können muss, die mit seinen Präferenzen übereinstimmt (kognitive Konsistenz)[124] und außerdem gesellschaftlich-moralisch akzeptabel ist. Gelingt zumindest eines davon nicht, war das eigene Verhalten offenbar „falsch". Weil eigene Fehler einzugestehen, anscheinend nicht leicht fällt, bleibt nur die Leugnung: entweder der eigenen Präferenzen (Vermeidung kognitiver Dissonanz durch

[119] Heinkel 2021, § 200 Rn. 35.

[120] Hofmann 2019, S. 125, 133 f.

[121] Vgl. Engel 1995, S. 213, 218: „In die Freiheitsrechte des Schuldners wird jedenfalls eingegriffen, wenn der Staat den Gläubiger gezielt wie einen Büttel des öffentlichen Interesses einsetzt".

[122] Statt vieler Riesenhuber 2011.

[123] Buchanan 2005, S. 19, 23 ff.

[124] Latzel 2020, S. 13.

Einstellungsänderung[125]) oder der gesellschaftlich-moralischen Verhaltenserwartung, der man zuwidergehandelt hat. Je komplexer Entscheidungen sind, desto größer ist die Gefahr, dass sie sich nicht ausreichend (also entsprechend dem individuellen Konsistenzbedürfnis) rechtfertigen lassen und man sie anschließend bereut. Mit zunehmender Kenntnis von Vor- und Nachteilen wächst also auch die Wahrscheinlichkeit, dass Eigenverantwortung und damit Freiheit gemieden werden. Ökonomisch ausgedrückt: Wächst das Angebot, kann die Nachfrage sinken,[126] weil die Entscheidung zu komplex und damit „fehleranfällig" wird. Eigenverantwortung kann hemmend wirken, mehr Fremdbestimmung glücklicher machen.[127]

Soll der Staat dennoch die Freiheit schützen und von Fremdbestimmung freihalten[128] oder Eigenverantwortung auf vorhersehbare Folgen des eigenen Verhaltens beschränken[129]? Ersteres spräche eher dafür, das Prinzip der Eigeninitiative zu stärken; letzteres eher dafür, das Prinzip auf die Fälle zu beschränken, in denen den Berechtigten ihr Recht klar ist. Nach humanistischem Ideal kann Aufklärung über Verhaltensfolgen selbstbestimmte Entscheidungen begünstigen.[130] Tatsächlich sind aber die Informationsverarbeitungskapazitäten der Adressaten schnell erschöpft und führt Überinformation zu rationalem Desinteresse (oben Abschn. 3.1) oder schreckt ganz von Entscheidungen ab.[131] Die Defizite von Informationslösungen und letztlich auch die Angst vor der Eigenverantwortung können nur dadurch effektiv vermindert werden, dass tatsächlich weniger Informationen entscheidungsrelevant sind, also Entscheidungskomplexität reduziert wird.[132]

5 Zusammenfassung

- Das Privatrecht muss seine Instrumentalisierung für politische Ziele (Allgemeininteressen) ertragen, doch darf die Privatautonomie dabei nicht unter die Räder geraten.

[125] Latzel 2020, S. 14 ff.

[126] Enste und Hüther 2011, S. 39.

[127] Buchanan 2005, S. 19, 24 ff.; Latzel 2020, S. 231.

[128] Dafür Lindner 2017, S. 9, 22 f.; Lindner 2015, S. 542, 564; zu den (geringen) Anforderungen an Freiwilligkeit im Rechtssinne Latzel 2020, S. 248 ff.

[129] Dafür Bilgen 2022a, S. 357, 365 = Bilgen 2022b, S. 840, 843, der aber a. a. O. auch „kollektive Krisen" zu „individuellen Krisen" machen will, weil nur dann „verantwortungsvoll gehandelt werden" könne, ohne zu erklären, für welchen individuellen Freiheitsgebrauch der Einzelne hierbei „haftbar" gemacht werden soll.

[130] Van Aaken 2006, S. 109, 125; Bilgen 2022a, S. 357, 368 f.: „Wenn es den Einzelnen an geistiger Imaginationskraft für die Folgen alltäglicher, bequem eingerichteter und eingewöhnter Verhaltensweisen […] fehlt, um sie kritisch reflektieren zu können, dann muss der Staat eben diese fortlaufend durch Information ins individuelle Bewusstsein führen".

[131] Zu den faktischen Grenzen informationeller Verhaltenssteuerung Hacker 2017, S. 116 ff.; 451 ff.; Latzel 2020, S. 528 ff.

[132] Latzel 2020, S. 532 f.; zur Steigerung der Rechtswirksamkeit durch Einfachheit ebd, S. 491 ff.

- Es ist Ausdruck von Privatautonomie, dass die materiell berechtigten Bürger und Unternehmen über die Durchsetzung ihrer Rechte frei entscheiden können (Prinzip der Eigeninitiative).
- Das Prinzip der Eigeninitiative filtert die tatsächliche Durchsetzung des Privatrechts und damit seine Steuerungseffektivität, was deren Abschwächung bedeuten kann, aber nicht muss.
- Die Steuerungseffektivität des Privatrechts hängt maßgeblich davon ab, inwiefern die Steuerungsziele des Rechts zu den Interessen der individuell Berechtigten passen.
- Erleichterungen der Privatrechtsdurchsetzung sind mit dem Prinzip der Eigeninitiative vereinbar, solange jeder Berechtigte selbst entscheiden kann, ob er sein Recht geltend machen (lassen) will oder nicht. Amtswegige oder automatische Privatrechtsdurchsetzung ist hingegen als Beschränkung der Privatautonomie rechtfertigungsbedürftig.

Literatur

Arnold S (2008) Die Bürgschaft auf erstes Anfordern im deutschen und englischen Recht. Mohr Siebeck, Tübingen

Basedow J (2018) Rechtsdurchsetzung und Streitbeilegung. JuristenZeitung 1:1–12

Becker F (2019) Öffentliches und Privates Recht. Neue Z Verwaltungsrecht 19:1385–1392

Bender A (2021) Die Freiwilligkeit der datenschutzrechtlichen Einwilligung bei unentgeltlichen Dienstleistungen im Internet. Nomos, Baden-Baden

Ben-Shahar O (2013) Arbitration and access to courts: economic analysis. In: Eidenmüller H (Hrsg) Regulatory competition in contract law and dispute resolution. Nomos, Baden-Baden, S 460–483

Bilgen I (2022a) Verantwortungsvoller Parentalismus. Der Staat im Dienst der Selbstbestimmung. In: Ammann O et al (Hrsg) Verantwortung und Recht. 62. Junge Tagung Öffentliches Recht. Nomos, Baden-Baden, S 357–376

Bilgen I (2022b) Verantwortungsvoller Parentalismus – Der Staat im Dienst der Selbstbestimmung. Die Öffentliche Verwaltung 20:840–848

Breidenbach S (2009) Landkarten des Rechts – von den Chancen industrieller Rechtsdienstleistungen. In: Festschrift für Benno Heussen. Verlag Dr. Otto Schmidt, Köln, S 39–41

Buchanan J (2005) Afraid to bei free: dependency as desideratum. Public Choice 124(1):19–31

Burgi M (2022a) § 18 Rechtsregime. In: Voßkuhle A, Eifert M, Möllers C (Hrsg) Grundlagen des Verwaltungsrechts, Bd 1, 3. Aufl. C.H. Beck, München

Burgi M (2022b) Public Enforcement im Recht der nachhaltigen Unternehmensführung. Zeitschrift für das gesamte Handels- und Wirtschaftsrecht 6:779–788

Bydlinski F (1996) System und Prinzipien des Privatrechts. Der Verlag Österreich, Wien

Canaris C (1997) Die Bedeutung der iustitia distributiva im deutschen Vertragsrecht. Verl. D. Bayerischen Akademie der Wissenschaften, München

Cappalletti M (1981) Access to justice and the welfare state. Springer, Berlin

Cappalletti M, Garth B, Trocker N (1976) Access to justice: comparative general report. Mohr Siebeck, Tübingen

Caspers G (2019) J. von Staudingers Kommentar zum Bürgerlichen Gesetzbuch: Staudinger BGB – Buch 2: Recht der Schuldverhältnisse: BGB §§ 255-304 (Leistungsstörungsrecht 1). De Gruyter, Berlin

Croon-Gestefeld J (2022) Gemeininteresse im Privatrecht. Mohr Siebeck, Tübingen

Dienlin T (2019) Das Privacy Paradox aus psychologischer Perspektive. In: Specht L, Werry N (Hrsg) Handbuch Datenrecht und Digitalisierung. Erich Schmidt Verlag, Berlin, S 305–323
Engel C (1995) Zivilrecht als Fortsetzung des Wirtschaftsrechts mit anderen Mitteln. JuristenZeitung 5:213–218
Enste D, Hüther M (2011) Verhaltensökonomik und Ordnungspolitik. IW Medien, Köln
Finck M (2019) Grundlagen und Technologie von Smart Contracts. In: Fries M, Paal B (Hrsg) Smart contracts. Mohr Siebeck, Tübingen, S 1–12
Flume W (1992) Allgemeiner Teil des Bürgerlichen Rechts, Bd 2. Springer, Berlin
Fries M (2016) Verbraucherrechtsdurchsetzung. Mohr Siebeck, Tübingen
Fries M (2019) Schadensersatz ex machina. Neue Juristische Wochenschrift 13:901–905
Glöckner J (2019) Die Rolle des Staates als enforcer im Wirtschaftsrecht. Wirtschaft und Wettbewerb 69:546–555
Grundmann S (2017) Privatrecht und Regulierung. In: Grigoleit H, Petersen J (Hrsg) Privatrechtsdogmatik im 21. Jahrhundert. De Gruyter, Berlin, S 907–948
Grundmann S (2022) Münchner Kommentar zum BGB, Band 2: Schuldrecht – Allgemeiner Teil I: §§ 241-310, 9. Aufl. C.H. Beck, München
Guggenberger N (2018) Durchsetzung nach Datenlage. FAZ Einspruch Magazin 2(5):2018
Hacker P (2017) Verhaltensökonomik und Normativität. Mohr Siebeck, Tübingen
Halfmeier A (2006) Popularklagen im Privatrecht. Mohr Siebeck, Tübingen
Heinkel R (2021) § 200. In: Kiel H, Lunk S, Oetker H (Hrsg) Münchener Handbuch zum Arbeitsrecht, Bd 2. C.H. Beck, München
Hellgardt A (2016) Regulierung und Privatrecht. Mohr Siebeck, Tübingen
Hillgruber C (2011) Verfassungsrechtliche Grundlagen und Grenzen. In: Riesenhuber K (Hrsg) Das Prinzip der Selbstverantwortung. Mohr Siebeck, Tübingen, S 165–185
Hoffmann-Riem W, Schmidt-Aßmann E (1996) Öffentliches Recht und Privatrecht als wechselseitige Auffangordnung. Nomos, Baden-Baden
Hofmann F (2019) Smart Contracts and Overenforcement. In: Fries M, Paal B (Hrsg) Smart contracts. Mohr Siebeck, Tübingen, S 125–140
Jung P (2018) Die private Durchsetzung von öffentlichem Wirtschaftsrecht. Mohr Siebeck, Tübingen
Kähler L (2018) Idealismus und Realismus in den Menschenbildern zum Privatrecht. Rechtswissenschaft 1:1–22
Kähler L (2019) Idealismus und Realismus in den Menschenbildern zum Privatrecht. In: Funke A, Schmolke K (Hrsg) Menschenbilder im Recht. Mohr Siebeck, Tübingen, S 127
Kern C (2007) Private Law Enforcement versus Public Law Enforcement. Z Zivilprozess Int 12:351–378
Kern C, Uhlmann C (2022) Kollektiver Rechtsschutz 2.0? Möglichkeiten und Chancen vor dem Hintergrund der Verbandsklagen-RL. Z Europäisches Privatrecht 4:849–881
Latzel C (2015) Schutz vor rückwirkendem Recht kraft Unionsrechts. Europarecht 2015:415–439
Latzel C (2020) Verhaltenssteuerung, Recht und Privatautonomie. Springer, Berlin
Lindner F (2015) Fremdbestimmung durch Selbstbestimmung. Archiv des öffentlichen Rechts 140(4):562–570
Lindner F (2017) Das Paradoxon der Selbstbestimmung. In: Lindner J (Hrsg) Selbst- oder bestimmt? Nomos, Baden-Baden, S 9–25
Löwisch M, Rieble V (2017) Tarifvertragsgesetz, 4. Aufl. Vahlen, München
Meller-Hannich C (2018) Sammelklagen, Gruppenklagen, Verbandsklagen – Bedarf es neuer Instrumente des kollektiven Rechtsschutzes im Zivilprozess? In: Ständige Deputation des Deutschen Juristentages (Hrsg) Verhandlungen des 72. Deutschen Juristentages. C.H. Beck, München, S A 1–A 107
Meynhardt T (2024) Gemeinwohlorientierung im Leipziger Führungsmodell als Brücke zwischen imperativem und nicht-imperativem Handeln in der Wirtschaft, in diesem Band
Moes C (2021) Preiskontrolle als Aufgabe des Vertragsrechts. Z gesamte Privatrechtswissenschaft 3:257–283

Norberg P, Horne D, Horne D (2007) The privacy paradox: personal information disclosure intentions versus behaviors. J Consum Aff 41(1):100–126
Poelzig D (2011) Privat(rechtlich)e Normdurchsetzung – Chance und Herausforderung auf globalen Märkten. Zeitschrift für Vergleichende Rechtswissenschaft 110:395–407
Poelzig D (2012) Normdurchsetzung durch Privatrecht. Mohr Siebeck, Tübingen
Rieble V (2022) J. von Staudingers Kommentar zum Bürgerlichen Gesetzbuch: Staudinger BGB – Buch 2: Recht der Schuldverhältnisse: §§ 397-432 (Erlass, Abtretung, Schuldübernahme, Mehrheit von Schuldnern und Gläubigern). De Gruyter, Berlin
Riesenhuber K (2011) Das Prinzip der Selbstverantwortung. Mohr Siebeck, Tübingen
Riesenhuber K (2018) Privatautonomie – Rechtsprinzip oder „mystifizierendes Leuchtfeuer“. Z gesamte Privatrechtswissenschaft 3:352–368
Roth H (2016) Private Rechtsdurchsetzung im Zivilprozess. JuristenZeitung 23:1134–1140
Rüping M (2017) Der mündige Bürger. Duncker & Humblot, Berlin
Shavell S (1993) The optimal structure of law enforcement. J Law Econ 112:255–287
Thönissen S (2022) Subjektive Privatrechte und Normvollzug. Mohr Siebeck, Tübingen
Tversky A, Kahneman D (1984) Choices, values, and frames. Am Psychol 39:341–350
Tversky A, Kahneman D (1992) Advances in prospect theory: cumulative representation of uncertainty. J Risk Uncertain 5:297–323
Van Aaken A (2006) Begrenzte Rationalität und Paternalismusgefahr. In: Anderheiden M (Hrsg) Paternalismus und Recht. Max Planck Inst. For Research on Collective Goods, Bonn, S 109–125
Van den Bergh R, Keske S (2009) Rechtsökonomische Aspekte der Sammelklage. In: Casper M (Hrsg) Auf dem Weg zu einer europäischen Sammelklage? Sellier – European Law Publisher, München, S 17–40
Von Jhering R (1877) Der Kampf ums Recht. Propyläen Verlag, Berlin
Von Jhering R (1888) Geist des römischen Rechts, Bd 3. Breitkopf und Härtel, Leipzig
Wagner G (2006) Prävention und Verhaltenssteuerung durch Privatrecht – Anmaßung oder legitime Aufgabe? Archiv für die civilistische Praxis 206(3):352–352
Wagner G (2009) Kollektiver Rechtsschutz – Regelungsbedarf bei Massen- und Streuschäden. In: Casper M (Hrsg) Auf dem Weg zu einer europäischen Sammelklage? Sellier – European Law Publisher, München, S 41–87

Dr. Clemens Latzel ist Privatdozent an der Juristischen Fakultät der Ludwig-Maximilians-Universität München.

Teil IV
Steuerung durch Information, Mittelbar wirkende Steuerung

Eingriffswirkungen staatlicher Publikumsinformation aus rechtlicher Perspektive

Eva Ellen Wagner

Zusammenfassung Der Beitrag hat die verfassungsrechtlichen Maßstäbe staatlicher Publikumsinformation zum Gegenstand. Diese sind durch Unschärfen gekennzeichnet, weil eine grundrechtliche Sonderdogmatik hier die Fragen prägt, wann staatliche Informationen überhaupt in den Schutzbereich von Grundrechten eingreifen und in welchen Fällen für amtliche Öffentlichkeitsarbeit eine diese ausdrücklich gestattende Befugnisnorm erforderlich ist. Das Bundesverfassungsgericht formulierte hier im Jahr 2002 Weichenstellungen, die mit ihren grundsätzlichen Annahmen bis heute nachwirken, in der rechtswissenschaftlichen Literatur aber seit jeher kritisiert werden. Wie die nachgängige Rechtsprechungsentwicklung zeigt, haben sich aber auch einige Modifikationen durchgesetzt. Um deren Nachvollzug und Kontextualisierung geht es ebenfalls in diesem Beitrag. Davon unbeschadet haben die Spezifika digitaler Kommunikation für staatliche Stellen neue Möglichkeiten geschaffen, sich auf dem Marktplatz der Meinungen mit eigenen Informationen am Diskurs zu beteiligen. Die besonderen Herausforderungen dieser Form der Öffentlichkeitsarbeit werden anhand zweier aktueller Problemfelder thematisiert: Die polizeiliche Außendarstellung auf Kurznachrichtendiensten und das sog. Microtrageting auf sozialen Netzwerken im Auftrag von Ministerien.

E. E. Wagner (✉)
Universität Augsburg, Augsburg, Deutschland
E-Mail: eva.wagner@jura.uni-augsburg.de

M. W. Müller (Hrsg.), *Mittelbare Verhaltenssteuerung – Konzept, Wirkungen, Kritik*, https://doi.org/10.1007/978-3-662-69010-9_6

1 Einführung

Staatliche Informationstätigkeit[1] ist Teil des informalen, also des nicht rechtsförmigen Staatshandelns,[2] gehört seit Jahrzehnten zum hoheitlichen Handlungsinstrumentarium und ist dabei ebenso lange schon Gegenstand mitunter sehr kontroverser juristischer Auseinandersetzung. Im Zeitalter der sog. Informationsgesellschaft[3] hat gerade auch die amtliche Publikumsinformation[4] als Gestaltungs- und Lenkungsmittel im Zuge der hier allgemein gesteigerten Bedeutung von Informationen[5] noch einmal an Tragweite gewonnen und über die Möglichkeiten, die das Internet als Kommunikationsweg bietet, auch noch einmal ganz neue kommunikative Dimensionen erschlossen. Die Kontexte der Informationsverbreitung sind dabei ebenso vielfältig wie die Kommunikate selbst. Staatliche Stellen geben Informationen zur Selbstdarstellung heraus, im Zuge allgemeiner Bekanntmachungen und neutraler Unterrichtung der Öffentlichkeit (klassische, eng verstandene Öffentlichkeitsarbeit)[6], aber auch, um eigenes Handeln zu rechtfertigen, für unpopuläre Maßnahmen zu werben,[7] um die Deutungshoheit über Geschehnisse in der öffentlichen Debatte zu gewinnen[8] oder auch um über Empfehlungen und Warnungen bestimmte Wertungen oder Präferenzen zu transportieren (weiterer Bereich der Publikumsinformation). Die Informationsweitergabe muss dabei nicht notwendigerweise einen über die Herstellung von Verwaltungstransparenz hinausgehenden Zweck verfolgen. Sie kann aber eben auch gezielt hoheitlich eingesetzt werden, um bspw. Anreize zu rechtstreuem Verhalten zu setzen oder Konsumverhalten zu beeinflussen, wobei die Beeinflussungspfade und angestrebten Steuerungsziele unterschiedlich sein können.[9] Die Form der veröffentlichten Informationen reicht von ausgefeilt formulierten schriftlichen Erklärungen staatlicher Stellen über pointierte Tweets in sozialen Medien bis hin zu ad hoc-Stellungnahmen einzelner Protagonisten.

Die „Verwaltung durch Information"[10] macht sich vor allem die indirekten Wirkungen zu Nutze, die staatliche Information erzeugen kann. Sie genießt für gewöhnlich großes Vertrauen, weil sie in weiten Bevölkerungsteilen nach wie vor als be-

---

[1] Zu den unterschiedlichen Informationsbegriffen, die hier nicht weiterverfolgt werden können, Mast 2020, S. 73 ff.

[2] Dazu im Kontext des informalen informatorischen Staatshandelns Gusy 2000, S. 979.

[3] Kaiser 2009, S. 245 ff.

[4] Verstanden als Unterrichtung der (allgemeinen) Öffentlichkeit und zu unterscheiden von der Individualauskunft, bspw. in einem Rahmen eines Verwaltungsverfahrens.

[5] Statt aller Ingold 2011, S. 11 f.

[6] Dazu allg. Mandelartz 2009, S. 509 f.

[7] Dazu schon BVerfGE 44, 125 (148).

[8] Vgl. hierzu Gawlas et al. 2015, S. 365 f.

[9] Zur Unterscheidung von der „schlichten Zugänglichmachung aus Transparenzgründen" und dem bewussten Einsatz von Information als hoheitliches Lenkungsmittel im Bereich der Verbraucherinformation Möstl 2015, S. 3.

[10] Gusy 2000, S. 977.

sonders verlässlich und unbeeinflusst gilt.[11] Nicht zuletzt deshalb können lenkende Effekte staatlicher Informationstätigkeit auch recht zuverlässig erreicht werden.[12] Die Informierten treffen zwar eine eigene Willensentschließung. Aber man geht eben schon davon aus, oder kann zumindest antizipieren, dass sie sich unter dem Eindruck der Information in bestimmter Weise verhalten werden oder Entscheidungen jedenfalls anders treffen können, weil sie der Information gewahr sind (Erweiterung der Handlungsoptionen).[13] Die im vorliegenden Beitrag besonders betrachtete Eingriffswirkung staatlicher Informationstätigkeit zeigt sich dabei vor allem dann, wenn diese einen Personen- oder Unternehmensbezug aufweist (oder im politischen Wettbewerb erfolgt) und das Handeln der Informierten zu Lasten Dritter geht. Klassischerweise ist dies der Fall, wenn hohe Publizität bei Rechtsverstößen hergestellt wird, Produkte oder Handlungen negativ bewertet oder Warnungen ausgesprochen werden. Die Informierten entscheiden sich in der Folge gegen den Erwerb des betreffenden Produkts und meiden vielleicht sicherheitshalber gleich die ganze Produktpalette des Herstellers. Diese Abfolge der Ereignisse ist, oftmals auch einschließlich überschießender Informationseffekte, in vielen Fällen vorhersehbar und die Verhaltensanpassung ist grundsätzlich auch bezweckt.[14] Der Steuerungserfolg wird dabei gleichsam „über Bande“ erreicht.

Hier stellt sich dann die Frage, die jetzt näher in den Blick genommen wird: Wie verarbeitet die Grundrechtsdogmatik den Wirkmechanismus der indirekten Steuerung durch staatliches Informationshandeln beim Grundrechtseingriff?[15] Diesbezüglich ergeben sich einige Schwierigkeiten, weil die Einordnung amtlicher Publikumsinformation nach der Rechtsprechung des Bundesverfassungsgerichts durch ein grundrechtliches Sonderregime geprägt ist. Dieses Sonderregime wurde in den Beschlüssen „Glykol“ und „Osho“ begründet, erfährt seitdem in der Literatur außergewöhnlich scharfe Kritik[16] und konnte bis heute nur teilweise wieder in tradierte grundrechtsdogmatische Bahnen gelenkt werden. Im Kern geht es dabei um die Frage, inwieweit staatliches Informationshandeln als Grundrechtsein-

---

[11] Statt vieler Spieker gen. Döhmann 2000, S. 260 und 276; Ossenbühl 2011, S. 1357 f. Zur Deutung, dass hier das infolge des gesellschaftlichen Strukturwandels verlorengegangene personenbezogene Vertrauen durch ein neues Systemvertrauen substituiert wird, Augsberg 2014, S. 201. Auch das Bundesverfassungsgericht geht von einer besonderen Autorität staatlicher Informationstätigkeit aus, vgl. nur BVerfGE 105, 252 (257, 269); 105, 279 (289).

[12] Zu den unterschiedlichen „Wirkungspfaden“ näher Engel 2006, Rn. 7 ff.

[13] Schoch 2011, S. 2241, betont hier mit Blick auf die Verbraucherinformation die Verbesserung der Auswahl- und Entscheidungskompetenz von Verbrauchern.

[14] Zur Information als sog. weiche Handlungsform, die zwar auf die Anwendung hoheitlicher Gewalt verzichtet, aber darauf anlegt ist, gesellschaftliche Zwänge einzusetzen und auszunutzen, Ossenbühl 2011, S. 1357.

[15] Auf den Art. 21 Abs. 1 GG entnommenen Grundsatz der Chancengleichheit der Parteien wird ebenfalls am Rande eingegangen. Dessen genaue Rechtsnatur (Einrichtungsgarantie, Grundrecht, erfassungsrechtliche Sonderstellung der Parteienfreiheit) ist umstritten. Zum Meinungsstand vgl. Kluth 2022, Rn. 93 ff.

[16] Statt vieler Schoch 2011, S. 194: „Dammbruch“; Ossenbühl 2011, S. 1360: „dogmatisch verfehlt[e] und auch in ihrem Aussagegehalt kaum nachvollziehbare Entscheidung.“

griff zu qualifizieren ist, sowie ob und wann die „eingreifende“ Information einem Gesetzesvorbehalt in Gestalt einer Befugnisnorm unterliegt. Auf beides wird im Folgenden unter Abschn. 2 näher eingegangen. Dass der durch die digitalen Kommunikationskanäle bewirkte Strukturwandel auch vor der staatlichen Informationstätigkeit nicht Halt gemacht hat, wurde bereits erwähnt. Hier ergeben sich auch eine Reihe neuer Herausforderungen, auf die anstelle einer Schlussbemerkung unter Abschn. 3 exemplarisch bezogen auf zwei aktuelle Problemfelder ein Schlaglicht geworfen wird: die Aktivitäten der Polizei auf Kurznachrichtendiensten und der individualisierte Zuschnitt staatlicher Öffentlichkeitsarbeit auf bestimmte Zielgruppen im Rahmen des sog. Microtargeting in sozialen Netzwerken.

2 Verfassungsrechtliche Rahmenbedingungen für staatliches Informationshandeln

Zunächst zu den Beschlüssen Glykol und Osho, die im Jahr 2002 binnen vier Tagen ergingen und die verfassungsrechtlichen Rahmenbedingungen für staatliches Informationshandeln nachhaltig prägen. Beiden Entscheidungen liegen Warnungen der Gubernative zu Grunde und beide Fälle sind durch das Fehlen einer ausdrücklichen Befugnisnorm für diese Form der öffentlichen Kommunikation gekennzeichnet.

2.1 Glykol

Im Glykol-Beschluss[17] des Ersten Senats ging es darum, ob Grundrechte der beschwerdeführenden Weinkellereien dadurch verletzt worden sind, dass der Bundesgesundheitsminister eine – auch diese Kellereien benennende – Liste über Weine und andere Erzeugnisse veröffentlichte, in denen Diethylenglykol festgestellt worden war. Er tat dies, so hieß es, um den Verbrauchern eine Identifizierung der beanstandeten Weine zu ermöglichen. In der Folge kam es dann zu drastischen Umsatzeinbußen auch beim Absatz der nicht glykolhaltigen Weine der betroffenen Kellereien.

Das Bundesverfassungsgericht kam hier bezogen auf die vorliegend besonders interessierende Eingriffsperspektive zu dem Schluss, dass das Grundrecht der Berufsfreiheit nicht vor der amtlichen Verbreitung zutreffender und sachlich gehaltener Informationen schützt, jedenfalls dann, wenn sie für das wettbewerbliche Verhalten der Marktteilnehmenden von Bedeutung sein können – und auch dann, wenn sich die Inhalte auf einzelne Wettbewerbspositionen nachteilig auswirken.[18]

---

[17] BVerfGE 105, 252.

[18] BVerfGE 105, 252 (265).

Das Gericht begründete diese Rechtsauffassung dabei wie folgt: Art. 12 Abs. 1 GG sichere die Teilhabe am Wettbewerb nur nach Maßgabe dessen Funktionsbedingungen. Wettbewerbspositionen unterlägen insoweit aber stets einer laufenden Veränderung der Marktverhältnisse. Am Markt tätige Unternehmen hätten sich dabei grundsätzlich auch der Kommunikation über ihre Produkte und ihr Verhalten auszusetzen – Kritik eingeschlossen. Gegen belastende Informationen könnten sich die betroffenen Unternehmen durch Gegenkommunikation marktgerecht wehren, etwa durch Werbung und indem sie die Qualität der eigenen Produkte betonen.

Mit Blick auf marktbezogene Informationen des nicht selbst im Wettbewerb tätigen Staates betont das Gericht sodann, dass der Markt oftmals nicht selbst alle markterheblichen Informationen bereitstelle, es also nicht notwendigerweise zu der auch von der Rechtsordnung angestrebten Markttransparenz komme. Dies wiederum, so die Auffassung des Gerichts, könne sich negativ auf Qualität und Vielfalt der angebotenen Produkte auswirken. Im Verlauf der weiteren Urteilsbegründung wird dann klar, dass staatliche Stellen die Lücke, die dieses „kommunikative Marktversagen" reißt, in grundrechtlich nicht zu beanstandender Weise durch eigene Informationsbereitstellung füllen können. Das Bundesverfassungsgericht setzt insoweit private Wettbewerbshandlungen und Intervention der öffentlichen Hand gleich.[19]

Rechtlich ungebunden kann der Staat hier dessen unbeschadet aber nicht agieren. Die informierende Stelle müsse sich im Rahmen ihrer Zuständigkeit bewegt und die verbreiteten Informationen inhaltlich zutreffend sowie unter Beachtung des Sachlichkeitsgebots und des Übermaßverbots formuliert haben. Sind diese Maßgaben eingehalten, liege keine Verzerrung der Marktverhältnisse vor, womit dann auch nach Auffassung des Gerichts der grundrechtliche Gewährleistungsbereich der betroffenen Unternehmen schon nicht beeinträchtigt ist. Die hier vom Bundesverfassungsgericht ausgerufenen „rechtlichen Vorgaben für Informationshandeln"[20] – namentlich: Zuständigkeit, Richtigkeit, Sachlichkeit, Übermaßverbot – werden also, grundrechtsdogmatisch durchaus verwirrend – nicht auf der Rechtfertigungsebene verortet, sondern leiten bereits die Antwort auf die Frage an, ob der „Gewährleistungsbereich"[21] der Wettbewerbsfreiheit überhaupt „beeinträchtigt" ist. Genügt ihnen das staatliche Informationshandeln, gibt es wegen der Engführung des Schutzbereichs aus der Eingriffsperspektive nichts mehr zu sehen. Die Grundrechtsprüfung ist bereits auf der ersten Prüfungsstufe beendet.[22] Über den grundrechtlichen Gesetzesvorbehalt, den jeder Grundrechtseingriff auslöst, ist dann auch nicht mehr nachzudenken, weil es an der Scharnierfunktion des Grundrechtseingriffs fehlt.

[19] Dazu auch Huber 2003, S. 292.

[20] BVerfGE 105, 252 (265).

[21] Die Verwendung des Begriffs „Gewährleistungsbereich" zeigt an, dass der Schutzbereich des Grundrechts hier enger gefasst wird als in der klassischen Grundrechtsdogmatik, dazu Voßkuhle und Kaiser 2018, S. 344.

[22] Zu der hiermit verbundenen „Steuerung über den Zugangsfilter einer aufgewerteten ersten Grundrechtsprüfungsstufe" Kahl 2004, S. 180 ff.

Im Fall der streitgegenständlichen Listenveröffentlichung erkannte das Bundesverfassungsgericht keinen Verstoß gegen die im Maßstabsteil entwickelten Vorgaben. An Richtigkeit, Sachlichkeit und Verhältnismäßigkeit der Listenveröffentlichung zweifelte das Gericht nicht. Zudem falle die regierungsamtliche Publikumsinformation unter die „Aufgabe der Staatsleitung“ und damit in den Zuständigkeitsbereich der Bundesregierung.

Das Gericht deutete davon unbeschadet indes auch an, wann es von einem Eingriff in die Berufsfreiheit ausgehen würde: nämlich dann, wenn das staatliche Informationshandeln nach seiner Zielsetzung und seinen Wirkungen als Ersatz für eine staatliche Maßnahme anzusehen sei, die als Grundrechtseingriff zu qualifizieren wäre.[23] Gemeint ist hier mit „Grundrechtseingriff“ der Eingriff im sog. klassischen Sinne. Dieser verlangt einen zielgerichteten, unmittelbar wirkenden, und zwangsweise durchsetzbaren Rechtsakt.[24] Bei solchen Konstellationen, zu deren Bezeichnung sich mittlerweile der Begriff des „funktionalen Eingriffsäquivalents“ verfestigt hat,[25] müssten dann „die für die Grundrechtseingriffe maßgeblichen rechtlichen Anforderungen erfüllt sein.“[26] Hier zumindest – so denkt man – kommen dann also die tradierten Rechtfertigungsmaßstäbe für Grundrechtseingriffe zur Anwendung. Will vor allem sagen: Hier genügt keine bloße Aufgabenzuweisung (wie z. B. die allgemeine Kompetenz zur Staatsleitung), sondern es bedarf einer Befugnisnorm, die den Maßgaben des grundrechtlichen Gesetzesvorbehalts entspricht. Ferner unterliegt die Handlung einer vollen Kontrolle an den Maßstäben des Verhältnismäßigkeitsgrundsatzes.[27]

2.2 Osho

Diese Erwartung, dass staatliches Informationshandeln den tradierten Rechtfertigungsvoraussetzungen einschließlich des grundrechtlichen Gesetzesvorbehalts unterliegt, wenn es zu mittelbar-faktischen Grundrechtsbeeinträchtigungen führt, wurde indes im Osho-Beschluss partiell enttäuscht. Zunächst auch hier kurz zum Sachverhalt: Die Bundesregierung hatte im Rahmen amtlicher Verlautbarungen für bestimmte Gruppierungen, darunter auch die sog. Osho-Bewegung, generalisierend Begriffe wie „Jugendsekte“ oder „pseudoreligiöse und Psycho-Gruppe“ verwendet und die Osho-Bewegung den „Psychobewegungen“ rsp. „Psychosekten“

[23] Oder wenn sich eine Information im Nachhinein als unrichtig erweise und dennoch weiterverbreitet oder nicht korrigiert würde, obwohl sie für Marktverhalten weiter von Belang sei, BVerfGE 105, 252 (273).

[24] Dazu statt aller Voßkuhle und Kaiser 2009, S. 313. Ausführlich zum dogmatischen Unterschied von weitem Schutzbereich und engem Gewährleistungsgehalt Kahl 2004.

[25] Statt vieler Schoch 2011, S. 195 m. w. N.

[26] BVerfGE 105, 252 (273).

[27] Nicht ganz deutlich wird allerdings, ob bei Nichterfüllung eines dieser Kriterien das staatliche Informationshandeln in einen Eingriff rsp. in ein funktionales Eingriffsäquivalent umschlägt.

zugeschlagen. Ferner brachte der Bundesminister für Jugend, Familie und Gesundheit die Gruppe in einer Rede auch in Zusammenhang mit „destruktiven religiösen Kulten“, sowie „Pseudoheilslehren“ und „Pseudoreligion“ und äußerte den Verdacht, sie manipuliere ihre Anhänger.[28]

Als im Ergebnis verfassungsrechtlich nicht zu beanstanden erachtete das Bundesverfassungsgericht die Verwendung der Bezeichnungen „Sekte“, „Jugendreligion“, „Jugendsekte“ und „Psychosekte“. Auch hier stieg das Gericht mit Ausführungen zum Schutzbereich ein und verkündete – insoweit mit Blick auf Glykol durchaus erwartungsstabil – dass das Grundrecht der Religionsfreiheit keinen Schutz davor biete, „dass sich der Staat und seine Organe mit den Trägern dieses Grundrechts sowie ihren Zielen und Aktivitäten öffentlich – auch kritisch – auseinander setzen.“[29] Auch sei der Staat, obgleich er sich gegenüber Religionsgemeinschaften grundsätzlich neutral zu verhalten habe, nicht gehindert, das tatsächliche Verhalten einer religiösen oder weltanschaulichen Gruppierung (oder das ihrer Mitglieder) nach weltlichen Kriterien zu beurteilen.[30] Die Grenze zur Grundrechtsbeeinträchtigung sei erst bei diffamierenden, diskriminierenden oder verfälschenden Darstellungen einer religiösen oder weltanschaulichen Gemeinschaft erreicht. Die streitgegenständlichen Äußerungen „Sekte“, „Jugendreligion“, „Jugendsekte“ und „Psychosekte“, obgleich zweifellos wertend, berührten daran gemessen nach Auffassung des Gerichts schon nicht den Schutzbereich der Religions- und Weltanschauungsfreiheit. Sie hielten sich noch im Rahmen einer sachlichen Auseinandersetzung.[31] Den Gebrauch der Attribute „destruktiv“ und „pseudoreligiös“ sowie die gegenüber Osho erhobenen Manipulationsvorwürfe erachtete das Bundesverfassungsgericht dagegen für verfassungswidrig. Es erkannte in ihnen „mittelbar-faktische Grundrechtsbeeinträchtigungen“, die nach den Maßstäben des Verhältnismäßigkeitsgrundsatzes nicht gerechtfertigt werden konnten. Die beeinträchtigende Wirkung sah das Bundesverfassungsgericht dabei darin, „dass der Einzelne aus der ihm zugegangenen Information Konsequenzen zog und der betreffenden Gruppe fernblieb, aus ihr austrat, auf Angehörige oder andere Personen einwirkte, sich ebenso zu verhalten, oder davon absah, die Gemeinschaft (weiter) finanziell zu unterstützen.“[32]

Allerdings ging das Bundesverfassungsgericht davon aus, dass auch diese mittelbar-faktische Grundrechtsbeeinträchtigung auf die verfassungsunmittelbare Aufgabe der Staatsleitung gestützt werden konnte und keiner darüber hinausgehenden gesetzlichen Befugnisnorm bedurfte. Ein grundrechtsdogmatischer Sonderweg, zu dessen Plausibilisierung sich das Gericht auf den Standpunkt stellte, dass es keinesfalls selbstverständlich sei, dass der tradierte grundrechtliche Gesetzesvorbehalt zwangsläufig mit der Ausweitung des Schutzes auf faktisch-mittelbare Beeinträchtigungen in jeder Hinsicht mitgewachsen sei. Entscheidend

---

[28] Dazu BVerfGE 105, 279 (284).
[29] BVerfGE 105, 279 (294).
[30] BVerfGE 105, 279 (293).
[31] BVerfGE 105, 279 (295).
[32] BVerfGE 105, 279 (299).

sei vielmehr, ob die freiheitssichernde Funktion des Gesetzesvorbehalts bei staatlichem Informationshandeln überhaupt erreicht werden könne. Dies wiederum sei nicht der Fall, weil sich solches Handeln in Ansehung der Vielgestaltigkeit und Veränderlichkeit potenzieller Kommunikationskonstellationen gar nicht normieren lasse. Oder anders gewendet: Wenn ein Gesetzesvorbehalt sowieso keine nennenswerte normative Direktionskraft entfalten kann, bedarf es seiner nicht.[33]

2.3 Irritationen

Die von den Beschlüssen Osho und Glykol ausgelösten grundrechtsdogmatischen Irritationen sind in der Literatur vielbeschrieben[34] und lassen sich wie folgt noch einmal kurz zusammentragen: Trotz anerkannter belastender Wirkungen für die Ausübung grundrechtlich geschützter Freiheit ist es keinesfalls gesetzt, dass staatliches Informationshandeln den grundrechtlichen Schutzbereich überhaupt berührt. Die Vorstellung eines (engeren) Gewährleistungsbereichs, der nicht vor der (auch kritischen) Beschäftigung des Staates mit der Freiheitsbetätigung seiner Bürger:innen schützt, hat hier eine wesentliche dogmatische Neuerung bewirkt. Werden richtige Informationen von der für den Sachbereich zuständigen Stelle sachlich und ohne Verstoß gegen das Übermaßverbot verbreitet, ist die Grundrechtsprüfung schon auf der Ebene des Schutzbereichs am Ende. Auch erhebliche faktische Belastungswirkungen ändern hieran grundsätzlich nichts. Ist das informationelle Handeln dagegen nach seiner Zielsetzung und seinen Wirkungen als Ersatz für eine staatliche Maßnahme anzusehen, die als Grundrechtseingriff zu qualifizieren wäre, ist ein Grundrechtseingriff anzunehmen, der den Gesetzesvorbehalt auslöst und einer vollen Verhältnismäßigkeitsprüfung unterliegt (funktionales Eingriffsäquivalent). Dann scheint es aber auch noch eine weitere dogmatische Figur zu geben: die „mittelbar-faktische Grundrechtsbeeinträchtigung". Sie wiederum löst gerade keinen grundrechtlichen Gesetzesvorbehalt aus und findet ihren Platz irgendwo in dem Raum, der sich zwischen einer fehlenden Beeinträchtigung des Schutzbereichs trotz belastender Wirkung und dem funktionalen Eingriffsäquivalent auftut. Diese „mittelbar-faktische Grundrechtsbeeinträchtigung" wirkt zwar schon wie ein Lookalike des funktionalen Eingriffsäquivalents, umfasst sie doch, wie in Osho gesehen, offenbar auch harte Werturteile, deren diffamierender Charakter auch nach Auffassung des Bundesverfassungsgerichts „offen zu Tage" tritt:[35] Sie bedarf aber im Gegensatz zum funktionalen Eingriffsäquivalent keiner besonderen gesetzlichen Grundlage, um als verfassungsgemäß angesehen werden zu können. Hier reicht eine Aufgabenzuweisung, im Fall: die allgemeine Aufgabe der Bundesregierung zur Staatsleitung, als Grundlage hoheitlicher Informationstätigkeit aus. Wann diese Rechtsfigur befugnisnormdispensierter Informationskompetenz zur Anwendung

---

[33] BVerfGE 105, 279 (304).

[34] Statt aller Klement 2005; Huber 2003; Kahl 2004; Schoch 2011.

[35] BVerfGE 105, 279 (298).

kommt und wie sie genau vom „funktionalen Eingriffsäquivalent" abzugrenzen ist, durch dessen Wahl nach der Konzeption des Gerichts „das Erfordernis einer besonderen gesetzlichen Grundlage nicht umgangen werden [kann]"[36], lässt sich den Entscheidungsgründen nicht mit Sicherheit entnehmen. Eine vergleichende Subsumtion erfolgt nicht. Nahe liegt es allerdings, dass eine mittelbar-faktische Grundrechtsbeeinträchtigung, die keinen grundrechtlichen Gesetzesvorbehalt auslöst, im Grunde dann angenommen werden kann, wenn der streitgegenständliche Bereich einer staatlichen Normierung nicht sinnvoll zugänglich ist. Wo das „Anliegen" des Gesetzesvorbehalts nicht erfüllt werden kann, wird auch nichts umgangen. So weit, so (nur) vordergründig plausibel. Allerdings scheint diese grundrechtsdogmatische Sonderkonstellation gerade bei staatlichem Informationshandeln konzeptionell nicht die Ausnahme, sondern die Regel zu sein: mittelbar-faktische Wirkungen, die vom Verhalten Dritter abhängen, werden allgemein als Ergebnisse „komplexer Geschehensabläufe" angesehen, die sich einer Normierung typischerweise entziehen, „jedenfalls",[37] wenn es um eine Informationstätigkeit der Bundesregierung geht.

2.4 *Weiterentwicklungen*

Die auf Glykol und Osho folgende Rechtsprechung hatte mit diesem sperrigen grundrechtsdogmatischen Gepäck umzugehen. Sie kann im Rahmen dieses Beitrags nicht in allen ihren einzelnen Ausprägungen und Nuancierungen dargestellt werden. Bereits der Blick auf ihre gröberen Linien zeigt allerdings, dass sich die grundrechtsdogmatische Problematik der Grundentscheidungen nach wie vor Bahn bricht, unterschiedliche Entwicklungen im Informationsrecht aber zumindest den Anwendungsbereich der unglücklichen Gesetzesvorbehaltskonstruktion reduzieren.

2.4.1 Beeinträchtigung des Schutzbereichs

Zunächst zum Problempunkt der Schutzbereichsbeeinträchtigung. Mit Blick auf die Berufs- rsp. Wettbewerbsfreiheit liegt auf der Basis von Glykol schon keine Beeinträchtigung des Schutzbereichs vor, wenn die Informationsverbreitung nicht zu Wettbewerbsverzerrungen führt. Dem könnte auch aus liberaler Grundrechtsperspektive grundsätzlich noch gefolgt werden, wenn nicht das Bundesverfassungsgericht gleichzeitig davon ausginge, dass solche Verzerrungen durch die Verbreitung richtiger, sachlicher und angemessener Information erst gar nicht hervorgerufen werden können, mögen sie auch Handlungen Dritter beeinflussen, in deren Folge es dann zu erheblichen Belastungswirkungen bei den Grundrechtsträger:innen kommt.

[36] BVerfGE 105, 279 (303).

[37] BVerfGE 105, 279 (304). Der hierin liegende Beschränkungsgehalt, insb. die zumindest angelegte Unterscheidung von gubernativer und administrativer Informationstätigkeit, aktualisierte sich nur bedingt, vgl. dazu sogleich beim Fall Löw.

Eine Entwicklung neueren Datums lässt allerdings den Schluss zu, dass das Bundesverfassungsgericht diese sehr restriktive Linie zum Grundrechtseingriff durch staatliche Marktinformation korrigiert hat.[38] Namentlich geht es dabei um den Beschluss des Bundesverfassungsgerichts zur Verbraucherinformation nach dem Lebensmittel-, Bedarfsgegenstände- und Futtermittelgesetzbuch (LFGB) vom 21.03.2018.[39] Der im Zuge einer im September 2012 in Kraft getretenen Novelle des Verbraucherinformationsrechts neu eingeführte § 40 Abs. 1a LFGB bestimmt, dass die zuständige Behörde die Öffentlichkeit unter Nennung der Bezeichnung des Lebensmittels in bestimmten Konstellationen zu informieren hat: Zum einen, wenn der hinreichend begründete Verdacht besteht, dass zulässige Grenzwerte, Höchstgehalte oder Höchstmengen überschritten wurden, und zum anderen, wenn gegen sonstige Vorschriften des Gesetzes, die dem Schutz der Endverbraucher:innen vor Gesundheitsgefährdungen oder vor Täuschung oder der Einhaltung hygienischer Anforderungen dienen, in nicht nur unerheblichem Ausmaß oder wiederholt verstoßen worden ist.[40] Mit Blick auf die Grundrechtskonformität[41] dieser Regelung hielt das Bundesverfassungsgericht zwar schon an dem Glykol-Ausgangspunkt fest, wonach mittelbar-faktische Auswirkungen auf die Wettbewerbssituation von Unternehmen den Schutzbereich von Art. 12 Abs. 1 GG nicht grundsätzlich berühren, mithin nicht jedes staatliche Informationshandeln, das die Wettbewerbschancen von Unternehmen am Markt nachteilig verändert, als Grundrechtseingriff zu werten ist.[42] Und auch der anschließend ausgeführte Maßstab, dass demgegenüber ein Grundrechtseingriff anzunehmen ist, wenn die amtliche Information der Öffentlichkeit ihrer Zielsetzung und ihren mittelbar-faktischen Wirkungen nach einem Eingriff als funktionales Äquivalent gleichkommt, ist bekannt.[43] Neu war allerdings die Bewertung, dass letzteres der Fall ist, wenn das staatliche Informationshandeln direkt auf die Marktbedingungen konkret individualisierter Unternehmen zielt, indem es die Grundlagen der Entscheidungen am Markt zweckgerichtet beeinflusst und so die Markt- und Wettbewerbssituation zum wirtschaftlichen Nachteil der betroffenen Unternehmen verändert.[44] Unter Einbezug des formulierten Gesetzeszwecks, Verbraucher:innen in die Lage zu versetzen, ihre Konsumentscheidungen in Kenntnis etwaiger Missstände zu treffen und dabei ggfs. auch von Vertragsschlüssen mit den benannten Unternehmen abzusehen, ging das Bundesverfassungsgericht dann im Fall davon aus, dass die Information auf der Grundlage des § 40 Abs. 1a LFBG direkt auf eine solche Veränderung der Marktbedingungen konkret adressierter Unternehmen ziele.[45] Im Glykol-Fall war dies bei der Warnung vor bestimmten Weinen

[38] Dazu Wollenschläger 2018, S. 984.

[39] BVerfGE 148, 48.

[40] Vorausgesetzt ist hier ferner, dass die Verhängung eines Bußgeldes von mindestens dreihundertfünfzig Euro oder eine Sanktionierung wegen einer Straftat zu erwarten ist.

[41] Zur Kritik im Schrifttum statt vieler Möstl 2015, S. 4 ff.; Bäcker 2016, S. 601 f.

[42] BVerfGE 148, 40 (50).

[43] BVerfGE 148, 40 (51).

[44] BVerfGE 148, 40 (51). Siehe auch BVerwGE 166, 233 (245 f.).

[45] BVerfGE 148, 40 (51 f.).

freilich eigentlich auch so, dort wurde das Vorliegen eines funktionalen Eingriffsäquivalents aber noch verneint. Das Bundesverfassungsgericht klammert also die „Verbreitung zutreffender und sachlich gehaltener Informationen, die für das wettbewerbliche Verhalten der Marktteilnehmer von Bedeutung sein können“[46], nicht länger vollständig aus dem eingriffszugänglichen Teil des Schutzbereichs der Berufsfreiheit aus.

Heute gilt damit für die Wettbewerbsfreiheitskonstellation: Ist die Veränderung der informationellen Grundlagen von Verbraucher:innenentscheidungen originärer Zweck der staatlichen Handlung, um dadurch wiederum beispielsweise generalpräventiven Druck zu regelkonformem Verhalten aufzubauen,[47] oder aber auch, um die Verbraucher:innen zu einer anderen Konsumentscheidung zu veranlassen, ist bei der Wettbewerbsfreiheit von einem funktionalen Eingriffsäquivalent auszugehen. Hier sind dann auch – jedenfalls außerhalb gubernativen, auf die Befugnis zur Staatsleitung gestützten Informationshandelns[48] – sowohl der grundrechtliche Gesetzesvorbehalt als auch die Notwendigkeit einer Verhältnismäßigkeitsprüfung ausgelöst.

Im Hinblick auf die Osho-Konstellation lässt sich dagegen festhalten, dass die Glaubens- und Gewissensfreiheit, aber auch andere Grundrechte und Einrichtungsgarantien in vergleichsweise weitem Umfang nicht vor der Verbreitung von Informationen schützen, die die Ausübung geschützter Freiheitsbetätigungen berühren. Während hier in der Literatur nach wie vor auf ein vergleichsweise striktes Bewertungsverbot gedrungen wird,[49] orientiert sich die Rechtsprechung oftmals eher an dem in Osho formulierten Diffamierungsverbot und geht unterhalb dieser Schwelle davon aus, dass die staatliche Teilnahme am „Marktplatz der Meinungen“ letztlich zunächst einmal „nur“ das Geschäft belebt.[50] Allerdings ist einzuräumen, dass sich bezüglich der genauen normativen Grenzen eine recht differenzierte Rechtsprechung herausgebildet hat, die vor allem auch darauf aus ist, die für den jeweiligen Sachbereich einschlägigen verfassungsrechtlichen Neutralitätserwartungen[51] genauer zu bestimmen und dabei auch Stellung, Aufgabenbereich und Funk-

[46] BVerfG 105, 252 (256).

[47] So Gärditz 2020, S. 63.

[48] Dazu sogleich noch näher unter Abschn. 2.4.2.

[49] Zu grundrechtlichen Neutralitätsgeboten als unabhängig von der Eingriffsschwelle greifende Grundrechtsschutzdimension dagegen Ingold 2017, S. 262: „Insoweit bricht sich die liberale Grundlegung der Verfassung Bahn, welche davon ausgeht, dass Grundrechtsträgern eine basale Freiheit zukommt und diese damit durch sich selbst berechtigt zu handeln vermögen, während als Gegenpol staatliche Betätigung rechtlich limitiert und als solche per se rechtfertigungsbedürftig ist.“ In diesem Sinne sind grundrechtliche Neutralitätsgebote als unabhängig von der Eingriffsschwelle greifende Grundrechtsschutzdimension zu verstehen.

[50] Vgl. etwa OVG Bremen NJW 2016, 823 (Salafismus-Vorwurf).

[51] Näher zum Spektrum staatlicher Neutralitätspflichten Ingold 2017, S. 255 ff.

tion der handelnden Amtsträger:innen berücksichtigt.[52] Hierbei ist als zentrale Weichenstellung bei der Maßstabsbildung zu ermessen, ob sich der/die Amtsträger:in in einem Bereich äußert, der der Verwaltungstätigkeit zuzuordnen ist, oder ob die Äußerungen in einem Kontext stehen, der sich zumindest als auch politisch darstellt und die Akteure zur Ausfüllung hierdurch begründeter Spielräume berechtigt sind.[53] Auch hinsichtlich der Neutralitätspflichten gegenüber politischen Parteien, die aus Art. 21 Abs. 1 i. V. m Art. 3 GG folgen und sich demokratietheoretisch indiziert in zeitlicher Nähe zu Wahlen noch einmal verschärfen, hat sich mittlerweile eine ausziselierte Dogmatik entwickelt.[54]

Dreieckskonstellationen, in denen in Folge einer unmittelbaren oder mittelbaren Bereitstellung von staatlichen Informationen die Grundrechte der Informierten[55] selbst und nicht diejenigen der Dritten das rechtliche Problem darstellen, standen bisher nicht im Fokus der Rechtsprechung. In der Literatur wird diese Facette der rechtlichen Bewertung staatlichen Informationshandelns vornehmlich unter dem Begriff des Nudging näher diskutiert.[56] Wenn mit Information „gesteuert" werden soll, stellt sich durchaus die Frage, wie sich dieser Ansatz mit den Grundrechten der derart Gesteuerten verträgt. Informationen können hier durchaus in den Schutzbereich der allgemeinen Handlungsfreiheit oder anderer Grundrechte eingreifen.[57] Nicht, wenn die Information lediglich die Entscheidungsgrundlage der Einzelnen erweitert,[58] wohl aber durchaus, wenn das Verhalten der Informierten nach der Rezeption nicht mehr von ihrer freien Entscheidung abhängt. Dies kann der Fall sein, wenn faktische Handlungszwänge entstehen,[59] eine drastische Form der Darstellung gewählt wird[60] oder die Betroffenen zum Zwecke der Verhaltens- oder Meinungsmanipulation desinformiert werden.[61] Solche Konstellationen dürften allerdings nur ausnahmsweise vorkommen.

[52] Vgl. dazu die Grobeinteilung bei Mast 2020, S. 71 unter Bezug auf Jestaedt 1993, S. 194, wonach Vertreter der bürokratisch-administrativen Staatsebene (Lebenszeitbeamte, Fachbehörden, Justiz) rechtlich relativ gebunden sind, während Vertreter der repräsentativ-politischen Staatsebene (Parlament, Regierung) rechtlich relativ frei seien. Ausführlich zu den Maßstäben bei Äußerungen von Behörden Conrad et al. 2022, § 7.

[53] Vgl. dazu statt vieler Barczak 2015, S. 1015 ff.

[54] Dazu nur BVerfGE 136, 323; 138, 102; 148, 11; RhPfVerfGH NVwZ-RR 2014, 665; ThürVerfGh NVwZ 2016, 1408.

[55] Hiermit sind Konstellationen gemeint, in denen der Grundrechtseingriff zu besorgen steht, weil mit den Informationen auf die Entscheidungsgrundlage der Informierten eingewirkt werden soll.

[56] Vgl. hier nur Wolff 2021 und Gerg 2019.

[57] Dazu näher Wolff 2015, S. 213 ff.

[58] Ebenso Hufen 2020, S. 198; anders wohl van Aaken 2016, S. 185.

[59] Dies kann weniger durch die Information selbst geschehen als vielmehr durch die Art und Weise ihrer Verbreitung, etwa durch die Verwendung eines Totenkopfsymbols (zu diesem Beispiel Krönke 2016, S. 337); grundsätzlich zu diesem Maßstab Wolff 2015, S. 217 f.

[60] Beispiel dafür (Horrorbilder an der Autobahn) bei Hufen 2020, S. 196 und 198.

[61] Staatliche Desinformationsmaßnahmen sehen sich neben grundrechtlichen auch demokratischen und rechtsstaatlichen Beschränkungen gegenüber, dazu ausführlich Ingold 2011.

Kurze Erwähnung finden soll auch noch eine weitere, in gewissem Sinne schon noch zur Publikumsinformation zählende Entwicklung, die von *Ferdinand Wollenschläger* treffend als „Multiplikatoreneffekt“ bezeichnet worden und ebenfalls bei der Prüfung des Grundrechtseingriffs zu berücksichtigen ist.[62] Hier geht es der Grundanlage nach eigentlich um eine sog. passive Verbraucherinformation, also eine behördliche Informationsweitergabe im Einzelfall nach vorherigem Antrag. Der für die Publikumsinformation kennzeichnende Aspekt einer Veröffentlichung für die Allgemeinheit kann hier aber dadurch hergestellt werden, dass Private, die sich über Informationszugangsrechte Informationen der öffentlichen Hand beschafft haben, letztere dann selbst über Plattformen einer breiteren Öffentlichkeit zugänglich machen. Bekannt wurde diesbezüglich insbesondere der Fall der Internetplattform „Topf Secret“.[63] Dabei handelt es sich um eine gemeinsam vom Foodwatch e.V. und dem Open Knowledge Foundation Deutschland e.V.[64] betriebene Internetplattform. Die Plattform erleichtert es ihren Nutzenden zunächst, behördliche Informationen auf der Grundlage des Verbraucherinformationsgesetzes (VIG) zu beantragen. Rechtsgrundlage für die Erteilung der Information ist dabei § 2 Abs. 1 S. 1 VIG, wonach jeder einen voraussetzungslosen, insbesondere von einem berechtigten Interesse unabhängigen Anspruch auf Zugang[65] zu Verbraucherinformationen hat, die bei einer öffentlichen Stelle vorhanden sind. Dazu zählen auch die – im Fall „Topf Secret“ besonders interessanten – Ergebnisse von Hygienekontrollen unabhängig von der Schwere etwaiger Rechtsverstöße.[66] Von Seiten der Plattformbetreibenden werden die Nutzenden allerdings auch dazu aufgefordert, die erhaltenen Informationen auf der Plattform zugänglich zu machen.

Dass mit dieser Verquickung von passiver antragsgebundener Verbraucherinformation und nachgängiger Herstellung einer Plattformöffentlichkeit ein Effekt einhergeht, der bezogen auf die Transparenzwirkung und damit zusammenhängend auch die grundrechtliche Eingriffsintensität in die Nähe der aktiven amtlichen Publikumsinformation rückt, ist nicht unbemerkt geblieben und hat in Folge einer regelrechten Klageserie zahlreiche divergierende Gerichtsentscheidungen sowie unterschiedlichste Einordnungen in der Literatur hervorgebracht.[67] Das Bundesverwaltungsgericht ging hier davon aus, dass die Tatsache, dass der antragsgebundene

---

[62] Wollenschläger 2021, S. 5.

[63] Abrufbar unter https://www.foodwatch.org/de/informieren/topf-secret/ (letzter Zugriff: 09.02.2024).

[64] Dieser unterhält auch die Transparenzinitiative FragDenStaat.

[65] Dem drittbetroffenen Lebensmittelunternehmer ist die Entscheidung gem. § 5 Abs. 2 S. 3 VIG bekanntzugeben und es ist eine Wartefrist nach § 5 Abs. 4 S. 2 und 3 VIG einzuhalten (Zeitraum soll 14 Tage nicht überschreiten). Rechtsbehelfe haben keine aufschiebende Wirkung (§ 80 Abs. 2 Satz 1 Nr. 3 VwGO i. V. m. § 5 Abs. 4 Satz 1 VIG).

[66] Die Abweichung von gesetzlichen Anforderungen muss bereits nach rechtlicher Würdigung aktenkundig, aber noch nicht bestandskräftig festgestellt worden sein, dazu BVerwGE 166, 233 (241 f.). Eine Pflicht zur Prüfung der inhaltlichen Richtigkeit der herauszugebenden Informationen besteht nicht (§ 6 Abs. 3 S. 1 VIG), bekannte Zweifel an der Richtigkeit sind aber mitzuteilen (§ 6 Abs. 3 S. 2 VIG).

[67] Zum Ganzen ausführlich und mwN Wollenschläger 2021, S. 12 ff.

Informationszugang erklärtermaßen dem Ziel dient, mit den so erlangten Informationen unter Einschaltung von Verbraucherschutz- und anderen Organisationen gezielt und kampagnenartig an die Öffentlichkeit zu gehen, bei der Bemessung der Eingriffswirkung nicht unberücksichtigt bleiben kann, und nahm in der Folge an, es bei dem Informationszugang nach dem Verbraucherinformationsgesetz mit einem funktionalen Eingriffsäquivalent zu tun zu haben.[68] Damit unterliegt auch ein Regime, das vordergründig auf eine amtliche Publikumsinformation verzichtet, aber die Weiterverbreitung der individuell erlangten Informationen zumindest antizipieren kann, ähnlichen grundrechtlichen Anforderungen an die Eingriffsschwelle wie die amtliche aktive Publikumsinformation und scheitert nicht etwa am Vorwand mangelnder Zurechenbarkeit. Dass die Breitenwirkung durch die Veröffentlichung Privater erzielt wird, kann dann bei der Ermittlung der Belastungsintensität auf der Ebene der Verhältnismäßigkeit berücksichtigt werden.[69]

Daran anknüpfend liegt es auch ganz grundsätzlich nahe, Publizitätswirkungen, die mit einer Veröffentlichung von Informationen über das Internet als Kommunikationsweg einhergehen, bei staatlichem Informationshandeln allgemein als potenziell belastungsverschärfend näher in den Blick zu nehmen, nicht zuletzt, weil sich hier auch versehentliche Fehlinformationen nur sehr schwer wieder einfangen lassen.[70]

2.4.2 Gesetzesvorbehalt

Was die Problematik des Gesetzesvorbehalts angeht, ist das Bundesverfassungsgericht von der Linie, dass informationelles Staatshandeln, auch wenn es als mittelbar-faktische „Grundrechtsbeeinträchtigung" anzusehen ist, nicht auf eine Befugnisnorm gestützt werden muss, bisher nicht grundsätzlich abgerückt.[71] Bei Äußerungen des Bundes-

[68] BVerwGE 166, 233 (247). Kritik an dieser sehr auf die Informationsverwendung im Einzelfall zugeschnittenen Prüfung eines Grundrechtseingriffs durch eine abstrakt generelle Regelung bei Rossi 2020, 573 (576). In der Literatur wurde freilich angenommen, dass auch unabhängig vom Multiplikatoreneffekt sowohl bei der gesetzlich vorgesehenen als auch der behördlicherseits realisierten Informationserteilung ein Grundrechtseingriff zu bejahen ist, vgl. dazu nur Wollenschläger 2021, S. 49.

[69] BVerwGE 166, 233 (246 f.). Der Unterschied zur klassischen aktiven staatlichen Verbraucherinformation kann hier in quantitativer, aber vor allem in qualitativer Hinsicht beschrieben werden. In der Literatur werden dabei sowohl eine Verringerung der Belastungsintensität vertreten (etwa Wollenschläger 2021, S. 65 ff.: keine generelle und flächendeckende Veröffentlichung, keine zwingende Veröffentlichung, keine Inanspruchnahme von Amtsautorität jedenfalls bei der Weiterverbreitung, zivilrechtliches Kontrollregime) aber auch eine Eingriffsintensivierung wegen der Inkaufnahme eines staatlichen Steuerungsverlustes nach der Informationserteilung und fehlender Aktualisierungspflicht, Rossi 2020, S. 577; Gärditz 2020, S. 65 f.

[70] Dazu sogleich auch noch näher unter Abschn. 3.

[71] Die verwaltungsgerichtliche Rechtsprechung betont dagegen häufiger das Erfordernis einer Befugnisnorm. Dazu mit Beispielen aus der Rechtsprechung Schoch 2014, S. 367 f. Ferner zur verwaltungsgerichtlichen Praxis nach Osho Lenski 2008, S. 13 ff.

präsidenten wurde auf dessen Repräsentations- und Integrationsfunktion abgestellt,[72] beim informierenden Bürgermeister verweist das Bundesverwaltungsgericht auf die allgemeine Aufgabenzuweisung der Gemeindeleitung in den Gemeindeordnungen sowie die verfassungsrechtlich verankerte kommunale Selbstverwaltungsgarantie.[73] Beim Informationshandeln der Bundesregierung rekurriert das Bundesverfassungsgericht nach wie vor auf die verfassungsrechtliche Aufgabe der Staatsleitung.[74]

Einer gesetzlichen Grundlage im Sinne einer Befugnisnorm bedarf es für staatliches Informationshandeln nach wie vor erst dann, wenn dieses als funktionales Eingriffsäquivalent anzusehen ist.[75] Wann genau diese Schwelle erreicht und nicht „nur" von einer mittelbar-faktischen Grundrechtsbeeinträchtigung auszugehen ist, bleibt immer noch die oftmals umstrittene Frage des Einzelfalls, deren Beantwortung dann mäandernd zwischen der bekannten oder unterstellten Zielsetzung und der Ermittlung der Wirkungsintensität den Weg rein oder raus aus dem Gesetzesvorbehalt findet. Abgrenzungsprobleme und Ungereimtheiten ergeben sich dabei turnusmäßig. Besonders prononciert trat hier der Fall Löw hervor.[76] *Konrad Löw*, emeritierter Professor der Politikwissenschaft, hatte in der Zeitschrift „Deutschland Archiv", die im Auftrag der Bundeszentrale für politische Bildung herausgegeben wird, einen Aufsatz mit dem Titel „Deutsche Identität in Verfassung und Geschichte" publiziert. Hier vertrat er unter anderem die These, dass die Mehrheit der Deutschen seinerzeit nicht antisemitisch eingestellt gewesen sei, sondern mit den verfolgten Jüdinnen und Juden sympathisiert habe. Die Leitungsebene der Bundeszentrale (selbst eine Geschäftsbereichsbehörde des Bundesministeriums des Innern) richtete daraufhin ein Schreiben an die Abonnent:innen der Zeitschrift, das auch in der Presse für erhebliches Aufsehen sorgte. Darin distanzierte sie sich „aufs Schärfste" von Löws Beitrag, kündigte an, den „Rest der Auflage zu makulieren" und bat alle, die sich durch den Beitrag „verunglimpft fühlen", um Entschuldigung.[77] Insgesamt ließ das Schreiben nach Auffassung des Bundesverfassungsgerichts keinen Zweifel daran, dass sich Löws Aussagen „außerhalb des hinnehmbaren Meinungsspektrums" bewegten.[78] Dessen Verfassungsbeschwerde wegen einer Verletzung seines allgemeinen Persönlichkeitsrechts hatte zwar im Ergebnis wegen eines Verstoßes gegen das Übermaßverbot

[72] BVerfGE 136, 323 (332).

[73] BVerwG NVwZ 2018, 433 (434 f.).

[74] Vgl. dazu aus der neueren Rechtsprechung nur BVerfG NVwZ 2015, 209 (211 f.) sowie jüngst BVerfG NVwZ 2022, 1113 (1116).

[75] Exemplarisch BVerwG NVwZ 2018, 433 (434 f.): „Die Zuweisung einer Aufgabe berechtigt grundsätzlich zur Informationstätigkeit im Rahmen der Wahrnehmung dieser Aufgabe, auch wenn dadurch Grundrechte Dritter berührt werden können. Der Vorbehalt des Gesetzes verlangt hierfür keine darüber hinausgehende besondere Ermächtigung durch den Gesetzgeber, es sei denn, die Maßnahme stellt sich nach Zielsetzung und Wirkungen als Ersatz für eine staatliche Maßnahme dar, die als Grundrechtseingriff im herkömmlichen Sinne zu qualifizieren ist. Durch die Wahl eines solchen funktionalen Äquivalents eines Eingriffs kann das Erfordernis einer besonderen gesetzlichen Grundlage nicht umgangen werden."

[76] BVerfG NJW 2011, 511. Kritische Auseinandersetzung bei Schoch 2011, S. 193.

[77] Siehe dazu BVerfG NJW 2011, 511.

[78] BVerfG NJW 2011, 511 (511 f.).

Erfolg und das Bundesverfassungsgericht maß dem Schreiben auch eine klar „herabsetzende Wirkung“ bei.[79] Eingeordnet wurde das Schreiben aber nicht als funktionales Eingriffsäquivalent, sondern „nur“ als Grundrechtsbeeinträchtigung, womit hier die Aufgabe der Staatsleitung das Informationshandeln grundsätzlich legitimieren konnte, ohne dass es darüber hinaus einer besonderen gesetzlichen Ermächtigung bedurfte.[80]

In der Entscheidung „Junge Freiheit“ erachtete das Bundesverfassungsgericht dagegen den in einem Verfassungsschutzbericht eines Landes enthaltenen Hinweis auf den Verdacht verfassungsfeindlicher Bestrebungen eines Presseverlags[81] als funktionales Eingriffsäquivalent[82] und verwies im Anschluss auf die Rechtfertigungsnotwendigkeit auf der Grundlage eines allgemeinen Gesetzes nach Art. 5 Abs. 2 GG. Eine ausdrückliche Abgrenzung zur „mittelbar-faktischen Grundrechtsbeeinträchtigung“ (die wiederum nach ständiger Rechtsprechung auf eine Aufgabenzuweisung gestützt werden hätte können) erfolgte allerdings nicht. Das Gericht formulierte hier insoweit knapp: „Maßgebend ist, ob der Schutzbereich eines Grundrechts berührt wird und ob die Beeinträchtigung einen Eingriff oder eine eingriffsgleiche Maßnahme darstellt. Das ist bei der Nennung der Beschwerdeführerin im Verfassungsschutzbericht zu bejahen.“[83] Da § 15 Abs. 2 des Verfassungsschutzgesetzes NRW als Befugnisnorm zur Verfügung stand, hatte die Aktivierung des grundrechtlichen Gesetzesvorbehalts im streitgegenständlichen Fall indes keine streitentscheidenden Konsequenzen.

Letzterer Umstand, also das Vorliegen einer gesetzlichen Ermächtigungsgrundlage für staatliches Informationshandeln, ist mittlerweile in vielen praktisch äußerst relevanten Bereichen wie etwa bei der Verbraucher-, Umwelt- und Produktinformation der Regelfall, weshalb die Grundentscheidung zwischen funktionalem Eingriffsäquivalent und mittelbar-faktischer Grundrechtsbeeinträchtigung ihre weichenstellende Funktion im Rahmen des Gesetzesvorbehalts weitestgehend verloren hat.[84] Hier liegen die entscheidenden verfassungsrechtlichen Fragen dann bei der Bestimmtheit der Regelung sowie ihrer Verhältnismäßigkeit.[85] Diese Ent-

---

[79] BVerfG NJW 2011, 511.

[80] BVerfG NJW 2011, 511 (512).

[81] Im Landesverfassungsschutzbericht NRW wurde die Wochenzeitung „Junge Freiheit“ ua als „rechtsextremistische Publikation“ bzw. „Organisation“ bezeichnet.

[82] BVerfGE 113, 63 (78).

[83] BVerfGE 113, 63 (76). Das Gericht stellt hier im Folgenden allerdings schon noch auf eine Besonderheit von Verfassungsschutzberichten ab, die „kein beliebiges Erzeugnis staatlicher Öffentlichkeitsarbeit“ darstellten und eine Veröffentlichung im Verfassungsschutzbericht deswegen „über die bloße Teilhabe staatlicher Funktionsträger an öffentlichen Auseinandersetzungen oder an der Schaffung einer hinreichenden Informationsgrundlage für eine eigenständige Entscheidungsbildung der Bürger“ hinausgehe, BVerfGE 113, 63 (77).

[84] Verwiesen sei z. B. auf § 40 LFGB (Information der Öffentlichkeit im Lebens- und Futtermittelbereich); § 69 Abs. 4 AMG (Öffentliche Warnung im Fall des Rückrufs eines Arzneimittels); § 26 Abs. 4 S. 2 ProdSG (Veröffentlichung von Marktüberwachungserkenntnissen im Produktsicherheitsportal).

[85] So auch bei den vorstehend vorgestellten Beschlüssen des BVerfG zur Verfassungsmäßigkeit von § 40 Abs. 1a LFGB und zur Nennung im Verfassungsschutzbericht.

wicklung zeigt nicht nur, dass die bundesverfassungsgerichtliche These der Nicht-Normierbarkeit staatlichen Informationshandelns nicht pauschal zutreffend sein kann.[86] Sie hat auch zu einer leichten Verlagerung in der grundrechtlichen Bewertung geführt. Da gesetzesakzessorisches Informationshandeln des Staates nunmehr in vielen grundrechtssensiblen Bereichen anzutreffen ist, werden Kommunikate, die keine Grundlage in den sachlich einschlägigen Vorschriften finden, auch häufiger als Grundrechtseingriffe angesehen, wobei dann deren Rechtmäßigkeit unter Hinweis auf die fehlende gesetzliche Grundlage verneint wird. So verhielt es sich beispielsweise mit der unter dem Motto „Sicher essen in Berlin" vom Land Berlin im Internet veröffentlichten Liste kontrollierter Gaststätten und Schankwirtschaften, die Minuspunkte für Hygienebeanstandungen und notenstufenartige Gesamtbewertungen auswies. Das VG Berlin stellte hier darauf ab, dass der Bereich staatlicher Information im Lebensmittelsektor inzwischen gesetzlich umfangreich geregelt, die streitgegenständliche Listenveröffentlichung hiervon aber gerade nicht gedeckt sei. Da das Gericht in der Liste einen klaren Akt staatlicher Lenkung erkannte, hielt es das Informationshandeln in Ermangelung einer dem grundrechtlichen Gesetzesvorbehalt genügenden Rechtsgrundlage dann für rechtswidrig.[87]

Bei noch nicht gesetzlich präformierter behördlicher Publikumsinformation liegt die grundrechtliche Problematik des Gesetzesvorbehalts davon unbeschadet aber immer noch offen. Bei produktbezogenen Regierungswarnungen, die zielgerichtet zu Lasten bestimmter Betroffener einen im öffentlichen Interesse erwünschten Erfolg herbeiführen sollen, hat jedenfalls das Bundesverwaltungsgericht aber mittlerweile entschieden, dass hier die durch die Landesverfassung zugewiesene Aufgabe der Staatsleitung keine hinreichende Grundlage bieten könne.[88] Und auch in Fällen, in denen Publikumsinformation von Fachbehörden einerseits regelmäßig und andererseits recht deutlich als verwaltungsrechtliches Steuerungsinstrument eingesetzt wird, überzeugt das bloße Abstellen auf die Sachkompetenz unter dem salvatorischen Hinweis auf die Nichtregelbarkeit der Materie zu Recht nicht mehr.

3 Aktuelle Herausforderung: Publikumsinformation in sozialen Netzwerken

Ohne spezielle gesetzliche Grundlage, dafür aber in stetig zunehmendem Maße, agieren Behörden auf sozialen Netzwerken. Zwei Konstellationen sollen zum Abschluss dieses Beitrags näher beleuchtet werden: Die Aktivitäten von Polizeibehörden auf dem Kurznachrichtendienst X (vormals Twitter) und die nutzer:innenoptimierte Öffentlichkeitsarbeit von Ministerien auf Facebook.

---

[86] Dazu schon Klement 2005, S. 507 ff.

[87] VG Berlin LKV 2013, 131 (132 f.).

[88] BVerwG PharmR 2015, 259 (261).

3.1 *Polizeiliche Öffentlichkeitsarbeit*

Vor allem die Polizei nutzt den Dienst X mittlerweile sehr ausgedehnt, um allgemein Imagearbeit zu betreiben, aber auch, um vor Gefahrenlagen zu warnen und von Einsätzen zu berichten. Sie macht sich dabei die Vorteile dieses Kommunikationswegs zu Nutze, die nicht zuletzt darin liegen, dass Informationen ebenso schnell wie weitreichend an eine potenziell unbegrenzte Rezipierendenzahl übermittelt werden können. Zu einiger Berühmtheit gelangt ist diesbezüglich der sog. „Türknauf des Todes"-Fall. Als Polizist:innen in Berlin Neukölln versuchten, einen Stadtteilladen zu räumen, glaubten sie zunächst, einer Stromfalle an einem Kellereingang des verbarrikadierten Objekts gewahr worden zu sein. Die Polizei Berlin verbreitete sodann postwendend unter ihrem damaligen Twitter-Account die Meldung: „Lebensgefahr für unsere Kolleg. Dieser Handknauf in der #Friedel54 wurde unter !Strom! gesetzt. Zum Glück haben wir das vorher geprüft." Auf einem dem Tweet beigefügten Foto war eine Kellertür zu sehen, sowie der Stecker eines Kabels. Retrospektiv stellte sich heraus, dass weder auf der Klinke noch auf dem Handlauf der Kellertreppe Strom lag. Die Löschung des Ausgangs-Tweets brachte angesichts der tausendfachen Weiterverbreitung auch in anderen Medien mit großer Reichweite wenig und die richtigstellende Mitteilung vom nächsten Tag konnte die Publizitätswirkung der Ausgangsmeldung nicht im Ansatz erreichen. Die von zwei Vertretern des Kollektivs Friedel 54 wegen einer möglichen Verletzung der Versammlungsfreiheit eingereichte Klage wurde zwar in Ermangelung eines Feststellungsinteresses abgewiesen. Grundrechtliches Unwohlsein aber bleibt, zeigt dieser Fall doch, dass die besondere Grundrechtssensibilität informationellen Handelns im Web 2.0 eben auch daher rührt, dass falsche oder irreführende Informationen, mögen sie auch nicht intendiert gewesen sein, kaum noch einzufangen sind. Angesichts der erschwerten Rückhol- oder Korrigierbarkeit der Information muss deshalb bereits vor der Veröffentlichung soweit wie möglich sichergestellt werden, dass die verbreiteten Informationen auch zutreffend sind. Im Zweifel muss von einer Live-Kommentierung polizeilicher Einsätze abgesehen werden, insbesondere dann, wenn ihr selbst kein gefahrenabwehrender Charakter zukommt und die allgemeine Imagepflege im Vordergrund steht. Auch der relativierende Verweis auf die dem Kommunikationsweg eigenen Schnellschüsse und Überspitzungen kann in Ansehung grundrechtlicher Bindungen nicht verfangen, zumal behördlichen Äußerungen immer noch besondere Dignität zugeschrieben wird und diese häufig unkritisch aufgenommen werden. Öffentliche Stellen publizieren nicht wie private Social-Media-Nutzende, sondern unterliegen hierbei, gerade auch was Sorgfaltspflichten angeht, besonderen öffentlich-rechtlichen Bindungen. Nicht zuletzt um hier die grundrechtliche Sensibilität zu erhöhen, können gesetzliche Grundlagen für pro-aktives polizeiliches Informationshandeln über Internetplattformen zur Unterstützung praktischer Handlungssicherheit nicht schaden.[89] Sie könnten dabei ins-

[89] Zu beachten sind hier natürlich auch gewichtige und durchaus weitreichende Einschränkung für die Kommunikation personenbezogener Daten. Die Informationserteilung kann personenbezogene Daten i. S. d. Art. 4 Nr. 1 DSGVO betreffen. Ist dies der Fall, muss die Verarbeitung mit den Anforderungen der DSGVO in Einklang stehen.

besondere die anzulegenden Sorgfaltspflichten für Kommunikationsumstände präformieren, die besonders fehleranfällig sind, wozu sicherlich auch die „Live-Berichterstattung" über (mutmaßliche) Gefahrenlagen zählt.[90]

3.2 *Microtargeting im Wahlkampf*

Zur Abrundung der Thematik wird abschließend noch ein Blick auf einen weiteren aktuelleren Streitpunkt staatlicher Publikumsinformation gerichtet, der die hier im Beitrag bisher noch nicht näher beleuchtete Facette der regierungsamtlichen Öffentlichkeitsarbeit mit (potenziell) wahlwerbendem Bezug betrifft. Nach ständiger Rechtsprechung folgt aus Art. 21 Abs. 1 GG i. V. m Art. 3 GG sowie Art. 38 GG der Grundsatz der Chancengleichheit der Parteien. Danach ist der Staat zwar nicht dazu angehalten, Wettbewerbsunterschiede zwischen den politischen Parteien auszugleichen. Er ist aber zur Neutralität im Umgang mit allen Parteien verpflichtet, deren Verfassungswidrigkeit nicht durch das Bundesverfassungsgericht festgestellt worden ist.[91] Während über den Umfang der parteipolitischen Neutralitätspflichten gerade in der jüngeren Vergangenheit mit Blick auf negativ konnotierte oder herabsetzende parteipolitische Äußerungen von Amtsträger:innen gestritten wurde,[92] gerät in dem Fall, um den es jetzt gehen soll, auch einmal wieder die andere Facette der Beeinträchtigung der Chancengleichheit der Parteien durch regierungsamtliche Öffentlichkeitsarbeit in den Blick: Die Verzerrung der Wettbewerbslage durch den Einsatz regierungsamtlicher und damit staatlicher Information zum Zwecke der Wahlwerbung für eine bestimmte Partei.

Konkret geht es um das vom Bundesministerium für Arbeit und Soziales sowie vom rheinland-pfälzischen Ministerium für Klimaschutz, Umwelt, Energie und

---

[90] Dazu, dass für die Rechtmäßigkeit einer Berichterstattung zum Einsatzgeschehen nicht wie sonst im Gefahrenabwehrrecht zulässig auf die ex-ante-Einschätzung der handelnden Beamt:innen abzustellen, sondern eine objektive Rechtmäßigkeitskontrolle anzulegen ist, siehe OVG Münster, NJW 2023, 1146. Dies ist auch folgerichtig, weil es bei den Veröffentlichungen nicht um Gefahrenabwehr geht.

[91] Die Neutralitätspflichten greifen nach bisheriger Rechtsprechung im Verhältnis staatlicher Hoheitsträger zu politischen Parteien (BVerfGE 44, 125; BVerfGE 138, 102; BVerfGE 138, 125), aber auch zu kommunalen Wählervereinigungen (BVerfGE 121, 108 [121]), und Einzelkandidat:innen bei Direktwahlen (BVerfGE 44, 125 (144), und gelten grundsätzlich auch für die Beteiligung kommunaler Organe am Diskurs (BVerwGE 104, 323 [326 f.]); BVerwG NVwZ 2018, 433 [435]). Streitig ist hier allerdings noch, ob diese Maßstäbe auch gegenüber zivilgesellschaftlichen Organisationen ohne Parteienstatus in Ansatz zu bringen sind. Das BVerwG lehnt dies zu Recht grundsätzlich ab, räumt allerdings ein, dass die Grenze zwischen Parteien und parteiähnlichen zivilgesellschaftlichen Gruppierungen im Einzelfall schwer zu ziehen sein und sich insoweit auch als relativierungsbedürftig darstellen kann, wenn sich diese Gruppierungen im Vorfeld einer Parteigründung befinden, BVerwG, NVwZ 2018, 433 (435).

[92] Vgl. dazu nur BVerfGE 136, 323; 138, 102; 148, 11; RhPfVerfGH NVwZ-RR 2014, 665; ThürVerfGh NVwZ 2016, 1408.

Mobilität im Vorfeld der Bundestagswahl 2021 praktizierte sog. Microtargeting[93] auf der Social Media Plattform Facebook. Hierunter ist eine Art „maßgeschneiderte" personalisierte Werbung zu verstehen, die – leicht vereinfacht – nach dem folgenden Muster funktioniert: Die Nutzenden geben über ihre Aktivitäten auf der Plattform zahlreiche Informationen über sich und ihre Vorlieben preis, die Facebook sammelt. Auf dieser Datengrundlage[94] ist es Facebook wiederum möglich, Werbebotschaften gezielt solchen Nutzenden zu übermitteln, in deren erkannten Interessenbereich die Anzeigen sehr wahrscheinlich fallen. Pointiert wird beim Microtargeting deshalb auch von „Überwachungswerbung" gesprochen. Große mediale Aufmerksamkeit erregte der Umstand, dass das mittlerweile aufgelöste britische Unternehmen Cambridge Analytica 2016 die Wahlkampagne von Donald Trump mit einer Microtargeting-Variante unterstützte, bei der zusätzlich zu den bei Facebook vorhandenen und dort abgegriffenen Daten[95] noch selbst generierte Datensätze verwendet wurden, die individualisierte psychologische Profile der Informationsadressat:innen enthielten. In großem Stil eingesetzt wurde Microtargeting aber schon im US-Präsidentschaftswahlkampf 2012 vom Team Barack Obamas.

Alle Parteien, die derzeit im Bundestag vertreten sind, haben im Bundestagswahlkampf 2021 auf Facebook Microtargetingvarianten genutzt.[96] Kurz vor der Bundestagswahl im September 2021 deckten dann Medienberichte auf, dass auch Bundes- und Landesministerien Informationen nach dem Microtargetingansatz auf Facebook ausspielen ließen und dafür öffentliche Mittel einsetzten. Das SPD-geführte Bundesministerium für Arbeit und Soziales wendete sich u. a. mit Ermutigungen, doch auch einmal das Fahrrad für den Weg zur Arbeit zu nutzen, gezielt an Nutzende, von denen Facebook wusste, dass sie sich für Politik und soziale Themen, Radfahren, Demokratie und die Sozialdemokratische Partei Deutschlands interessieren. Das rheinland-pfälzische Ministerium für Klimaschutz, Umwelt, Energie und Mobilität nutzte Microtargeting, um auf Facebook mit insgesamt 174 Beiträgen und Anzeigen gezielt Nutzende anzusprechen, bei denen aus den Gesamtumständen ihrer Aktivitäten geschlossen werden konnte, dass sie sich in besonderer Weise für Naturschutz, ökologische Landwirtschaft, Zero waste oder für die Partei Bündnis 90/Die Grünen[97] interessieren. Personen mit diesen Zielgruppenmerkmalen wurden dann in ihrem News-Feed etwa darüber unterrichtet, dass die Staatssekretärin *Eder* am Aktionstag „Rein in den Wald, raus mit dem Müll" teilgenommen und die Klimaschutzministerin *Spiegel* in einer Rede im Bundesrat mehr Anstrengungen bei der Minderung von Treibhausgasen eingefordert hat.[98] Von der vor-

[93] Grundlegend zum politischen Microtargeting Zuiderveen et al. 2018.

[94] Näher zu den verwendeten Datensätzen Gafus 2022, S. 286.

[95] Wie genau dieser Datenabfluss stattgefunden hat, ist immer noch unklar.

[96] Zu einzelnen Beispielen vgl. Gafus 2022, S. 287.

[97] Ungefähr drei Viertel der Anzeigeplatzierungen enthielten das Zielgruppenmerkmal Bündnis90/Die Grünen.

[98] https://www.facebook.com/ads/library/?active_status=all&ad_type=political_and_issue_ads&country=DE&id=779728956071991&view_all_page_id=287620881589935&search_type=page&media_type=all (letzter Zugriff: 09.02.2024).

handenen Ausschlussfunktion machte das Klimaschutzministerium ebenfalls Gebrauch und wählte hierfür Zielgruppenmerkmale wie Bauer, Agrarwirtschaft und „Politische Linke“.[99]

Selbst wenn in solchen oder vergleichbaren Fällen die relevanten Informationen auch zusätzlich auf alternativen Wegen (Webseiten, Pressemitteilungen, Newsletter etc.) abrufbar sind und damit kein Fall ausschließlich selektiver Ausspielung vorliegt (sog. dark ads), keine parteilich werbenden Aussagen ausgespielt werden und die Auswahl der Adressat:innen nur unter Einschluss- und nicht unter Ausschlusskriterien erfolgt: Bei einer parteipolitisch motivierten Zielgruppenauswahl für staatliche Informationstätigkeit auf einem Kommunikationsweg, der angesichts der begrenzten Ressource Aufmerksamkeit eine erhebliche Schleusen- und Konzentrationsfunktion aufweist, ergibt sich hier die unzulässig parteiergreifende Wirkung auch für sich betrachtet neutraler Information schon aus der Form ihrer Verbreitung. Hier ist vermeintlich neutrale Information auf einen ganz bestimmten Adressat:innenenkreis ausgerichtet, während die informatorischen Beiträge für die allgemeine Öffentlichkeit in den Wogen der digitalen Informationsfluten untergehen, falls sie denn, den Nachteilen des Gießkannenprinzips geschuldet, überhaupt angekommen wären. Hätten alle Parteimitglieder von Bündnis90/Die Grünen jeden Tag ein neues Informationsschreiben des Klimaschutzministeriums im Briefkasten, würde – auch angesichts der diesbezüglichen Rechtsprechung des Bundesverfassungsgerichts[100] – nicht lange darüber nachgedacht, ob hier ein Fall von regierungsamtlicher Öffentlichkeitsarbeit vorliegt, der die Grenze zur Wahlwerbung überschreitet. Die Sache ist angesichts des Zuschnitts staatlicher Öffentlichkeitsarbeit auf bestimmte parteinahe Zielgruppen zu offensichtlich.

Die betreffenden Ministerien haben die beschriebene Praxis mittlerweile eingestellt. Zu einer gerichtlichen Aufarbeitung ist es zuvor soweit ersichtlich nicht gekommen. Ein vom rheinland-pfälzischen Ministerium in Auftrag gegebenes Gutachten vom März 2022 ist zu dem Schluss gekommen, dass die grundsätzliche Nutzung von Microtargeting auch für die Öffentlichkeitsarbeit des Ministeriums möglich, und sogar durch die Haushaltsgrundsätze der Sparsamkeit und Wirtschaftlichkeit geboten sei, solange nicht einzelne Parteien oder die Regierung als solche in ein besonders gutes oder schlechtes Licht gerückt werden.[101] Dabei wird darauf verwiesen, dass das Bestreben, mit möglichst wenigen Ressourcen möglichst viele an einer Botschaft interessierten Empfänger zu erreichen, zum Standardrepertoire jeglicher (auch staatlicher) Öffentlichkeitsarbeit gehöre und das Internet nun nur die Möglichkeiten böte, hier die Technik zu verfeinern. Da diese „Verfeinerung“ in einer datengetriebenen Kommunikation liegt, die Manipulationspotenzial[102] für den politischen Diskurs birgt, kann es beim Verweis auf Effizienz- und Sparsamkeitserwägungen beim Einsatz von Microtargeting durch öffentliche Stellen aber sicher nicht sein Bewenden haben.

---

[99] Vgl. zum Nachvollzug des dargestellten Sachverhalts Lehr et al. 2022, S. 4 ff.

[100] Vgl. dazu schon BVerfGE 44, 125; 63, 230.

[101] Lehr et al. 2022, S. 27 ff.

[102] Dazu ausführlich Zuiderveen Borgesius et al. 2018.

Auf unionaler Ebene wird politischem Microtrageting seit dem Inkrafttreten des Digital Services Act[103] gerade auch in Anerkennung seiner möglichen demokratieschädlichen Effekte mit Transparenzvorschriften für Werbeanzeigen begegnet. Nach Art. 26 DSA, der für sehr große Online-Plattformen bereits im Laufe des Jahres 2023, ansonsten ab dem 27. Februar 2024 Geltung erlangt hat, muss der Anbieter von Online-Plattformen sicherstellen, dass Nutzende für jede einzelne Werbung,[104] die ihnen dargestellt wird, in der Lage sind, in klarer, präziser und eindeutiger Weise und in Echtzeit zu erkennen, dass es sich um Werbung handelt, die Person, in deren Namen die Werbung angezeigt wird oder die sie finanziert hat, sowie Informationen darüber, welchen Nutzenden die Werbung warum angezeigt wird. Ferner ist nunmehr klargestellt, dass die Anbieter von Online-Plattformen ihren Nutzenden keine Werbung anzeigen dürfen, die auf Profiling unter Verwendung besonderer Kategorien personenbezogener Daten[105] beruht. Daneben wird zukünftig auch eine Verordnung über die Transparenz und das Targeting politischer Werbung erstmals EU-weite dezidierte Regeln für Online-Wahlwerbung aufstellen.[106] Damit dürfte dem Missbrauchspotenzial des Microtargeting die Spitze genommen sein. An die verfassungsrechtlichen Grenzen regierungsamtlicher Öffentlichkeitsarbeit müssen sich die staatlichen Stellen freilich davon unbeschadet halten.

Literatur

van Aaken A (2016) Constitutional limits to paternalistic nudging: a proportionality assessment. Nomos, Baden-Baden

Augsberg I (2014) Informationsverwaltungsrecht. Mohr Siebeck, Tübingen

Bäcker M (2016) Konsumrelevante Veröffentlichungen von Behörden. Juristenzeitung 71:595–603

Barczak T (2015) Die parteipolitische Äußerungsbefugnis von Amtsträgern. Neue Z Verwaltungsrecht 34:1014–1020

Conrad C, Grünewald S, Kalscheuer F, Milker J (2022) Handbuch Öffentlich-rechtliches Äußerungsrecht. C.H. Beck, München

---

[103] Verordnung (EU) 2022/2065 des Europäischen Parlaments und des Rates vom 19. Oktober 2022 über einen Binnenmarkt für digitale Dienste und zur Änderung der Richtlinie 2000/31/EG, ABl. EU 2022, L 277, 1.

[104] Unter Werbung sind gem. Art. 3 lit. r) DSA alle Informationen anzusehen, die dazu bestimmt sind, die Botschaft einer juristischen oder natürlichen Person zu verbreiten, unabhängig davon, ob damit gewerbliche oder nichtgewerbliche Zwecke verfolgt werden.

[105] Bezug genommen wird hier auf Art. 9 Abs. 1 DSGVO. Hierzu zählen personenbezogene Daten, aus denen die rassische und ethnische Herkunft, politische Meinungen, religiöse oder weltanschauliche Überzeugungen oder die Gewerkschaftszugehörigkeit hervorgehen, sowie Gesundheitsdaten oder Daten zum Sexualleben oder der sexuellen Orientierung einer natürlichen Person.

[106] Verordnung (EU) 2024/900 des Europäischen Parlaments und des Rates vom 13. März 2024 über die Transparenz und das Targeting politischer Werbung, ABl. L 2024/900, 1. Der finale Text lag zum Zeitpunkt der Abfassung des Beitrags noch nicht öffentlich vor.

Engel (2006) § 80 Öffentlichkeitsarbeit. In: Isensee J, Kirchhof P (Hrsg) Handbuch des Staatsrechts, 3. Aufl. C.F. Müller, Heidelberg
Gafus T (2022) Microtargeting staatlicher Stellen. AfP 53:285–293
Gärditz KF (2020) Mittelbare Publikumsinformation im Verbraucherinformationsrecht. Lebensmittel & Recht 24:62–68
Gawlas J, Pichl M, Röhner C (2015) Die Deutungsmacht der Polizei – Verfassungsrechtliche Probleme des Twitterns durch die Frankfurter Polizei. Z Landes- und Kommunalrecht Hessen 9:363–369
Gerg S (2019) Nudging. Verfassungsrechtliche Maßstäbe für das hoheitliche Einwirken auf die innere Autonomie des Bürgers. Mohr Siebeck, Tübingen
Gusy G (2000) Verwaltung durch Information. Empfehlungen und Warnungen als Mittel des Verwaltungshandelns. Neue Juristische Wochenschrift 53:977–986
Huber PM (2003) Die Informationstätigkeit der öffentlichen Hand – ein grundrechtliches Sonderregime aus Karlsruhe? Juristenzeitung 58:290–297
Hufen F (2020) Nudging. Rechtsformen, Möglichkeiten und Grenzen der sanften Beeinflussung des Menschen durch den Staat. Juristische Schulung 60:193–199
Ingold A (2011) Desinformationsrecht: Verfassungsrechtliche Vorgaben für staatliche Desinformationstätigkeit. Dunker & Humblot, Berlin
Ingold A (2017) „Polizei 2.0“: Grenzen der behördlichen Öffentlichkeitsarbeit in sozialen Netzwerken. Verwaltungsarchiv 108:240–265
Jestaedt M (1993) Demokratieprinzip und Kondominialverwaltung. Duncker & Humblot, Berlin
Kahl W (2004) Vom weiten Schutzbereich zum engen Gewährleistungsgehalt: Kritik einer neuen Richtung der deutschen Grundrechtsdogmatik. Der Staat 43:167–202
Kaiser A-B (2009) Die Kommunikation der Verwaltung. Nomos, Baden-Baden
Klement J (2005) Der Vorbehalt des Gesetzgebers für das Unvorhersehbare. Argumente gegen zu viel Rücksicht auf den Gesetzgeber. Die Öffentliche Verwaltung 58:507–515
Kluth K (2022) Art. 21 GG. In: Epping V, Hillgruber C (Hrsg) BeckOK Grundgesetz, 53. Aufl. C.H. Beck, München
Krönke C (2016) Datenpaternalismus. Der Staat 55:319–351
Lehr G, Johann C, Gafus T (2022) Zulässigkeit des Microtargetings durch das Klimaschutzministerium des Landes Rheinland-Pfalz auf Facebook. Gutachterliche Stellungnahme. https://dokumente.landtag.rlp.de/landtag/vorlagen/1519-V-18.pdf. Zugegriffen am 09.02.2024
Lenski S-C (2008) Staatliches Informationshandeln als Grundrechtseingriff. ZJS 1:13–17
Mandelartz H (2009) Öffentlichkeitsarbeit der Regierung – Begriff, Instrumente und Begrenzungen in der Vorwahlzeit. Die Öffentliche Verwaltung 62:509–517
Mast T (2020) Staatsinformationsqualität. Dunker & Humblot, Berlin
Möstl M (2015) Hoheitliche Verbraucherinformation – Grundfragen und aktuelle Entwicklungen. Lebensmittel & Recht 19:185–192
Ossenbühl F (2011) Verbraucherschutz durch Information. Neue Z Verwaltungsrecht 30:1357–1363
Rossi M (2020) Anmerkung zu BVerwGE 166, 233. Juristenzeitung 75:573–577
Schoch F (2011) Die Schwierigkeiten des BVerfG mit der Bewältigung staatlichen Informationshandelns. Neue Z Verwaltungsrecht 30:193–198
Schoch F (2014) Amtliche Publikumsinformation im Spiegel der Rechtsprechung. Verwaltungsblätter für Baden-Württemberg 35:361–369
Spieker gen. Döhmann I (2000) Wissensverarbeitung im Öffentlichen Recht. Rechtswissenschaft 1:247–282
Voßkuhle A, Kaiser A-B (2018) Grundwissen – Öffentliches Recht: Informationshandeln des Staates. Juristische Schulung 58:343–345
Wolff J (2015) Eine Annäherung an das Nudge-Konzept nach Richard H. Thaler und Cass R. Sunstein aus rechtswissenschaftlicher Sicht. Rechtswissenschaft 6:194–222
Wolff J (2021) Anreize im Recht. Mohr Siebeck, Tübingen

Wollenschläger F (2018) Die Verbraucherinformation vor dem BVerfG. Juristenzeitung 73:980–987
Wollenschläger F (2021) Multiplikatoren als Herausforderung für die Informationsfreiheit und das Verbraucherportal „Topf Secret". Duncker & Humblot, Berlin
Zuiderveen Borgesius JJ, Möller J, Kruikemeier S, Ó Fathaigh R, Irion K, Dobber T, Bodo B, de Vreese C (2018) Online political microtargeting: promises and threats for democracy. Utrecht L Rev 14:82–96

Prof. Dr. Eva Ellen Wagner ist Inhaberin der Professur für Öffentliches Recht an der Universität Augsburg.

Mittelbare Verhaltenssteuerung und ihre Wirkung in der Corona-Pandemie

Walther Michl

Zusammenfassung Der Beitrag beleuchtet, welche Formen der mittelbaren Verhaltenssteuerung in der Bewältigung der Corona-Pandemie eine Rolle spielten. Dabei stehen die Steuerung durch Kommunikation, die Steuerung durch finanzielle Anreize und das Verhältnis zu imperativen Eingriffen im Mittelpunkt. Im Ergebnis werden alle eingesetzten Instrumente als grundsätzlich legitim betrachtet, ihre juristische Relevanz aber differenziert eingeschätzt. Rein kommunikative Maßnahmen erreichen oft schon die Schwelle zum Grundrechtseingriff nicht, und finanzielle Maßnahmen unterliegen regelmäßig nur einer oberflächlichen Kontrolle am Maßstab des Gleichheitssatzes. Je näher die mittelbare Verhaltenssteuerung an die imperative Steuerung rückt, desto engmaschiger muss die juristische Bindung und dementsprechend die gerichtliche Überprüfung ausfallen. Eine wichtige Rolle kommt dabei dem Kohärenzgebot zu, das auch bei großen Spielräumen der Exekutive eine rationale Ausrichtung an den verfolgten legitimen Gemeinwohlzielen sicherstellt.

1 Rechtstatsächliche Ausgangslage

Die Bekämpfung der COVID-19-Pandemie stellte das Gefahrenabwehrrecht der Bundesrepublik Deutschland wegen der zu ihrer Eindämmung eingesetzten flächendeckenden und intensiven Eingriffe vor die größte Herausforderung seiner Geschichte.[1] Den Entscheidungsträgern fehlte es an Erfahrungswerten, wie man eine globale Pandemie, die auch durch symptomlos infizierte Personen weitergetragen wird, wirksam bekämpft. Auch die Virusevolution stellte sich immer wieder als dynamisch dar, sodass die Maßnahmen an die jeweils dominanten Varianten

[1] Lepsius 2021, S. 730.

W. Michl (✉)
Fakultät für Wirtschafts- und Organisationswissenschaften, Universität der Bundeswehr, Neubiberg/München, Deutschland
E-Mail: walther.michl@unibw.de

M. W. Müller (Hrsg.), *Mittelbare Verhaltenssteuerung – Konzept, Wirkungen, Kritik*,
https://doi.org/10.1007/978-3-662-69010-9_7

anzupassen waren. In diesem Rahmen herrschte bereits hinsichtlich der übergeordneten Ziele („nur" die Kurve der Neuinfektionen flach halten und so die Überlastung des Gesundheitssystems vermeiden oder – darüber hinaus – konsequent jede Ansteckung vermeiden, um vulnerable Gruppen vor schwerer Krankheit und Tod zu schützen) keine Klarheit.[2] Trotzdem herrschte ein relativ breiter Konsens, dass Tröpfchenübertragungen im direkten Nahkontakt und aerosolgetragene Übertragungen in geschlossenen Räumen (insb. „Superspreading-Events") weitgehend verhindert werden sollten.[3] Dementsprechend naheliegend waren die unmittelbar an den relevanten Gefahrenquellen ansetzenden Maßnahmen wie Maskenpflichten und die Untersagung von Großveranstaltungen in geschlossenen Räumen, obgleich sich auch hier im Detail über vieles trefflich streiten ließ. Auf deutlich weniger breite Akzeptanz stießen die – vor allem zu Beginn der Pandemie und später in Hochinzidenzzeiten – weitreichenden, aber schlecht kontrollierbaren Beschränkungen des Verhaltens im privaten Bereich. Zudem war – vor allem bei sinkenden Inzidenzen – stets umstritten, wie die richtige Balance zwischen Lockerungen und fortbestehenden Maßnahmen zu finden war, um einen Kontrollverlust zu vermeiden.[4]

Diese Unsicherheit schlug auch auf die Rechtsprechung durch. Wegen der geringen Halbwertszeit der meisten Maßnahmen mussten viele Verfahren im Wege des einstweiligen Rechtsschutzes (zumindest rechtstatsächlich) eine endgültige Entscheidung über die Maßnahmen herbeiführen. In diesem Rahmen hatten die Gerichte im Wesentlichen zu überprüfen, inwiefern der Gesetzgeber den ihm zustehenden Einschätzungs- und Prognosespielraum in vertretbarer Weise ausgeübt hat.[5] Als Voraussetzung hierfür wurde der Maßstab etabliert, dass die getätigte Prognose auf einer „hinreichend gesicherten Grundlage beruht",[6] wobei Grenzen der Erkenntnismöglichkeiten zur Erweiterung der Einschätzungsprärogative und der Gestaltungsspielräume führten.[7] Da die Exekutive mit ihren nachgeordneten Fachbehörden und zahlreichen formellen wie informellen Konsultationskanälen notwendigerweise einen erheblichen Informationsvorsprung vor den Gerichten hatte, die unter Zeitdruck nach Aktenlage entscheiden mussten, wurden die virologischen und epidemiologischen Grundannahmen meist übernommen und auch den gerichtlichen Entscheidungen zugrunde gelegt.[8] Dementsprechend gering war oft der rechtswissenschaftliche Ertrag von Beschlüssen, die die typische Abwägung zwi-

---

[2] Vgl. zur unklaren Kommunikation bzgl. der Maßnahmenziele Leisner-Egensperger 2021, S. 914; Lepsius 2021 S. 761; Seiler 2021, S. 925; differenziert dazu Ruschemeier 2021, S. 457 f.

[3] Vgl. z. B. BT-Drucks 20/3850, S. 86.

[4] Balbach, Coronavirus: Warum Du jetzt handeln musst v. 12.03.2020 (https://medium.com/@maxbalbach/coronavirus-warum-du-jetzt-handeln-musst-fb26b1ccb207, letzter Zugriff 09.02.2024).

[5] BVerfG, NVwZ 2022, 950 (Rn. 204).

[6] Ebd.

[7] Kersten und Rixen 2020, S. 49; vgl. auch Harbarth 2022, S. 161 f.

[8] Gärditz 2021, S. 2763; Lepsius 2021, S. 746; Ruschemeier 2021, S. 460; Seiler 2021, S. 929; empirisch unterfüttert von Klafki 2021, S. 589 ff.; Kruse und Langner 2021, S. 3711 f.; vgl. z. B. OLG Hamm, BeckRS 2020, 42710 (Rn. 25); VG München, BeckRS 2020, 31861 (Rn. 56 f.); OLG Bautzen, BeckRS 2021, 41570 (Rn. 38 ff.); OLG Bautzen, BeckRS 2021, 11964 (Rn. 73).

schen Individualrechten und Gesundheitsschutz im Kontext der unmittelbaren Vermeidung als riskant eingestuften Verhaltens, also z. B. die grundsätzliche Zulässigkeit von Kontaktverboten, zum Gegenstand hatten.[9]

Unmittelbar am epidemiologischen Problempunkt ansetzende Regelungen stießen jedoch v. a. unter zwei Gesichtspunkten an faktische Grenzen: Zum einen betrafen sie in erheblichem Maße die Privat-, teilweise sogar Intimsphäre, in der eine effektive Überwachung auf rechtsstaatlich vertretbare, verhältnismäßige Weise nicht möglich war; zum anderen führten die Öffnungen nach der ersten Phase der Pandemie dazu, dass die Unterscheidung zwischen zulässigen und unzulässigen Kontakten diffuser wurde, die durchschnittliche Zahl der Kontakte zwischen Menschen stieg und damit einhergehend die Akzeptanz der verbleibenden Einschränkungen unter Druck geriet.[10]

2 Formen mittelbarer Verhaltenssteuerung

Vor diesem Hintergrund zeigten sich zwei Tendenzen: Zum einen wollte der Staat die Bürger – jenseits von Befehl und Zwang – durch Anreize dazu bringen, sich wie erwünscht zu verhalten und auf ihre Umgebung entsprechend einzuwirken.[11] Als typische Formen einer solchen mittelbaren Verhaltenssteuerung[12] lassen sich die Steuerung durch Kommunikation und die Steuerung durch finanzielle Anreize nennen. Zum anderen wich er – innerhalb der Logik von Befehl und Zwang – auf Maßnahmen aus, die nicht direkt an der Gefahrenquelle ansetzten, sondern den tatbestandlichen Anknüpfungspunkt zeitlich oder räumlich zu einem per se unbedenklichen Verhalten verlagerten. Dies lässt sich als mittelbarer imperativer Eingriff bezeichnen. Zudem lässt sich erkennen, dass es einen Einfluss auf die Rechtmäßigkeit der unmittelbaren imperativen Steuerung hatte, ob ein Aspekt der mittelbaren Verhaltenssteuerung damit verbunden war. Auf all diese Aspekte soll im Folgenden ein Schlaglicht geworfen werden.

2.1 Steuerung durch Kommunikation

Die Steuerung durch Kommunikation ist die offensichtlichste Art der nichtimperativen Verhaltenssteuerung. Hierunter fällt nicht nur die fachliche Aufklärung durch zuständige Fachorgane wie die Pressekonferenzen des Robert-Koch-Instituts,

---

[9] Vgl. nur die quantitative Analyse von Kruse und Langner 2021, S. 3707 sowie die kritische Einordnung bei von Frankenberg 2021, S. 1428; Lepsius 2021, S. 758 ff.

[10] Vgl. Seiler 2021, S. 925.

[11] Vgl. zum Anreizbegriff Wolff 2020, S. 7 ff.

[12] Ähnlich auch Kruse und Maturana 2021, S. 1669 f.; zur mittelbaren Verhaltenssteuerung durch Impfpflicht Boehme-Neßler 2021 S. 1241.

sondern auch die Simplifizierung von Verhaltensweisen mit der Einführung der sog. „AHA(+L+A)-Formel", durch die die Bürger eine einfach zu merkende Checkliste für die grundlegenden Schutzmaßnahmen wie das Abstandhalten und das Tragen von Masken an die Hand bekamen.[13]

2.1.1 Aufbau sozialer Normen zur Einhaltung schwer kontrollierbarer imperativer Maßnahmen

An diese Verhaltensweisen wurden die Bürger mittels einer deutschlandweiten Marketing-Kampagne erinnert. Hierzu zählten Aufkleber auf Eingangstüren, Poster auf Litfaßsäulen, Hinweise in der Corona-Warn-App sowie Werbespots, die im Fernsehen und im Internet geschaltet wurden.[14]

Daneben wurden die Bürger durch Appelle zu bestimmten Verhaltensweisen motiviert, wie insbesondere in der Fernsehansprache von Angela Merkel am Anfang der Pandemie. Darin forderte die damalige Bundeskanzlerin die Bevölkerung auf, den Ernst der Lage wahrzunehmen und sich gegenseitig durch Abstand zu schützen.[15] Dies traf mitunter auch auf Kritik, da unterstellt wurde, es solle durch Angst Normenkonformität erzeugt werden.[16]

2.1.2 Sehr eingeschränkte Rechtmäßigkeitskontrolle

Gerichtlich wurden rein kommunikative Maßnahmen nur vereinzelt überprüft.[17] Exemplarisch für die unterschiedlichen Wertungsmöglichkeiten steht die Auseinandersetzung um die „dringende Empfehlung" zum Tragen eines Mund-Nasen-Schutzes entsprechend dem Hygieneplan eines hessischen Gymnasiums. Das VG Wiesbaden gab dem Eilantrag eines Achtklässlers, bestimmte Empfehlungen des Hygieneplans der Schule nicht befolgen zu müssen, noch statt. Sein Kernargument war, dass es für diese dringende Empfehlung keine Rechtsgrundlage gegeben habe; denn wenn die Verordnung, auf der der Hygieneplan fußte, keine Pflicht zum Tragen eines Mund-Nasen-Schutzes normiert habe, so könne die Schule dies nicht selbstständig

[13] Bundesregierung, „Mit der AHA+A-Formel gegen Corona", abrufbar unter https://www.bundesregierung.de/breg-de/themen/coronavirus/aha-a-formel-1774474, letzter Zugriff 09.02.2024; vgl. zu deren akzeptanzstiftendem Wert Klafki 2023, S. 1343; Seiler 2021, S. 930 f.

[14] Wiening, Werbespot der Bundesregierung für Corona-Maßnahmen polarisiert, Westfälische Nachrichten v. 16.11.2020 (https://www.wn.de/specials/netzteile/werbespot-der-bundesregierung-fur-corona-massnahmen-polarisiert-790270, letzter Zugriff 09.02.2024).

[15] Ansprache der damaligen Bundeskanzlerin Dr. Angela Merkel v. 18.03.2020, abrufbar unter https://www.ardmediathek.de/video/ard-sondersendung/merkels-tv-rede-zur-corona-krise-es-ist-ernst-nehmen-sie-es-auch-ernst/das-erste/Y3JpZDovL2Rhc2Vyc3RlLmRlL2FyZC1zb25kZXJzZW5kdW5nL2FkMGI4YjA3LThkMGQtNGZjZi04MDA2LWJhOWY5ODUyODkyMA (letzter Zugriff 09.02.2024).

[16] Bach 2021; Boehme-Neßler 2021, S. 1244.

[17] StGH Hess BeckRS 2021, 11 (Rn. 40); OVG Greifswald BeckRS 2021, 14212 (Rn. 15).

verlangen. Insofern sei die entsprechende dringende Empfehlung – die im Übrigen gerade keinen Verwaltungsakt darstelle – rechtswidrig.[18]

Der VGH Kassel stellte sich demgegenüber in zweiter Instanz auf den Standpunkt, dass eine dringende Empfehlung keinen Eingriffscharakter in grundrechtlich geschützte Rechtspositionen des Schülers aufweise, da ihre Nichtbefolgung kein pflichtwidriges Verhalten darstelle und nicht an Sanktionen geknüpft sei.[19] Diese Linie eröffnet freilich in Kombination mit der Pflicht zur Anwesenheit im Unterricht die Möglichkeit, kommunikativen Druck bis hin zur Stigmatisierung in der Peer-Group aufzubauen, ohne dass es effektiven Rechtsschutz gibt. Die Grenze zieht der VGH, „wenn die Äußerung lediglich vom Wortlaut her in die Form einer Empfehlung gekleidet worden ist, in Wirklichkeit aber den Anspruch auf Befolgung enthält und auch vom Empfängerhorizont so verstanden werden muss".[20]

2.2 *Steuerung durch finanzielle Anreize*

Eine weitere Form der indirekten Verhaltenssteuerung in der Corona-Zeit bestand aus finanziellen Anreizen, sei es in Form der Befreiung von gewöhnlich anfallenden Kosten oder durch positive finanzielle Unterstützung. Hierzu gibt es zahlreiche Beispiele: Die weiteste Streubreite hatte die Bereitstellung von kostenlosen Bürgertests, um die Testrate innerhalb der Bevölkerung zu steigern. Aufgrund der wirtschaftlichen Existenzgefährdung von Unternehmen vieler Branchen aufgrund der eingeführten Schutzmaßnahmen wurde nicht nur das Kurzarbeitergeld großzügig ausgeweitet, um auch Arbeitnehmer vor den weitreichenden Konsequenzen von Betriebsschließungen zu schützen, sondern den Unternehmen wurden auch Überbrückungshilfen angeboten.[21] Der Hauptzweck lag insoweit darin, den materiellen Druck der imperativen Maßnahmen zur Pandemiebekämpfung abzuschwächen. Es diente aber auch der indirekten Verhaltenssteuerung, da die Akzeptanz und die Befolgung der direkten Maßnahmen gesteigert wurden, indem in den meisten Fällen keine existenziellen finanziellen Bedrohungen damit verbunden waren.

Über juristische Grenzen dieses Ansatzes wurde kaum diskutiert. Auf EU-Ebene musste die Vereinbarkeit der Programme – gegen den Widerstand weniger finanzstarker Mitgliedstaaten, die sich zu vergleichbaren Leistungen nicht in der Lage sahen – mit dem EU-Beihilfenrecht abgesichert werden, was früh und umfangreich gelang.[22] Im innerstaatlichen Bereich wurden nur vereinzelt Lücken in den

[18] VG Wiesbaden, BeckRS 2020, 23026 (Rn. 31 ff.).

[19] VGH Kassel, BeckRS 2020, 26416 (Rn. 13 ff.).

[20] VGH Kassel, a. a. O., Rn. 15 im Anschluss an BVerwGE 53, 106 (110 f.).

[21] Eckpunkte „Überbrückungshilfe für kleine und mittelständische Unternehmen, die ihren Geschäftsbetrieb im Zuge der Corona-Krise ganz oder zu wesentlichen Teilen einstellen müssen" der Bundesregierung vom 12.06.2020, abrufbar unter https://www.bmwk.de/Redaktion/DE/Downloads/E/eckpunkte-ueberbrueckungshilfe.html (letzter Zugriff 09.02.2024).

[22] EU-Kommission, Mitteilung 2020/C 91 I/01 vom 20.03.2020.

Förderprogrammen auch als Gleichheitsproblem wahrgenommen.[23] Beispielsweise erhielten reine Gaststätten in der Regel Überbrückungshilfen, während Brauereigasthöfen solche Beihilfen anfänglich nicht zustanden, da diese durch den Braubetrieb eine weitere Einkommensquelle hatten[24] – auch wenn es sich nur um eine Nebeneinnahmequelle handelte, wie es häufig der Fall ist im ländlichen Bereich. Da insoweit Zeitdruck herrschte und die Erwirkung einstweiliger Anordnungen des Inhalts, dass ein Anspruch auf Beihilfezahlungen bestehe, nicht realistisch erschien, wurde die Gleichheitsproblematik im Ergebnis nur als Argument verwendet, um auf politischer Ebene die Ausweitung der Förderprogramme zu erreichen.[25]

Im Gegenzug wurden Belastungen für Unternehmen, die von den Umständen der Pandemie besonders profitierten, zwar vereinzelt diskutiert, aber letztlich nicht eingeführt. Beispielsweise sollte eine Paket- bzw. Versandsteuer der Verlagerung des Einkaufsverhaltens vom stationären zum Online-Handel entgegenwirken.[26] Argumentiert wurde damit, dass Onlinehändler wie Amazon und Zalando sehr von der Infrastruktur profitierten, aber keine entsprechende Abgaben hierfür zahlten.[27] Dies wurde jedoch ebenso wie die Vorschläge für staatliche Impfprämien oder eine Impflotterie nie ernsthaft verfolgt.

2.3 *Mittelbare imperative Eingriffe*

Mittelbare imperative Eingriffe sind Maßnahmen, die die Ausübung eines bestimmten Rechts in beträchtlicher Weise mindestens erschweren, ohne das eigentlich als gefährlich identifizierte Verhalten selbst zu verbieten oder einzuschränken.

2.3.1 Negative Anreize zur Vermeidung von Reisen

Zum Beispiel wurden nicht zwingende Geschäftsreisen (ins Ausland) oder Urlaubsreisen de facto unterbunden, indem die Reisenden (unter Umständen, je nach Pandemiephase kostenpflichtige) Tests vor Einreise zur Quarantänevermeidung

[23] VG Düsseldorf BeckRS 2022, 26217 (Rn. 25 f.); VG München BeckRS 2023, 8026 (Rn. 17 f.).

[24] „‚Unglaubliche Ungerechtigkeit': Brauereigasthöfe erhalten keine Corona-Hilfen" v. 05.02.2021, abrufbar unter https://www.nordbayern.de/region/neumarkt/unglaubliche-ungerechtigkeit-brauereigasthofe-erhalten-keine-corona-hilfen-1.10814347 (letzter Zugriff 09.02.2024).

[25] Gemeinsame Pressemitteilung der Bayerischen Staatskanzlei und des Bundesministeriums für Wirtschaft und Energie v. 17.03.2021, abrufbar unter https://www.bmwk.de/Redaktion/DE/Pressemitteilungen/2021/03/20210317-verbesserungen-fuer-angeschlossene-gaststaettenbetriebe-bei-november-und-dezemberhilfe-erzielt.html (letzter Zugriff 09.02.2024).

[26] „Kommunalverbände für Sondersteuer auf Online-Bestellungen" v. 05.10.2021, abrufbar unter https://www.zeit.de/news/2021-10/05/kommunalverbaende-fuer-sondersteuer-auf-online--bestellungen (letzter Zugriff 09.02.2024).

[27] Ebd.

vorzeigen mussten; hierfür hat ein Heimtest in der Regel nicht ausgereicht.[28] Ob ein Test oder gar eine Absonderung bei der Rückkehr verpflichtend war, hing von der Frage ab, ob es sich bei dem Reiseziel um ein bestimmtes Risiko- oder ein Virusvariantengebiet handelte.[29] Die Ausweisung solcher Risikogebiete konnte mitunter auch kurzfristig, d. h. auch nach der Hin-, aber vor der Rückreise, erfolgen, sodass stets mit Unannehmlichkeiten bei der Rückkehr zu rechnen war.[30] Dementsprechend bestanden erhebliche Anreize, zumindest nicht ins Ausland zu reisen.

2.3.2 Gerichtliche Kontrolle

Vereinzelt fand eine Rationalitätskontrolle in Bezug auf die Einreisebestimmungen statt. Das OVG Münster entschied etwa im Rahmen des einstweiligen Rechtsschutzes in einer relativ frühen Phase der Pandemie Anfang Juni 2020, dass zumindest die pauschale Ausweisung von Risikogebieten unter Einbeziehung solcher, in denen die Inzidenz niedriger war als zum gleichen Zeitpunkt in Deutschland und keine auffälligen Virusvarianten auftraten, rechtswidrig gewesen sei.[31] Demgegenüber ließ dasselbe Gericht es im August 2020 unbeanstandet, dass der Verordnungsgeber (in Reaktion auf die vorherige Entscheidung) die Inzidenz von 50 Neuinfizierten pro 100.000 Einwohnern als Schwelle für die Einstufung bestimmter Länder oder Regionen als Risikogebiete wählte.[32] Dadurch verschob sich der Schwerpunkt der Maßnahme wieder in Richtung des Ansatzes beim empirisch nachvollziehbaren Risiko.

2.4 Mittelbare Verhaltenssteuerung als Aspekt der Rechtmäßigkeit imperativer Steuerung

2.4.1 Beschränkung der Privatkontakte

Auch im Bereich des Soziallebens wurden Maßnahmen erlassen, um das Verhalten der Bürger zu steuern. Einerseits wurde das Verhalten durch die Beschränkung von Privatkontakten beeinflusst. Besonders stechen hier die Frühphase (ab März 2020) und die Phase des Delta-Anstiegs (ab Frühjahr 2021) hervor.

---

[28] Bspw. §§ 4 Abs. 1, 6 Abs. 2 Nr. 2 CoronaEinreiseV (BAnz AT 12.05.2021 V1); s. a. § 1 Nr. 6 CoronaEinreiseV (BAnz AT 12.05.2021 V1) in Bezug auf die Anforderungen des Testnachweises.

[29] S. z. B. § 4 Abs. 2 CoronaEinreiseV des Bundes (BAnz AT 12.05.2021 V1); s. a. § 3a BayEQV (BayMBl. 2021 Nr. 169 vom 05.03.2021).

[30] Äußerst kritisch dazu Meßerschmidt 2022, S. 45.

[31] OVG Münster, BeckRS 2020, 11272 (Rn. 22 ff.).

[32] OVG Münster, BeckRS 2020, 22465 (Rn. 10 ff.).

2.4.1.1 Maßnahmen

Während der Frühphase hat die Ministerpräsidentenkonferenz (MPK) die Empfehlung gegeben, die Kontakte weitestgehend einzuschränken.[33] Auf dieser Grundlage verhängten 14 Bundesländer Kontaktverbote, die das Zusammentreffen von Menschen aus mehr als zwei verschiedenen Haushalten (neben einem Katalog triftiger Gründe für einen Kontakt) zu einem Rechtsverstoß erklärten.[34] In den Bundesländern Bayern und Saarland wurden stattdessen Ausgangsbeschränkungen mit bestimmten Ausnahmen wegen triftiger Gründe für das Verlassen der Wohnung erlassen. Hierbei handelte es sich um Maßnahmen, die besser kontrolliert werden konnten (jeder Aufenthalt im öffentlichen Raum war verdächtig) und eine größere Signalwirkung für die Ernsthaftigkeit der Situation hatten. Insoweit hatten sie neben dem unmittelbaren Ansatz bei den als gefährlich erkannten Kontakten auch eine mittelbare, kommunikative Wirkung. Da die triftigen Gründe für das Abweichen von den jeweiligen Regelungen relativ ähnlich waren,[35] bestand der greifbarste juristische Unterschied zwischen beiden Ansätzen in der berüchtigt gewordenen Beanstandung des einsamen Lesens eines Buches auf einer Parkbank durch die Münchner Polizei.

Während der Phase des Delta-Anstiegs wurde die sogenannte Bundesnotbremse eingeführt. Sobald ein Inzidenzwert eines Landkreises oder einer kreisfreien Stadt 100 erreichte, wurde automatisch gem. § 28b Abs. 1 IfSG[36] die Notbremse gezogen und damit eine Ausgangbeschränkung ab 22 Uhr in Kraft gesetzt. Begründet wurde dies – ähnlich wie in Bayern und Saarland am Anfang der Pandemie – mit den verbesserten Kontrollmöglichkeiten.

2.4.1.2 Juristische Aufarbeitung

Der Saarländische Verfassungsgerichtshof hat in seinem Beschluss vom 28.04.2020 die in der Coronaschutzverordnung der Landesregierung normierte Ausgangsbeschränkung (§ 2 Abs. 3 SaarlCorona-VO[37]) für unverhältnismäßig erklärt und außer Vollzug gesetzt.[38] Insbesondere seien die Ausnahmen zu eng gezogen worden. Im Hinblick auf die Auswirkung auf kommunikative Verhaltenssteuerung hielt der

[33] S. Beschluss der MPK v. 15.04.2020, abrufbar unter https://www.bundeskanzler.de/bk-de/aktuelles/bund-laender-beschluss-1744224 (letzter Zugriff 09.02.2024).

[34] S. § 1 der CoronaSchVO (GV. NRW, Ausgabe 2020 Nr. 17a vom 9.5.2020); § 3 der 3. ThürSARS-CoV-2-SonderEindmaßnVO (GVBl. S. 631 vom 14.12.2020).

[35] Vgl. etwa § 2 S. 2 der 11. BayIfSMV (BayMBl. 2020 Nr. 737 vom 15.12.2020); § 3b der 3. ThürSARS-CoV-2-SonderEindmaßnVO (GVBl. S. 631 vom 14.12.2020).

[36] Eingeführt mit dem Viertem Gesetz zum Schutz der Bevölkerung bei einer epidemischen Lage von nationaler Tragweiter vom 22. April 2021 (BGBl. I S. 802), die Norm galt bis zum Ablauf des 30.06.2021 (vgl. § 28b Abs. 10 IfSG).

[37] ABl. Saarl 2020 I, S. 358; berichtigt S. 362 B11.

[38] SaarlVerfGH, NVwZ-RR 2020, 514.

Gerichtshof fest: „Es ist nicht auszuschließen, dass durch eine Aussetzung der Ausgangsbeschränkung der Eindruck einer vollständigen Lockerung der Maßnahmen zur Bekämpfung des Virus entstehen könnte und dadurch die Bereitschaft des Volkes, sich an die übrigen Regeln zu halten, verringert wird. Dieser Gefahr kann indessen durch eine transparente Informationspolitik und durch klare und konsequente Kontrollen weitgehend begegnet werden. Allerdings kann diese Lockerung für den ‚privaten' Bereich auch die Bereitschaft von Bürgerinnen und Bürgern stärken, andere Restriktionen zu befolgen."

Auch der BayVGH kam in seiner Hauptsacheentscheidung vom 04.10.2021 zu einem ähnlichen Ergebnis. Die Ausgangsbeschränkungen der Bayerischen Infektionsschutzmaßnahmenverordnung im März 2020 waren seiner Auffassung nach ebenfalls unverhältnismäßig und Kontaktbeschränkungen ausreichend.[39] Bemerkenswert ist, dass der VGH sich konkret mit dem regulatorischen Ansatz bei als ungefährlich erkanntem Verhalten auseinandersetzte: „Offen bleibt im Vortrag des Antragsgegners dagegen, warum ein Verhalten, welches für sich gesehen infektiologisch unbedeutend ist, nämlich das Verweilen alleine oder mit den Personen seines Haushalts im Freien außerhalb der eigenen Wohnung, ebenso der Ausgangsbeschränkung unterworfen wurde. Sollte in dem Verweilen in der Öffentlichkeit eine Gefahr für die Bildung von Ansammlungen gesehen worden sein, weil sich um den Verweilenden sozusagen als Kristallisationspunkt Ansammlungen von Menschen bilden könnten, so unterstellt diese Sichtweise ein rechtswidriges Verhalten der Bürger und setzt dieses sogar voraus. Dass ein solches zu diesem Zeitpunkt in relevanter Anzahl anzunehmen gewesen wäre, ist nicht ersichtlich."[40]

Das Bundesverfassungsgericht kam dagegen in seinem Beschluss vom 19.11.2021 zu den Beschränkungen zur Eindämmung der Corona-Pandemie („Bundesnotbremse I") hinsichtlich der nächtlichen Ausgangsbeschränkungen zu einem anderen Schluss. Im Hinblick auf die Verhaltenssteuerung führte es aus: „Für die von ihm zugrunde gelegte unterstützende Funktion der nächtlichen Ausgangsbeschränkungen bei der Einhaltung der allgemeinen Kontaktbeschränkungen nach § 28b Abs. 1 Satz 1 Nr. 1 IfSG und der sonstigen Schutzmaßnahmen, insbesondere in geschlossenen Räumen [...], sprachen nachvollziehbare Gründe. Das gilt auch für die Einschätzung der tatsächlichen Verhältnisse dahingehend, dass sich durch die nächtlichen Ausgangsbeschränkungen mittelbar private Zusammenkünfte reduzieren und verkürzen lassen (vgl. BTDrucks 19/28444, S. 12). Die Anreise zu und die Abreise von privaten Zusammenkünften erfolgt regelmäßig über den öffentlichen Raum. [...] Innerhalb der Einschätzungsprärogative des Gesetzgebers zur Eignung hält sich auch seine Prognose, dass die allgemeinen Kontaktbeschränkungen und sonstigen Schutzmaßnahmen ohne die Ausgangsbeschränkung zur Nachtzeit kaum effektiv durchzusetzen wären (vgl. BTDrucks 19/28444, S. 12)."[41]

---

[39] VGH München, COVuR 2021, 739 (Rn. 77 ff.).

[40] VGH München, COVuR 2021, 739 (Rn. 79).

[41] BVerfGE 159, 223 (Rn. 277).

2.4.2 Beschränkung der Kontakte im Einzelhandel

Der Einzelhandel musste sich ebenfalls mit Corona-Maßnahmen arrangieren.

2.4.2.1 Maßnahmenbeispiel

Während der Frühphase der Pandemie (Frühjahr 2020) wurde zunächst scharf zwischen Geschäften des täglichen Bedarfs und dem sonstigen Einzelhandel getrennt. Letztere mussten für mehrere Wochen schließen. Danach wurden diese Maßnahmen dahingehend gelockert, dass auch der sonstige Einzelhandel unter bestimmten Voraussetzungen öffnen konnte. Zur Vermeidung großer Ansammlungen wurde die Regelung eingeführt, dass nur eine bestimmte Anzahl an Kunden einen Einkaufsladen betreten konnten. Die maximale Anzahl von Kunden richtete sich nach der Größe der Verkaufsfläche; pro 20 qm dufte ein Kunde das Geschäft betreten.[42] Diese Regelung betraf aber nur Einkaufsläden mit einer Verkaufsfläche von maximal 800 qm. Geschäfte des täglichen Bedarfs waren von dieser Regel ausgenommen.[43] Größere Geschäfte konnten diese Bestimmung nicht dadurch umgehen, dass sie bestimmte Teile der Ladenfläche absperrten und dadurch die Verkaufsfläche verkleinerten. Begründet wurde dies mit der Sogwirkung größerer Geschäfte – man wolle insgesamt größere Ansammlungen vermeiden.[44] Zu einem ähnlichen Ergebnis kam das Deutsche Zentrum für Schienenverkehrsforschung in seinem Bericht zur Risikoeinschätzung zur Ansteckungsgefahr mit COVID-19 im Schienenpersonen- sowie im Straßenpersonennah- und -fernverkehr.[45]

2.4.2.2 Juristische Einordnung

Der BayVGH kam in seinem Beschluss vom 27.04.2020 zum Ergebnis, dass eine entsprechende Regelung in der 2. Bayerischen Infektionsschutzmaßnahmenverordnung gleichheitswidrig und damit nicht mit dem Grundgesetz vereinbar war. Er betonte: „In diesem Zusammenhang bedarf der Umstand besonderer Beachtung, dass großflächige Einzelhandelsbetriebe im Innenstadtbereich der Großstädte und in anderen Konzentrationen wie Outlet-Centern und Einkaufszentren anders zu beurteilen sind als großflächige Einzelhandelsbetriebe in Stadtrandgebieten und im ländlichen Raum. Der An- und Abfahrtsverkehr ist infektiologisch beispielsweise in von U- und S-Bahnen erschlossenen Innenstadtbereichen der Großstädte wesentlich kritischer zu beurteilen als im Stadtumland und im ländlichen Raum, wo regel-

---

[42] Vgl. § 2 Abs. 5 der 2. BayIfSMV (BayMBl. 2020 Nr. 205 vom 16.04.2020).

[43] Vgl. § 2 Abs. 5 der 2. BayIfSMV (BayMBl. 2020 Nr. 205 vom 16.04.2020).

[44] Vgl. den in BayVGH BeckRS 2020, 6630 (Rn. 23) wiedergegebenen Vortrag.

[45] Risikoeinschätzung zur Ansteckungsgefahr mit COVID-19 im Schienenpersonen- sowie im Straßenpersonennah- und -fernverkehr, 12. Bericht des Deutschen Zentrums für Verkehrsforschung v. Juni 2021, abrufbar unter https://www.dzsf.bund.de/SharedDocs/Textbausteine/DZSF/Forschungsberichte/Forschungsbericht_2021-12.html (letzter Zugriff 09.02.2024).

mäßig Individualverkehr stattfindet. So führt der Antragsgegner selbst aus, dass Bau- und Gartenmärkte, Gärtnereien und Baumschulen regelmäßig in Ortsrandlagen ansässig sind und Kunden nicht mit dem öffentlichen Personennahverkehr, sondern mit dem eigenen Pkw anfahren. Der Verordnungsgeber hat dieses Differenzierungskriterium also erkannt, aber lediglich in dem Bereich der Baumärkte etc. umgesetzt."[46]

3 Anforderungen an die juristische Kontrolle mittelbarer Verhaltenssteuerung

Betrachtet man die juristische Kontrolle der mittelbaren Verhaltenssteuerung in der Corona-Zeit vergleichend, so kann man folgenden gesicherten Kern feststellen: Voraussetzung für jegliche gerichtliche Überprüfung ist die Verletzung subjektiver Rechte, d. h. die Schwelle zum Grundrechtseingriff muss überschritten sein. Dies ist bei bloßen Appellen und dringenden Empfehlungen trotz des daraus folgenden gesellschaftlichen Drucks nicht der Fall. Für den Fall eines Eingriffs muss auf der Rechtfertigungsebene zunächst der Zweck der Maßnahme klar erkennbar sein.[47] In Bezug auf die Geeignetheits- und Erforderlichkeitsprüfung hat der Gesetz- bzw. Verordnungsgeber einen großen Einschätzungsspielraum, sodass keine umfassende Kontrolle stattfindet. Stattdessen ist zu überprüfen, ob eine hinreichend gesicherte Grundlage für die Prognose besteht.

Weniger eindeutig ist die Frage, nach welchen Kriterien die Angemessenheitsprüfung abläuft. Hier bietet sich die aus anderen Rechtsgebieten bekannte Konsistenz- bzw. Kohärenzprüfung an,[48] wie vom OVG Münster im Rahmen der Ausweisung von Risikogebieten ausdrücklich erwähnt[49] und vom BayVGH bei der Verkaufsflächenregel für den Einzelhandel der Sache nach praktiziert.[50] Demnach muss die konkret zu kontrollierende Maßnahme im Gesamtgefüge der Schutzmaßnahmen sinnvoll sein und darf anderen Schutzmaßnahmen nicht zuwiderlaufen.

Daraus ergeben sich auch besondere Anforderungen, wenn der Staat zum Instrument der mittelbaren imperativen Verhaltenssteuerung greift, indem er für sich genommen ungefährliches Verhalten verbietet. Insoweit ist der eigentliche Zweck der Maßnahme (z. B. Kontaktvermeidung bei Ausgangssperre) als Referenzpunkt zu wählen und die Verhältnismäßigkeitsprüfung daran auszurichten.[51] Dementsprechend

[46] BayVGH, GewA 2020, 235 (Rn. 41).

[47] Leisner-Egensperger 2021, S. 913 ff.

[48] Ausführlich Erdmann 2020, S. 1798; Michl 2020; vgl. auch Gärditz 2021, S. 2764; Kingreen 2020, S. 1029; Schoch 2022, S. 7; skeptisch Seiler 2021, S. 930.

[49] OVG Münster BeckRS 2020, 11272 (Rn. 30).

[50] BayVGH, GewA 2020, 235 (Rn. 35 ff.).

[51] Nach Bilgen 2022, S. 844 ff. setzt der Staat hier sogar eine Schutzpflicht für die individuelle Verantwortungsfähigkeit aus dem Sozialstaatsprinzip i. V. m. Art. 2 Abs. 1 GG und Art. 1 Abs. 1 GG um. In deren Rahmen könnten indirekt verhaltenssteuernde Maßnahmen als Ausdruck des Untermaßverbots zu werten sein.

ist insbesondere zu berücksichtigen, ob die mittelbare Verhaltenssteuerung nicht als milderes Mittel gegenüber der hypothetischen unmittelbaren Steuerung zu werten ist. Dabei sind die rechtsstaatlich vertretbaren, tatsächlichen Kontrollmöglichkeiten des Staates als legitimer Faktor einzubeziehen. Unter diesem Gesichtspunkt war es etwa, wie es das Bundesverfassungsgericht einordnete, gut vertretbar, Ausgangssperren gegenüber polizeilichen Kontrollen in Wohnungen, ob denn gegen Kontaktverbote verstoßen wird, als milder und damit erforderlich anzusehen.[52] Ähnlich lässt sich argumentieren, dass die Schließung großer Geschäfte in Innenstadtlagen milder gegenüber der Sperrung des ÖPNV, in dem die gefährlichen Kontakte bei An- und Abreise vermutet wurden, ist. Dem einzelnen Betroffenen ist es jedoch auf Ebene der Angemessenheit nur zuzumuten, einen solchen ausweichenden Eingriff hinzunehmen, wenn die negativen materiellen Auswirkungen gering gehalten werden[53] (dies schließt den Bogen zur Akzeptanz und Rechtsfrieden stiftenden finanziellen Verhaltenssteuerung) und ein kohärenter Regelungsrahmen erkennbar ist.

4 Fazit

Die Erscheinungsformen der mittelbaren Verhaltenssteuerung sind im Infektionsschutzrecht – wie auch im Gefahrenabwehrrecht allgemein – legitime Bestandteile des staatlichen Instrumentenkastens. Dabei unterliegen kommunikative und finanzielle Anreize geringeren Bindungen als die mittelbare imperative Verhaltenssteuerung. Diese ist als eigenständige Kategorie zu denken, insb. wenn eine unmittelbare imperative Verhaltenssteuerung rechtlich oder tatsächlich unmöglich ist. In einem solchen Fall ist das staatliche Handeln jedoch verstärkt am Kohärenzgebot zu messen, um die Rückbindung an das eigentlich handlungsleitende legitime Ziel zu sichern.

Literatur

Bach M (2021) Angst und Politik in der Pandemie: Das Damoklesschwert der Inzidenzzahlen und die Fallstricke der Lockdown-Politik. Verfassungsblog

Bilgen I (2022) Verantwortungsvoller Parentalismus – Der Staat im Dienst der Selbstbestimmung. Die Öffentliche Verwaltung 29:840–847

Boehme-Neßler V (2021) Auf dem Weg zur Herdenimmunität? – Verfassungsrechtliche Spielräume und Grenzen einer Corona-Impfpflicht. Neue Z Verwaltungsrecht 40:1241–1245

Erdmann M (2020) Kohärenz in der Krise? Neue Z Verwaltungsrecht 39:1798–1802

von Frankenberg K (2021) Prävention als Verhältnismäßigkeitsproblem. Neue Z Verwaltungsrecht 40:1427–1431

---

[52] Vgl. BVerfG COVuR 2022, 24 (Rn. 285).

[53] Vgl. dazu Klauck et al. 2021 S. 743 f.; Seiler 2021, S. 929 f.; Winterhoff und Eisele 2021, S. 647 ff.

Gärditz KF (2021) Grundrechtsschutz in der Pandemie. Neue Z Verwaltungsrecht 40:2761–2766
Harbarth S (2022) Empirieprägung von Verfassungsrecht. Juristenzeitung 77:157–162
Kersten J, Rixen S (2020) Der Verfassungsstaat in der Corona-Krise. C.H.Beck, München
Kingreen T (2020) Das Studium des Verfassungsrechts in der Pandemie. Jura 42:1019–1035
Klafki A (2021) Kontingenz des Rechts in der Krise – Rechtsempirische Analyse gerichtlicher Argumentationsmuster in der Corona-Pandemie Jahrbuch des öffentlichen Rechts der Gegenwart. Neue Folge 69:583–602
Klafki A (2023) Differenzierte Rechtsgrundlagen als Gebot effektiver Krisenbewältigung. Neue Juristische Wochenschrift 71:1340–1344
Klauck D, Müller M, Riedner L (2021) Finanzielle Folgen der Covid-19-Pandemie für Staat und Gesellschaft. Juristische Schulung 56:739–745
Kruse J, Langner C (2021) Covid-19 vor Gericht: Eine quantitative Auswertung der verwaltungsgerichtlichen Judikatur. Neue Juristische Wochenschrift 69:3707–3712
Kruse J, Maturana S (2021) Nudging COVID-19: Die sanfte Alternative zum infektionsrechtlichen Zwang. Neue Z Verwaltungsrecht 40:1669–1673
Leisner-Egensperger A (2021) Der legitime Zweck als Bezugspunkt der Verhältnismäßigkeit – Zum Zweck freiheitsbeschränkender Schutzmaßnahmen in der Corona-Pandemie. Juristenzeitung 76:913–924
Lepsius O (2021) Partizipationsprobleme und Abwägungsdefizite im Umgang mit der Corona-Pandemie. Jahrbuch des öffentlichen Rechts der Gegenwart. Neue Folge 69:705–758
Meßerschmidt K (2022) Faktisches Rückreiseverbot für Deutsche aus Hochrisikogebieten – Grundrechte, Menschenwürde und Staatsangehörigkeitsrechte im pandemierechtlichen Stresstest. Die Öffentliche Verwaltung 2:45–54
Michl W (2020) Die Kohärenz als Begleitmusik zum infektionsschutzrechtlichen Tanz. Verfassungsblog
Ruschemeier H (2021) Neues Virus, alte Rechtsfragen? – Beobachtungen zur Pandemiedebatte. Jahrbuch des öffentlichen Rechts der Gegenwart. Neue Folge 69:449–464
Schoch F (2022) Der Prüfungs- und Entscheidungsmaßstab im Normenkontroll-Eilverfahren. Neue Z Verwaltungsrecht 41:1–8
Seiler C (2021) Pandemiebedingte Maßnahmen zur Kontaktvermeidung als verfassungsrechtliche Herausforderung. Juristenzeitung 76:924–931
Winterhoff C, Eisele S (2021) Coronabedingte Betriebsschließungen: ohne Entschädigungsanspruch zulässig? – Zur Verhältnismäßigkeit entschädigungsloser Betriebsschließungen und zur Rechtsfigur des ausgleichspflichtigen Grundrechtseingriffs. Jahrbuch des öffentlichen Rechts der Gegenwart. Neue Folge 69:637–656
Wolff J (2020) Anreize im Recht – Ein Beitrag zur Systembildung und Dogmatik im Öffentlichen Recht und darüber hinaus. Mohr Siebeck, Tübingen

Prof. Dr. Walther Michl ist Inhaber der Professur für Öffentliches Recht und Europarecht an der Fakultät für Wirtschafts- und Organisationswissenschaften der Universität der Bundeswehr, Neubiberg/München.

Teil V
Mittelbare Verhaltenssteuerung und Gesetzgebung

Rationalität als Anforderung an das Gesetzgebungsverfahren: Evidenzbasierte Gesetzgebung?

Teresa Weber

Zusammenfassung Corona-Pandemie und Klimaschutz lassen Fragen rund um „evidenzbasierte Rechtssetzung“ in erneuter Aktualität erscheinen. Der Beitrag unternimmt einen rechtsvergleichenden Streifzug durch Rationalitätsforderungen in der Rechtsprechung von EuGH, EGMR, BVerfG und VfGH. Dabei wird zunächst der Begriff „Rationalitätsforderungen“ und sein Zusammenhang mit dem topos der evidenzbasierten Rechtssetzung diskutiert, bevor anhand von Beispielen aus der Judikatur illustriert wird, wie vielfältig die verfassungsgerichtliche Handhabung von „Rationalität“ ausfällt.

1 Einleitung

Einer Befassung mit dem Thema Rationalität und evidenzbasierte Gesetzgebung[1] ist voranzustellen, dass es sich dabei nicht nur um ein sehr aktuelles, sondern auch um ein sehr weites Thema handelt.

Weit ist das Thema unter anderem deswegen weil, wie im Folgenden ausgeführt wird, der Begriff der Rationalität nicht einheitlich verwendet wird. Forderungen nach „rationaler Gesetzgebung“ werden von verschiedenen Seiten mit verschiedenen Unter- und Obertönen erhoben. Häufig erfolgt dies im Zusammenhang mit einem Ruf nach evidenzbasierter Gesetzgebung, also Gesetzgebung, die sich auf wissen-

[1] Der Beitrag beschäftigt sich vorrangig mit Gesetzgebung im formellen Sinn. Auf andere Arten der Rechtssetzung (Verordnungserlassung, „Gesetzgebung im materiellen Sinn“) wird nur ausnahmsweise Bezug genommen.

T. Weber (✉)
Wirtschaftsuniversität Wien, Forschungsinstitut für Urban Management und Governance/
Institut für Recht und Governance, Wien, Österreich

Fakultät für Rechtswissenschaften, SFU Wien, Wien, Österreich
E-Mail: teresa.weber@jus.sfu.ac.at

M. W. Müller (Hrsg.), *Mittelbare Verhaltenssteuerung – Konzept, Wirkungen, Kritik*,
https://doi.org/10.1007/978-3-662-69010-9_8

schaftliche Daten stützt und diese ernst nimmt.[2] Der vorliegende Beitrag kann nicht alle Rechtsfragen, die sich in diesem Zusammenhang stellen, erörtern, versucht aber, einige wichtige Fragestellungen in den Blick zu nehmen.

In den Fokus der Aufmerksamkeit rückte das Thema in den letzten Jahren vor allem aufgrund der Corona-Pandemie und der zur Pandemiebekämpfung ergriffenen oder unterlassenen staatlichen Maßnahmen. Die Corona-Pandemie ist allerdings bei Weitem nicht das einzige Problem, zu dessen Lösung immer wieder mehr Evidenzbasierung und rationales Vorgehen verlangt wird. Dies trifft ebenso auf den Klimawandel zu. Vielmehr noch, der Klimawandel ist geradezu das Paradebeispiel für einen Politikbereich, der schon lange wissenschaftlich aufgearbeitet wird und in dem es umfassende Bemühungen gibt, diese wissenschaftliche Aufarbeitung für den Gesetzgeber aufgreifbar und nutzbar zu machen. Ein Teil dieser Bemühungen war die Einrichtung des IPCC, dessen Aufgabe darin besteht, den aktuellen Stand der Klimawandelwissenschaft zu überprüfen, zusammenzufassen und für politische Entscheidungsträger:innen verständlich und operationalisierbar zu machen.[3] Auch nationale Institutionen unterstützen die Aufbereitung der wissenschaftlichen Grundlagen für politische Entscheidungsträger:innen.[4]

Trotz dieser institutionellen Unterstützung werfen Interessenvertretungen, Zivilgesellschaft und Wissenschaftler:innen der Klimapolitik und -gesetzgebung häufig vor, nicht ausreichend auf den Stand der Wissenschaft zu reagieren und fordern „rationale Gesetzgebung" und „mehr Evidenzbasierung" in der Klimapolitik.[5]

Aus verfassungsrechtlicher Perspektive stellt sich im Lichte dessen die Frage, ob es eine Verpflichtung des Gesetzgebers gibt, die von ihm erlassenen Gesetze zu begründen und dabei auf den Stand der Wissenschaft Rücksicht zu nehmen. Dieser Frage widmet sich der vorliegende Beitrag schwerpunktmäßig. Dazu wird im Folgenden erörtert, wie der Begriff „Rationalität" definiert werden kann und was dieser Begriff mit Evidenzbasierung zu tun hat. Daran anschließend wird die Bedeutung dieser Konzepte für den Gesetzgeber illustriert, wobei auch dargestellt wird, wer mit welcher Motivation Rationalitätsforderungen an den Gesetzgeber oder andere Stellen richtet. Im Anschluss daran wird der konkrete Inhalt dieser Rationalitätsforderungen diskutiert.

Die Bandbreite dessen, was aus dem Verfassungsrecht zumindest theoretisch abgeleitet werden könnte, wird dabei anhand einer rechtsvergleichenden Betrachtung dargestellt, in der auf die Rechtsprechung des BVerfG und des österreichischen VfGH, aber vor allem auch die Judikatur von EuGH und EGMR eingegangen wird. Gerade die beiden zuletzt genannten Gerichtshöfe haben im Rahmen ihrer jeweiligen Zuständigkeiten Rechtmäßigkeitskriterien entwickelt, die als an nationale Gesetzgeber

---

[2] Einen Überblick über die Bedeutung von Evidenzbasierung in verschiedenen Disziplinen und für das Recht gibt Rachlinski 2011, S. 901 ff.

[3] Dazu https://www.ipcc.ch/ (letzter Zugriff 09.02.2024).

[4] Dazu z. B. https://wegcenter.uni-graz.at/en/ (letzter Zugriff 09.02.2024).

[5] S etwa die Forderungen im österreichischen Klimavolksbegehren bzw. den daraus abgeleiteten Vorschlägen für ein Klimaschutzgesetz, die Begründungs- und Evaluierungspflichten für klimarelevante Maßnahmen beinhalten, abrufbar unter https://klimavolksbegehren.at/wp-content/uploads/2020/10/A1_Klimaschutzgesetz_Vorschlaege_Klimavolksbegehren.pdf (letzter Zugriff 09.02.2024).

gerichtete Rationalitätsforderungen aufgefasst werden können. Zumindest schlaglichtartig wird auch darauf Bezug genommen. Der vorliegende Beitrag ergänzt insofern die im Sammelband vertretene Expertise um die genannten Gesichtspunkte.

2 Was ist „Rationalität"?

2.1 Rationalität in verschiedenen Wissenschaftsdisziplinen

Im alltäglichen Gebrauch wird der Begriff „Rationalität" bzw. „rational" verwendet, um vernunftgeleitetes Handeln zu bezeichnen, insbesondere in Abgrenzung zu „emotional"-motiviertem Handeln.[6] Als Wissenschaftsbegriff hat „Rationalität" keine einheitliche Bedeutung; unterschiedliche Disziplinen verwenden „Rationalität" mit unterschiedlicher Bedeutung.[7]

Der Begriff der Rationalität wird etwa in der analytischen Wissenschaftstheorie verwendet. Die analytische Wissenschaftstheorie beschäftigt sich mit den Bedingungen, unter denen wissenschaftliche Erkenntnis gewonnen werden kann und bedient sich dabei vor allem der formalen Logik. „Rational" ist in diesem Sprachgebrauch ein Satz, der mit den Gesetzen der Logik vereinbar ist. Dies schließt etwa Widersprüche und Inkonsistenzen aus.

In den Sozialwissenschaften ist die Verwendung des Begriffs in den Wirtschaftswissenschaften am geläufigsten. Auch dort gibt es aber keine einheitliche Verwendung des Begriffs. Rationalität kann formal verstanden werden, rational ist dann zum Beispiel Konsistenz von Präferenzen. Rationales Handeln kann aber auch materiell aufgeladen werden. Rationale Handlungen sind dann solche, die auf Nutzenmaximierung ausgerichtet sind. Im Detail kann auch das aber wiederum sehr unterschiedlich verstanden werden, weil der Begriff der Nutzenmaximierung nur auf den ersten Blick eindeutig ist, insbesondere dann, wenn es nicht nur um den oder die Einzelne/n geht, sondern um das Gemeinwohl, das maximiert werden soll. Je nach Perspektive ist dies dann der Fall, wenn die vorhandenen Mittel möglichst schonend eingesetzt werden – ganz ähnlich wie bei *Max Webers* Zweckrationalität. Nutzenmaximierung kann aber bei einer anderen Perspektive auch dann eintreten, wenn durch eine Veränderung niemand mehr bessergestellt werden kann, ohne dass andere schlechter gestellt werden (Pareto-Optimum), oder die Nutzengewinnen der Einen die eintretenden Verluste der Anderen kompensieren können (Kaldor-Hicks-Kriterium).

Auch in der Politikwissenschaft, insbesondere im Bereich der politischen Ökonomie, spielt der Begriff der Rationalität eine wichtige Rolle. Politiker:innen werden im Rahmen derartiger Theorien ebenfalls als Nutzenmaximierer:innen konzipiert. Dabei wird

[6] ZB https://www.duden.de/rechtschreibung/rational (letzter Zugriff 09.02.2024).

[7] Zu allem Folgenden: Steinbach 2017, S. 1 ff. m. w. N. Weiters auch Siehr 2005, S. 539; Reyes y Ráfales 2013, S. 600.

regelmäßig davon ausgegangen, dass das Gemeinwohl nur eine untergeordnete Rolle spielt, der Nutzen, den Politiker:innen primär anstreben, also Eigennutz in Form von politischer Macht ist.

Rationalität in den Sozialwissenschaften hat somit regelmäßig mit den Gründen für ein bestimmtes Verhalten oder der Motivation dafür zu tun. Allerdings kann aus dem Begriff „Rationalität" allein keine inhaltliche Steuerung des Verhaltens, keine Beschränkung der „erlaubten" Motivationen abgeleitet werden.

2.2 Rationalität als rechtswissenschaftlicher Begriff: Rationalität und Evidenzbasierung

In einem weiteren Schritt kann gefragt werden, ob es auch einen rechtswissenschaftlichen Begriff der Rationalität gibt.[8] *Armin Steinbach* setzt die Frage nach einer Rationalität des Rechts gleich mit der Suche nach Ziel, Funktion und Grund des Rechts an sich.[9] Diese Rationalität des Rechts besteht ihm zufolge darin, Verhalten zu steuern. Wird die beabsichtige Steuerungswirkung nicht erreicht, dann verfehlen die entsprechenden Rechtsakte die aus dem Recht selbst erwachsenden Rationalitätsanforderungen.

Legt man einen derartigen Rationalitätsbegriff zu Grunde, dann ist auch der Zusammenhang von Rationalität und evidenzbasierter Gesetzgebung offenkundig: Denn um Verhalten zu steuern und tatsächliche Problem lösen zu können ist es regelmäßig erforderlich, zunächst über die Tatsachen Bescheid zu wissen. Rationalität des Rechts verlangt also nach einer Evidenzbasierung gesetzgeberischer Maßnahmen und staatlichen Handelns im Allgemeinen.[10] Um die verhaltenssteuernde und problemlösende Wirkung eines Gesetzes aufrecht zu erhalten, verlangt diese Rationalität aber auch nach regelmäßiger Überprüfung der Wirksamkeit des Gesetzes anhand von belastbarer Evidenz.[11] Evidenzbasierung ist daher eine Spielart rationaler Gesetzgebung.[12]

Dazu ist anzumerken – und auch *Armin Steinbach* erörtert das – dass nicht jeder vom Gesetzgeber erlassene Rechtsakt auf Verhaltenssteuerung ausgerichtet ist. Denn die vorangehend angesprochene politische Rationalität führt dazu, dass in manchen Fällen rein symbolische Gesetzgebung für die politischen Akteur:innen nützlicher ist, als evidenzbasierte Gesetzgebung.[13] Demokratische Rechtssysteme akzeptieren das bis zu einem gewissen Ausmaß, denn der demokratische Prozess der Gesetz-

[8] Skeptisch Grimm 2012, S. 85; Lienbacher 2012, S. 7, 10. Den Begriff verwendend etwa Bumke 2010, S. 77 ff.; Dann 2010, S. 631.

[9] Steinbach 2017, S.50 ff.

[10] Trautmann 2013, S. 534.

[11] Insb mit Blick auf die sogenannte „Ziel-Gesetzgebung", die sich (nicht) nur klassischer konditionaler Verhaltenssteuerungsinstrumente bedient; vgl dazu Westerman 2013, S. 397 ff.

[12] Vgl Steinbach 2015, S. 268.

[13] Zur Unterscheidung zwischen symbolischen und instrumentalen Gesetzgebung Steinbach 2017, S. 10; Siehr 2005, S. 555 f.; Meyer 2009, S. 278 f.

gebung ist gerade nicht auf Wahrheitsfindung und Erarbeitung optimaler, evidenzbasierter Maßnahmen ausgelegt, sondern auf das Finden politischer Kompromisse.[14]

Bis zu welchem Ausmaß solche politischen Rationalitäten im Rahmen einer Demokratie zugelassen werden sollen, ab wann das Fehlen einer Steuerungswirkung des Rechts problematisch ist, lässt sich aus verschiedenen normativen Blickwinkeln diskutieren. Wie unten gezeigt wird, ergeben sich vor allem aus den Grundrechten entsprechende Leitlinien für den Gesetzgeber.[15]

3 Wer erhebt Rationalitätsforderungen an den Gesetzgeber – und warum?

Obwohl (oder vielleicht: gerade weil) der Begriff der Rationalität so vielschichtig ist, wird er von verschiedenen Seiten verwendet, um ganz unterschiedliche Forderungen an den Gesetzgeber zu richten. Dies betrifft nicht nur, aber vor allem den Bereich der Klimapolitik.

So wird von zahlreichen zivilgesellschaftlichen Organisationen, die mehr Klimaschutz fordern, regelmäßig auch mehr Evidenzbasierung eingefordert. Unterstützt werden diese Organisationen seit geraumer Zeit auch von Wissenschaftler:innen, Sachverständigen und Expert:innen, die von der Politik mehr Berücksichtigung der die von ihnen aufbereiteten Daten und ihrer Expertise fordern.[16]

Ebenso berufen sich aber auch wirtschaftliche Interessenvertretung auf „Evidenzbasierung" und fordern „evidenzbasierte" Klimapolitik.[17] Dies steht häufig im Kontext der Forderung nach mehr Forschung und Innovation(-sförderung), die entsprechende Evidenzen liefern könnte (und bedeutet damit meist auch eine Ablehnung von klimaschützenden Verboten oder Beschränkungen).

Auch die jeweilige politische Opposition beruft sich gerne auf „Evidenzbasierung" bzw. einen Mangel an dieser, um die Ansichten und Handlungen des politischen Gegenübers in Frage zu stellen.[18]

---

[14] Siehr 2005, S. 538; Rachlinski 2011, S. 917 ff.; Lienbacher 2012, S. 13 ff.; Steinbach 2015, S. 288; Popelier 2017, S. 87.

[15] Dazu etwa auch Siehr 2005, S. 535557. Zu neben den grundrechtlichen Anforderungen bestehenden Grenzen für ungeeignete Gesetze Meyer 200, S. 294 ff.

[16] S etwa die Forderungen im österreichischen Klimavolksbegehren bzw. den daraus abgeleiteten Vorschlägen für ein Klimaschutzgesetz, die Begründungs- und Evaluierungspflichten für klimarelevante Maßnahmen beinhalten, abrufbar unter https://klimavolksbegehren.at/wp-content/uploads/2020/10/A1_Klimaschutzgesetz_Vorschlaege_Klimavolksbegehren.pdf (letzter Zugriff 09.02.2024).

[17] Z. B. https://steiermark.iv.at/Themen/Klima%2D%2DInfrastruktur%2D%2DTransport%2D%2DRessourcen%2D%2DEnergie/Energie%2D%2Dund-Klimapolitik/Green-Deal-als-steirische-Herausforderung-und-Chance.html (letzter Zugriff 09.02.2024).

[18] Beispielhaft sei hier eine Pressemeldung des Parlamentsklubs der NEOS genannt: Pressemeldung vom 11.07.2021, „NEOS: Klimaschutz eignet sich nicht für politische Spielchen", https://www.ots.at/presseaussendung/OTS_20210711_OTS0018/neos-klimaschutz-eignet-sich-nicht-fuer-politische-spielchen (letzter Zugriff 09.02.2024).

Gemeinsam ist diesen unterschiedlichen Akteur:innen, dass sie sich zur Behauptung ihrer jeweiligen Interessen auf die Notwendigkeit von „Evidenzbasierung" berufen. Durch diese Berufung auf externe Expertise, Evidenz und Wissenschaftlichkeit wird versucht, das eigene Anliegen besser durchsetzen zu können und als legitimiert darzustellen.

Schließlich haben auch verschiedene Gerichte, insbesondere Verfassungsgerichte, Maßstäbe für den Gesetzgeber aufgestellt, die von Beobachter:innen in der Rechtswissenschaft als „Rationalitätsanforderungen" qualifiziert wurden. Auf den Inhalt dieser Rationalitätsforderungen wird unten im Detail eingegangen. An dieser Stelle soll lediglich die mögliche Motivation für die Aufstellung solcher Anforderungen diskutiert werden – also gleichsam: die ratio hinter den Rationalitätsanforderungen.

Wie unten gezeigt wird, ergeben sich die verschiedenen, von Verfassungsgerichten formulierten Rationalitätsanforderungen vor allem aus den Grundrechten und dem Verhältnismäßigkeitsprinzip. Sie kommen in der Regel dann zur Anwendung, wenn dem Gesetzgeber bzw. allgemeiner gesprochen: dem Rechtssetzer im Zusammenhang mit Prognosen, komplexen Sachverhalten und Unsicherheiten ein bestimmter Ermessensspielraum eingeräumt werden soll. Die Gerichte nehmen dann oft keine „Feinprüfung" der getroffenen Entscheidung vor, sondern überprüfen nur die Einhaltung bestimmter Rationalitätsstandards. Dadurch wird bei politisch schwierigen Fragen die Gewaltenteilung zwischen Gesetzgebung, Verwaltung und Gerichtsbarkeit gewahrt;[19] gleichzeitig ersparen sich die (Verfassungs-) Gerichte so die Substitution des Sachverstands, der bei der Rechtssetzung – vor allem im Bereich der generellen Verwaltungsrechtssetzung, also Verordnungen – in diesen Fragen erforderlich ist.[20]

4 Wer ist konkreter Adressat der Forderungen nach (mehr) Rationalität?

Zu diskutieren ist weiters, wer konkret Adressat der oftmals geäußerten Forderungen nach mehr Rationalität ist. Im vorliegenden Beitrag geht es vor allem um Rationalitätsforderungen an die Gesetzgebung; im medialen und gesellschaftspolitischen Diskurs wird aber häufig nicht differenziert. Wenn etwa bei Klima-Demonstrationen oder Klima-Streiks Rationalitätsforderungen und Forderungen nach Evidenzbasierung erhoben werden, dann richten sich diese häufig ganz allgemein „an die Politik", die Behörden oder den Staat.

---

[19] Vgl z. B. Sathanapally 2017, S. 48 ff.

[20] Zu den möglichen Motivationen des EGMR zur Vornahme einer verstärkt prozeduralen Überprüfung Brems 2017, S. 18 ff.; zu den unterschiedlichen Gründen für die (Nicht-)Vornahme einer inhaltlichen Überprüfung gesetzgeberischer Annahmen vgl z. B. Popelier und de Jaegere 2016, S. 187–208 m. w. N.

Soweit Rationalitätsforderungen gerichtlich geltend gemacht werden – etwa in Form von Klimaklagen – sind es die Gerichte, von denen die Überprüfung von Rationalitätsstandards eingefordert wird. Die Gerichte werden so selbst Adressaten von Rationalitätsforderungen, und sie werden gleichzeitig dazu aufgerufen, ihrerseits Rationalitätsforderungen an den Rechtssetzer aufzustellen und diesem gegenüber durchzusetzen.

Soweit sich solche Rationalitätsforderungen an den Gesetzgeber richten, können theoretisch vier unterschiedliche Phasen der Gesetzgebung im weitesten Sinn unterschieden werden: Die Vorbereitung von Gesetzgebungsakten, die parlamentarische Debatte, die Verteidigung erlassener Gesetze und die Evaluierung und Überarbeitung bestehender Gesetze. In allen diesen Phasen – die in unterschiedlichem Ausmaß gerichtlicher Kontrolle zugänglich sind – können unterschiedliche Rationalitätsstandards und Anforderungen an das Ausmaß der Evidenzbasierung aufgestellt werden.[21]

5 Welchen Inhalt haben die Forderungen nach Rationalität?

5.1 Überblick und rechtswissenschaftliche Kategorisierungsversuche

Nach diesen allgemein gehaltenen Überlegungen wird im Weiteren auf die Rationalitätsforderungen eingegangen, die von verschiedenen Verfassungsgerichten aufgestellt werden, sich also nach Ansicht dieser Gerichte aus dem Verfassungsrecht ergeben. Dazu ist anzumerken, dass diese Gerichte selbst selten von „Rationalität" oder „Rationalitätsforderungen" sprechen. Dabei handelt es sich in der Regel um Zuschreibungen in der rechtswissenschaftlichen Literatur, die dazu dienen, unterschiedliche verfassungsgerichtliche Kriterien in einen systematischen Zusammenhang einzubetten – eine klassische Aufgabe der Dogmatik.[22]

Solche Rationalitätsforderungen werden in der rechtswissenschaftlichen Literatur, vor allem im deutschsprachigen Raum, in drei Kategorien eingeordnet:[23] Prozedurale bzw. verfahrensmäßige Rationalitätsforderungen, formale Rationalitätsforderungen und materielle bzw. inhaltliche Rationalitätsforderungen. Diese Kategorien sind nicht immer trennscharf und werden zum Teil auch mit unterschiedlicher Bedeutung verwendet.

Daneben gibt es auch andere Kategorisierungsversuche, die weniger auf den Inhalt der Rationalitätsforderung als auf die Art der Durchsetzung der Rationalitätsforderung abstellen. Das (vor allem: englischsprachige) Schrifttum zum Thema

[21] Vgl Steinbach 2015, S. 268; Oliver-Lalana 2016, S. 143 f.

[22] Zum Zweck juristischer Dogmatik, Komplexität zu verringern vgl z. B. Towfigh 2009, S. 37.

[23] So z. B. Steinbach 2017, S. 65 ff.; vgl mit ähnlichen Kategorisierungen und darüber hinausgehend Kategorisierungen anhand der Justiziabilität Lienbacher 2012.

„evidence based judicial review" befasst sich mit der Frage nach dem Stellenwert von Evidenzbasierung – nach der hier vertretenen Auffassung eine Spielart von Rationalität – für und in gerichtliche(n) Kontrollverfahren.[24] Im Fokus der Literatur sind dabei Gerichtsverfahren, die der Kontrolle von Rechtssetzungsakten dienen. Dabei wird grundlegend zwischen „procedural review" (prozeduraler Kontrolle) und „substantial review" (inhaltlicher Kontrolle) unterschieden.[25] Procedural review liegt nach dieser Terminologie dann vor, wenn nur die Einhaltung verfahrensmäßiger Standards (z. B. die Durchführung einer gesetzlich vorgeschriebenen Folgenabschätzung) überprüft wird. Das Gericht überprüft hier also die Einholung von Evidenz durch den Rechtssetzer. Substantial review liegt dann vor, wenn Gerichte die in einem Rechtssetzungsverfahren vorgebrachte Evidenz inhaltlich überprüfen und in Frage stellen, in dem zum Beispiel eigene Sachverständigengutachten eingeholt und der im Gesetzgebungsverfahren eingeholten Expertise gegenübergestellt werden. Das Gericht handelt hier also selbst evidenzbasiert. Neben diese beiden Kategorien tritt eine Zwischenkategorie, die als „semi-procedural review" bezeichnet wird.[26] Bei dieser Form der gerichtlichen Kontrolle werden verfahrensmäßige Aspekte relevant für die materielle Beurteilung eines Rechtsaktes. So wird also beispielsweise im Rahmen einer Grundrechtsprüfung gefragt, ob der Gesetzgeber bestimmten Nachweis- und Darlegungspflichten nachgekommen ist – diese werden als Bestandteil des materiellen Prüfstandards eingeordnet. Eine Missachtung dieser verfahrensmäßigen Verpflichtungen führt dann zu einem Verstoß gegen materielles Recht, also etwa die Grundrechte. Gerade die in der europäischen Grundrechtsdogmatik in der Regel durchzuführende Verhältnismäßigkeitsprüfung, bei der nach der Eignung und Erforderlichkeit einer Maßnahme zur Erreichung eines bestimmten Ziels gefragt wird, eröffnet einen weiten Anwendungsbereich für eine derartige „semi-procedural review".

Der Fokus des vorliegenden Beitrags liegt aber nicht auf der Art der Durchsetzung von Rationalitätsforderungen, sondern auf dem Inhalt dieser Forderungen. Daher ist eine Orientierung an der ersten genannten Kategorisierung (prozedurale/formale/inhaltliche Rationalitätsforderungen) für den vorliegenden Beitrag zielführender. Im Lichte dessen, dass Rationalitätsforderungen an den Gesetzgeber in der Regel durch Verfassungsgerichte formuliert werden, stehen die beiden Typologien aber in einem engen Zusammenhang: Unterschiedliche Rationalitätsforderungen werden typischerweise auch auf verschiedene Art durchgesetzt – verfahrensmäßige Rationalitätsforderungen eher bei einer verfahrensmäßigen Überprüfung, inhaltliche Rationalitätsforderungen vor allem bei einer inhaltlichen Überprüfung.[27] Zu einer Kombination verschiedener Rationalitätsforderungen kommt es häufig bei der „semi procedural review" – Verfahrensaspekte werden im Rahmen einer Inhaltskontrolle oder einer (formal orientierten) Überprüfung der Systemkonformität releviert.

[24] ZB van Gestel und de Poorter 2016, S. 155–185.

[25] Bar-Siman-Tov 2016, S. 110 ff. m. w. N.

[26] Bar-Siman-Tov 2016, S. 130 ff.; Popelier 2017, S. 80.

[27] Vgl Ismer und Meßerschmidt 2016, S. 92.

5.2 *Prozedurale Rationalitätsforderungen*

5.2.1 Allgemeines

In die Kategorie der verfahrensmäßigen oder prozeduralen Rationalitätsforderungen fallen all jene Rationalitätsvorgaben, die sich auf den Gesetzgebungsprozess beziehen.

Dazu zählen unter anderem Vorgaben zur Beiziehung von Expert:innen und Sachverstand im Gesetzgebungsprozess, Vorgaben zu Öffentlichkeitsbeteiligung und Transparenz, Vorgaben zur Sachverhalts- und Tatsachenermittlung durch den Gesetzgeber und entsprechende Dokumentationspflichten.

Die im folgenden vorgestellten Entscheidungen von EGMR, EuGH und BVerfG sind allesamt Entscheidungen, in denen die genannten Gerichte nicht selbst eine auf wissenschaftlicher Evidenz beruhende inhaltliche Beurteilung vornehmen. Die genannten Gerichte beurteilen vielmehr lediglich anhand der Überprüfung von bestimmten Verfahrensschritten, ob im Gesetzgebungsverfahren evidenzbasiert gehandelt wurde. Dieser Trend zur Überprüfung von (lediglich) Verfahrensschritten wird in der Literatur als „procedural turn" bezeichnet.[28]

5.2.2 EGMR

Der EGMR[29] hat etwa in seiner Entscheidung in der Sache *Hirst* deutlich ausgesprochen, dass das Fehlen einer substanziellen parlamentarischen Debatte zu den grundrechtlichen Implikationen einer in Grundrechte eingreifenden Maßnahme die Verhältnismäßigkeit dieser Maßnahme in Frage stellt.[30] Im Ergebnis befand der EGMR daher, dass der generelle Ausschluss Strafgefangener vom Wahlrecht eine Verletzung der EMRK (Art 3 des 1. ZP) darstellte.

In einem Verfahren gegen Österreich, in dem es um den damals im Zivilgesetzbuch vorgesehen Ausschluss der Adoption von Kindern des Partners/der Partnerin in gleichgeschlechtlichen Partnerschaften ging, wies der EGMR explizit darauf hin, dass die Regierung keinerlei Studien oder sonstige Evidenz vorgelegt hatte, um die Regelung zu rechtfertigen.[31] Der EGMR führte in dieser Entscheidung aus, dass das vollkommene Fehlen wissenschaftlicher Studien die Verhältnismäßigkeit eines Grundrechtseingriffs deutlich in Frage stelle.[32]

In Hinblick auf Rechtssetzungstätigkeit der Verwaltung geht der EGMR ebenfalls davon aus, dass die Verhältnismäßigkeit eines Grundrechtseingriffs und der durch die Verhältnismäßigkeitsprüfung geforderte Interessensausgleich nur auf

---

[28] ZB Pavlidis 2021, S. 86 m. w. N.; Zysset 2022, S. 216 ff. m. w. N.

[29] Weitere Beispiele aus der Judikatur des EGMR finden sich z. B. bei Popelier 2017, S. 89 ff.; Sathanapally 2017, S. 64 ff.

[30] EGMR 06.10.2005, HIrst/United Kingdom, 74.025/01, insb Rz 79. Dazu z. B. Oliver-Lalana 2016, S. 150 f.

[31] EGMR 19.02.2013, X/Austria, 19.010/07, Rz 142.

[32] EGMR 19.01.2013, X/Austria, 19.010/07, Rz 146.

Basis vorangehender Untersuchungen und Studien erfolgen kann, insbesondere im Bereich der Umwelt- und Wirtschaftspolitik.[33] Allerdings verlangt der EGMR nicht, dass eine abschließende wissenschaftliche Beurteilung sämtlicher Aspekte eines Sachverhaltes vorgenommen werden muss, bevor überhaupt Recht gesetzt werden darf.[34] Dies ist in vielen Fällen auch gar nicht möglich; mangelnde Daten zum Zeitpunkt der Rechtssetzung können insbesondere durch Monitoring und zeitliche Befristung der fraglichen Maßnahmen „ausgeglichen" werden.[35]

5.2.3 EuGH

Auch der EuGH nimmt bei der Beurteilung der Verhältnismäßigkeit von EU-Rechtsakten auf die im Gesetzgebungsverfahren durchgeführten Impact Assessments bzw. Folgenabschätzungen Bezug.[36] So begründete er etwa in der Rechtssache *Vodafone* die Verhältnismäßigkeit der Festlegung von Entgeltobergrenzen für Roaming auf Endkundenebene durch den EU-Gesetzgeber auch damit, dass die Kommission im Rahmen der Erstellung des Legislativvorschlags eine umfassende Prüfung der wirtschaftlichen Zusammenhänge vorgenommen hatte und die Ergebnisse dieser Prüfung im Gesetzgebungsverfahren dokumentiert wurden.[37]

Auch in neuerer Judikatur des EuGH wird eine Begründungspflicht des EU-Rechtssetzers angenommen, die mit einer entsprechenden Dokumentationspflicht einhergeht. Im Zusammenhang mit Maßnahmen zur Anpassung des Emissisonszertifikatehandelssystems, die von Polen vor dem EuGH bekämpft wurden, führte der Gerichtshof aus, dass „in einem komplexen technischen und sich ständig weiterentwickelnden Rahmen" der Unionsgesetzgeber über ein weites Ermessen verfüge, welche Maßnahmen er erlasse; nur grobe Ermessensfehler (Missbrauch, offensichtlich fehlerhafte Ausübung, Überschreitung) wären vom Gerichtshof wahrzunehmen und führen zu einer Unverhältnismäßigkeit des Rechtsakts.[38] Das weite Ermessen beziehe sich zwar auch auf die Feststellung der Grunddaten für die rechtssetzende Tätigkeit;[39] allerdings sei für die Ausübung der beschränkten gerichtlichen Kontrolle notwendig, dass der Rechtssetzer ausreichend dokumentiert, welche Daten für die von ihm getroffene Einschätzung relevant waren.[40] Im weiteren legte der EuGH ausführlich dar, auf welche Studien sich die bekämpften Maßnahmen stützten, wie das Impact Assessment durchgeführt wurde und welche Anhörungen stattgefunden

---

[33] EGMR 08.07.2003, Hatton et al/United Kingdom, 36.022/97, Rz 128.

[34] EGMR 08.07.2003, Hatton et al/United Kingdom, 36.022/97, Rz 128.

[35] Vgl EGMR 08.07.2003, Hatton et al/United Kingdom, 36.022/97, Rz 128.

[36] Ausführlich dazu Alblas und Castro-Montero 2017, S. 25–51.

[37] EuGH 08.06.2010, Rs C-58/08, Vodafone, ECLI:EU:C:2010:32 Rz 55.

[38] EuGH 21.06.2018, Rs C-5/16, Polen/Parlament und Rat, ECLI:EU:C:2018:483, Rz 150. Vgl aktuell etwa auch EuGH 04.05.2023, Rs C-389/21 P, EZB/Crédit lyonnais, ECLI:EU:C:2023:368 Rz 56 ff zur Beurteilungsprärogative der EZB und dem Kontrollmaßstab des Gerichts.

[39] EuGH 21.06.2018, Rs C-5/16, Polen/Parlament und Rat, ECLI:EU:C:2018:483, Rz 151.

[40] EuGH 21.06.2018, Rs C-5/16, Polen/Parlament und Rat, ECLI:EU:C:2018:483, Rz 152 f.

hatten, und kam zu dem Ergebnis, dass die Begründungs- und Dokumentationspflichten erfüllt und die Maßnahmen daher auch unter diesem Aspekt verhältnismäßig waren.

Einen anderen Zugang verfolgt der EuGH, soweit es nicht um den Unionsgesetzgeber geht, sondern um mitgliedstaatliche Rechtsakte. Im Zusammenhang mit einem ungarischen Gesetz, das die Dienstleistungsfreiheit im Bereich des Glücksspiels einschränkte, legte ein ungarisches Gericht dem EuGH eine auf das Bestehen von Ermittlungs- und Dokumentationspflichten gerichtete Frage zur Vorabentscheidung vor. Konkret wollte das ungarische Gericht wissen, ob die Rechtmäßigkeit einer Einschränkung der Dienstleistungsfreiheit davon abhänge, dass der Gesetzgeber zum Zeitpunkt der Erlassung der einschränkenden Maßnahmen eine Folgenabschätzung durchgeführt habe, um die Wirksamkeit der Maßnahme und ihre Eignung zur Erreichung der vorgeblich verfolgten öffentlichen Interessen zu belegen.[41] Der EuGH verneinte dies: Ein Mitgliedstaat sei zwar verpflichtet, ein nationales Gericht in die Lage zu versetzen, dass es beurteilen kann, ob eine Einschränkung der Dienstleistungsfreiheit dem vorgeblich verfolgten Ziel diene.[42] Daraus sei aber noch keine Verpflichtung des nationalen Gesetzgebers zu folgern, bei der Einführung eines Gesetzes eine Folgenabschätzung durchzuführen.[43] Der EuGH versucht hier offenkundig, die Autonomie des nationalen Gesetzgebungsprozesses zu wahren, in dem eine sich aus dem Unionsrecht ergebende Folgenabschätzungs- und Dokumentationspflicht des mitgliedstaatlichen Rechtssetzers verneint wird.[44]

5.2.4 BVerfG

Soweit es um die Aufklärung des für eine gesetzgeberische Tätigkeit maßgeblichen Sachverhalts geht, nimmt das deutsche Bundesverfassungsgericht in bestimmten Konstellationen Sachaufklärungspflichten des Gesetzgebers an.

Besonders viel Aufmerksamkeit hat im rechtswissenschaftlichen Schrifttum die „Hartz-IV" Entscheidung des Bundesverfassungsgerichts erhalten.[45] Aufbauend auf dem Recht auf ein menschenwürdiges Existenzminimum, das sich dem Gericht zufolge aus der Menschenwürdegarantie (Art 1 Abs 1 GG) in Verbindung mit dem Sozialstaatsprinzip (Art 20 GG) ergibt, hatte das BVerfG zu beurteilen, ob die im deutschen Recht vorgesehenen Sozialleistungen verfassungskonform waren. Dazu führte das BVerfG aus, dass sich aus dem Grundgesetz zwar keine exakte, materiell

[41] EuGH 28.02.2018, C-3/17, Sporting Odds, ECLI:EU:C:2018:130, Rz 19 (14. Vorlagefrage).

[42] EuGH 28.02.2018, C-3/17, Sporting Odds, ECLI:EU:C:2018:130, Rz 62.

[43] EuGH 28.02.2018, C-3/17, Sporting Odds, ECLI:EU:C:2018:130, Rz 63.

[44] Anders aber offenbar der Zugang, soweit es um die Frage geht, wann bzw. wie schnell auf geänderte Umstände reagiert werden muss: Die Literatur verortet hier in der Rechtsprechung des EuGH gegenüber dem EU-Rechtssetzer eine größere Toleranz als gegenüber den Mitgliedstaaten, Ismer und von Hesler 2016, S. 279–301.

[45] BVerfG 125, 175, Hartz-IV. Dazu mit Blick auf prozedurale Rationalitätsforderungen z. B. Dann 2010, S. 636 ff.; Sicko 2011, S. 27–42; Nolte 2013, S. 245–265; Bar-Siman-Tov 2016, S. 116.

bestimmbare Vorgaben für das Existenzminimum ableiten lasse, dass aber die entsprechenden Festlegungen durch den Gesetzgeber „auf der Grundlage verlässlicher Zahlen und schlüssiger Berechnungsverfahren tragfähig zu rechtfertigen sein" müssen.[46] Den Gesetzgeber treffe insofern eine „Obliegenheit, die zur Bestimmung des Existenzminimums im Gesetzgebungsverfahren eingesetzten Methoden und Berechnungsschritte nachvollziehbar offenzulegen"[47]. Die genannte Entscheidung wird über Deutschland hinaus in der rechtswissenschaftlichen Literatur diskutiert und hat dem BVerfG den Ruf eines „frontrunners of empirical review"[48] eingebracht.

Auch in anderen Entscheidungen nahm das BVerfG vergleichbare prozedurale Pflichten des Gesetzgebers an, so etwa bei Legalenteignungen. In derartigen Fällen sei der Gesetzgeber dazu verpflichtet, den für seine Entscheidung maßgeblichen Sachverhalt „zutreffend und vollständig" zu ermitteln.[49]

Auch für die gesetzgeberische Festlegung der Beamtenbesoldung nimmt das BVerfG prozedurale Aufklärungspflichten des Gesetzgebers an: Da sich aus dem Grundgesetz (Art 33 Abs 5 GG) selbst keine konkrete Höhe der geforderten angemessenen Alimentation ergibt, dienen die vom BVerfG angenommenen Aufklärungspflichten der Kompensation der Unbestimmtheit des grundrechtlichen Anspruchs.[50]

Der Gesetzgeber schuldet also in diesen Fällen nicht nur das Gesetz, sondern auch die Begründung dafür, auf welcher Datenbasis die im Gesetz vorgesehenen Maßnahmen aufbauen.

Interessant ist allerdings, dass das BVerfG im berühmten „Klima-Beschluss" einen anderen Ansatz verfolgt:[51] In einer der Beschwerden, die letztendlich zum Klima-Beschluss führten, wurde nämlich vorgebracht, dass das deutsche Klimaschutzgesetz den verfassungsrechtlichen Rationalitätsforderungen nicht genüge, da der Gesetzgeber sich nicht ausreichend mit den Erkenntnissen des IPCC auseinandergesetzt habe.[52] Das BVerfG verneinte in dieser Entscheidung allerdings das Bestehen allgemeiner Begründungs- und Sachaufklärungspflichten des Gesetzgebers.[53] Solche Begründungs- und Sachaufklärungspflichten bestünden dem BVerfG zufolge nur in verfassungsrechtlichen Sonderkonstellationen; in der Regel böte das Gesetzgebungsverfahren und die von ihm ausgehende Öffentlichkeitswirkung selbst ausreichend Gewähr für die „Rationalität" der gefundenen gesetzgeberischen Kompromisse.[54]

---

[46] BVerfG 125, 175 (226).

[47] BVerfG 125, 175 (226).

[48] Meßerschmidt 2016, S. 218.

[49] ZB BVerfG 95, 1, Südumfahrung Stendal, 23.

[50] ZB BVerfG 130, 263, Professorenbesoldung, 301 f.

[51] BVerfG 24.03.2021, 1 BvR 2656/18, ECLI:DE:BVerfG:2021:rs20210324.1bvr265618.

[52] BVerfG 24.03.2021, 1 BvR 2656/18, ECLI:DE:BVerfG:2021:rs20210324.1bvr265618, Rz 73.

[53] BVerfG 24.03.2021, 1 BvR 2656/18, ECLI:DE:BVerfG:2021:rs20210324.1bvr265618, Rz 239 ff.

[54] BVerfG 24.03.2021, 1 BvR 2656/18, ECLI:DE:BVerfG:2021:rs20210324.1bvr265618, Rz 240: „Eine selbstständige, von den Anforderungen an die materielle Verfassungsmäßigkeit des Gesetzes unabhängige Sachaufklärungspflicht folgt aus dem Grundgesetz generell nicht. Das Bundesverfassungsgericht hat bisher nur in bestimmten Sonderkonstellationen eine selbstständige Sach-

Dem BVerfG zufolge beziehen sich die verfassungsrechtlichen Anforderungen lediglich auf das Ergebnis des Gesetzgebungsverfahrens, nicht aber auf die im Rahmen dieses Verfahrens erarbeitete Begründung für einen Gesetzgebungsakt.[55] Im Lichte des oben Gesagten zu politischer Rationalität mögen diese Ausführungen vielleicht verwundern; das BVerfG weist hier aber genau auf das einer liberalen Demokratie inhärente Spannungsverhältnis zwischen politischer Kompromissfindung und wissenschaftlicher Evidenz hin. In diesem Spannungsverhältnis können materielle Verfassungsvorgaben, insbesondere die Grundrechte, moderierend wirken – auch im Klima-Beschluss des BVerfG waren es letztlich grundrechtliche Überlegungen, die zur Verfassungswidrigkeit einiger Bestimmungen des Klimaschutzgesetzes führten.[56]

5.2.5 Rechtslage in Österreich

Wie ist die diesbezügliche Rechtslage in Österreich? Georg Lienbacher hat in seinem Beitrag für die Tagung der Deutschen Staatsrechtslehrervereinigung 2011 bereits festgestellt, dass der VfGH in Österreich keine vergleichbaren Pflichten aus dem österreichischen Verfassungsrecht ableitet.[57] Dieser Befund trifft auch mehr als 10 Jahre später im Grunde noch zu.

Im österreichischen Gesetzgebungsverfahren ist als Instrument des Impact Assessment die sogenannten „Wirkungsorientierte Folgenabschätzung", kurz: WFA vorgesehen.[58] § 17 des Bundeshaushaltsgesetzes legt fest, dass im Rahmen einer solchen Folgenabschätzung „finanzielle, wirtschafts-, umwelt-, konsumentenschutz-

---

aufklärungspflicht des Gesetzgebers angenommen. Ansonsten gilt das Prinzip, dass die Gestaltung des Gesetzgebungsverfahrens im Rahmen der durch die Verfassung vorgegebenen Regeln Sache der gesetzgebenden Organe ist. Das parlamentarische Verfahren ermöglicht zudem mit der ihm eigenen Öffentlichkeitsfunktion und den folglich grundsätzlich öffentlichen Beratungen gerade durch seine Transparenz, dass Entscheidungen auch in der breiteren Öffentlichkeit diskutiert und damit die Voraussetzungen für eine Kontrolle auch der Gesetzgebung durch die Bürgerinnen und Bürger geschaffen werden. Schon deshalb geht Entscheidungen von erheblicher Tragweite grundsätzlich ein Verfahren voraus, welches der Öffentlichkeit auch durch die Berichterstattung seitens der Medien hinreichend Gelegenheit bietet, Auffassungen auszubilden und zu vertreten, und das die Volksvertretung dazu anhält, Notwendigkeit und Umfang der zu beschließenden Maßnahmen in öffentlicher Debatte zu klären. Das Grundgesetz vertraut so darauf, dass auch ohne Statuierung einer eigenständigen Sachaufklärungspflicht die Transparenz und der öffentliche Diskurs im parlamentarischen Verfahren hinreichende Gewähr für eine jeweils ausreichende Tatsachengrundlage der gesetzgeberischen Entscheidung bieten. Denn das Fehlen einer selbstständigen Sachaufklärungspflicht im Gesetzgebungsverfahren befreit den Gesetzgeber nicht von der Notwendigkeit, seine Entscheidungen in Einklang mit den verfassungsrechtlichen Anforderungen, insbesondere den Grundrechten, zu treffen, und sie insoweit – etwa im Blick auf die Verhältnismäßigkeitsanforderungen – auf hinreichend fundierte Kenntnisse von Tatsachen und Wirkzusammenhängen zu stützen".

[55] BVerfG 24.03.2021, 1 BvR 2656/18, ECLI:DE:BVerfG:2021:rs20210324.1bvr265618, Rz 241.

[56] Dazu noch unten bei Abschn. 5.3.3.

[57] Lienbacher 2012, S. 18.

[58] Erlassene Rechtsakte unterliegen nach dem Bundeshaushaltsgesetz überdies Evaluierungspflichten (insb §§ 18 und 68 Bundeshaushaltsgesetz).

politische sowie Auswirkungen auf Kinder und Jugend sowie die Verwaltungskosten für Bürgerinnen und Bürger und für Unternehmen, als auch in sozialer Hinsicht und insbesondere auch auf die tatsächliche Gleichstellung von Männern und Frauen zu berücksichtigen" sind. Diese WFA, die im Wesentlichen für alle Gesetzgebungsvorhaben des Bundes und für Verordnungen der Bundesorgane vorzunehmen ist, wurde 2013 eingeführt. Sie wurde bisher in lediglich elf Verfahren vor dem VfGH thematisiert, wobei es sich ausschließlich um Gesetzesprüfungsverfahren handelte.[59]

In einem Großteil dieser Verfahren argumentierten lediglich die Parteien mit der WFA – etwa, um das Bestehen eines öffentlichen Interesses an einem Grundrechtseingriff zu begründen. Der VfGH selbst ließ sich aber nur in zwei Entscheidungen näher auf diese Argumentation ein:[60] Die beiden Entscheidungen ergingen am selben Tag und befassten sich mit sehr ähnlichen Rechtsfragen; in beiden Verfahren ging es um die vor Kurzem vollzogene Sozialversicherungsreform, die unter anderem die Zusammenlegung der Gebietskrankenkassen in den Ländern zur Österreichischen Gesundheitskasse zur Folge hatte.[61] Die Antragssteller brachten in beiden Verfahren vor, dass die zur Reform erstellet WFA die wirtschaftlichen Folgen nicht richtig abbilde und die Materialien zum Gesetzesvorhaben teilweise auf widersprüchlichen Annahmen und Berechnungen basierten. Damit wurde versucht, eine Gleichheitswidrigkeit (ein Verstoß gegen das Sachlichkeitsgebot und das laut den Antragsstellern dem Gleichheitssatz innewohnende Effizienzprinzip) zu begründen. Zu diesem Vorbringen führte der VfGH in beiden Entscheidungen im Wesentlichen gleichlautend aus, „dass selbst unvollständige, in sich widersprüchliche oder nicht nachvollziehbare Gesetzesmaterialien oder solche Angaben in der bloß einfachgesetzlich vorgesehenen (§ 17 Bundeshaushaltsgesetz) ‚wirkungsorientierten Folgenabschätzung' ebenso wie auch (behauptetermaßen) politisch einseitige Darstellungen in der Gesetzwerdungsphase keine Verfassungswidrigkeit des Gesetzes begründen, auf das sie Bezug haben."[62] Bemerkenswert ist dabei, dass der VfGH die Irrelevanz etwaiger Widersprüche und Mängel in den Gesetzesmaterialien gerade in einem Fall annimmt, in dem ein Systemumbruch stattfindet. So führt der

[59] VfGH 09.12.2014, G136/2014 ua; VfGH 09.03.2016, G606/2015 ua; VfGH 02.07.2016, G450/2015 ua; VfGH 29.09.2017, G44/2017 ua; VfGH 29.11.2017, G233/2016; VFGH 12.12.2019, G164/2019 ua; VfGH 13.12.2019, G78/2019 ua; VfGH 13.12.2019, G67/2019 ua; VfGH 07.10.2020, G289/2020 ua; VfGH 14.12.201, G225/2012.

[60] VfGH, 13.12.2019, G 67/2019 ua; 13.12.2019, G 78/2019 ua; VfGH 05.10.2023, G256/2022. In VfGH, 14.12.2021, G 225/2021 akzeptiert der VfGH den Hinweis der BReg auf Argumente in der WFA, die eine Erforderlichkeit einer abweichenden Verfahrensbestimmung iSd Art 136 Abs 2 B-VG begründen sollen. Im Verordnungsprüfungsverfahren VfGH 19.09.2023, V87/2022 kommt der Begriff der wirkungsorientierten Folgenabschätzung lediglich in den relevanten Gesetzesgrundlagen vor.

[61] Dass die versprochenen ökonomischen Entlastungseffekte der Sozialversicherungsreform („Patientenmilliarde") nicht eintraten, wurde inzwischen auch vom Rechnungshof bestätigt, s dazu z. B. https://www.profil.at/oesterreich/rechnungshof-bericht-die-patientenmilliarde-war-ein-schmaeh/402059995 (letzter Zugriff 09.02.2024).

[62] VfGH 13.12.2019, G78/2019 ua.

VfGH in einer der beiden Entscheidungen, bevor er die Irrelevanz etwaiger Widersprüche in den Materialien erörtert, aus, es liege „prinzipiell im Rahmen des rechtspolitischen Gestaltungsspielraumes des einfachen Gesetzgebers, eine ihm als rechtspolitisch zweckmäßig erscheinende Reform vorzunehmen und eine wenn auch bewährte Rechtslage durch eine ihm günstiger erscheinende zu ersetzen, ohne sich hiefür im Einzelnen rechtfertigen zu müssen."[63]

Der Gesetzgeber schuldet also nach diesem Konzept des VfGH[64] lediglich das Gesetz, keine nachvollziehbare Begründung dafür.[65]

Erwähnenswert ist hier allerdings auch die Rechtsprechung des VfGH im Zusammenhang mit Maßnahmen zur Eindämmung der Corona-Pandemie. Gerade dort wurde nämlich die Frage der ausreichenden Evidenzbasierung mehrmals vor dem VfGH thematisiert.

Unter dem Stichwort „evidenzbasiert" finden sich zum Stand November 2023 18 Entscheidungen des VfGH. Bis auf drei befassen sich alle mit Corona-Maßnahmen, zwei dieser drei Entscheidungen sind jene, die ich gerade zur WFA erwähnt habe und bei der dritten wird „evidenzbasiert" lediglich im Statut des antragsstellenden Vereins erwähnt. Auch hier erfolgt eine Bezugnahme auf „Evidenzbasierung" in der überwiegenden Zahl an Verfahren nur durch die Parteien des Verfahrens. In einigen dieser Entscheidungen nimmt der VfGH auf eine den Rechtssetzer, konkret also: den Verordnungsgeber bindende Dokumentationspflicht Bezug.[66]

Diese Dokumentationspflicht des Verordnungsgebers hat der VfGH zwar nicht zum ersten Mal bei der Prüfung der Corona-Maßnahmen angenommen;[67] sie wird aber in verschiedenen Corona-Entscheidungen prominent in Stellung gebracht.[68] Die Dokumentationspflicht soll vor allem dann greifen, wenn die gesetzliche Ermächtigungen der Verwaltung einen weiten Spielraum einräumt und sicherstellen, dass die Einhaltung dieses Spielraums überprüft werden kann. Der VfGH weist aber

[63] VfGH 13.12.2019, G67/2019 ua. Anders etwa das BVerfG in ZB BVerfG 130, 263, Professorenbesoldung, Rz 163 ff.: „Systemwechsel sind in besonderem Maße mit Unsicherheiten behaftet und für Prognoseirrtümer anfällig. Daher kommt es auf die Einhaltung prozeduraler Anforderungen an, die als ‚zweite Säule' des Alimentationsprinzips neben seine auf eine Evidenzkontrolle beschränkte materielle Dimension treten und seiner Flankierung, Absicherung und Verstärkung dienen".

[64] Das etwa auch in VfGH 23.02.2015, G220/2014 zum Tragen kam.

[65] Vgl dazu auch Lienbacher 2012, S. 46, wonach der Gesetzgeber keine Begründung, aber ein begründbares Gesetz schuldet.

[66] ZB VfGH 24.06.2021, V87/2021; VfGH 03.12.2021, V617/2020 ua.

[67] S schon VfSlg 11.972/1989; VfSlg 17.616/2004; VfSlg 20.095/2016. Vgl dazu Klaushofer et al. 2021, S. 665; Klaushofer et al. 2020, S. 759; Pavlidis 2021, S. 85 ff.

[68] VfGH 14.07.2020, V363/3030, VfSlg 20.398/2020: „Determiniert das Gesetz die Verordnung inhaltlich nicht so, dass der Verordnungsinhalt im Wesentlichen aus dem Gesetz folgt, sondern öffnet es die Spielräume für die Verwaltung so weit, dass ganz unterschiedliche Verordnungsinhalte aus dem Gesetz folgen können, muss der Verordnungsgeber die nach dem Gesetz maßgeblichen Umstände entsprechend ermitteln und dies im Verordnungserlassungsverfahren auch nachvollziehbar festhalten, sodass nachgeprüft werden kann, ob die konkrete Verordnungsregelung dem Gesetz in der konkreten Situation entspricht". Weiters z. B. VfGH 14.07.2020, V411/2020 ua, VfSlg 20.399/2020; VfGH 14.07.2020, V396/2020; VfGH 14.07.2020, V395/2020; VfGH 10.03.2021, V574/2020 ua; VfGH 24.06.2021, V87/2021; VfGH 03.12.201, V617/2020 ua; VfGH 29.04.2022, V23/2022.

auch daraufhin, dass an die Dokumentationspflicht keine hohen Anforderungen gestellt werden dürfen, insbesondere dann, wenn es sich um Maßnahmen handelt, die rasch ergriffen werden müssen.

5.3 *Formale Rationalitätsforderungen*

5.3.1 Allgemeines

In die Kategorie der formalen Rationalitätsforderungen lassen sich all jene Kriterien einordnen, die Verfassungsgerichte mit Blick auf Konsistenz und Widerspruchsfreiheit, Systemgerechtigkeit und Kohärenz, aber auch Bestimmtheit einer Rechtsnorm aufstellen.[69] Sie ergeben sich in der Regel aus einer Interpretation der einschlägigen Grundrechte, insbesondere des Gleichheitssatzes, und werden zum Teil auch aus dem Rechtsstaatsprinzip abgeleitet. Gemein ist diesen Kriterien, dass sie alle nicht auf die Erzielung der „besten" Lösung durch einen Rechtssetzer abzielen, aber auf eine solche, die mit dem verfolgten Gesamtsystem vereinbar ist. Hinter solchen Rationalitätsforderungen steht also der Grundgedanke, dass die Rechtsordnung ein geschlossenes, widerspruchsfreies System sein soll.[70]

5.3.2 EuGH

In der Rechtsprechung des EuGH finden sich zahlreiche Entscheidungen,[71] in denen die Rechtmäßigkeit einer Grundfreiheitsbeschränkung (auch) davon abhängig gemacht wird, dass sie auf kohärente Weise erfolgt.[72]

So können etwa besonders strenge Regelungen für das Anbieten von Glücksspiel nicht durch das öffentliche Interesse am Schutz der Sozialordnung vor den Gefahren des Glücksspiels gerechtfertigt werden, wenn seitens des Mitgliedstaates gleichzeitig offensiv Werbung für Glücksspiel betrieben wird, etwa um fiskalische Interessen zu bedienen,[73] wie das der EuGH z. B., in einem Verfahren betreffend

---

[69] Diese Rationalitätsforderungen werden regelmäßig im Rahmen der materiellen Überprüfung (dazu schon oben bei 5.1) von Rechtsakten ins Spiel gebracht, können aber dennoch aufgrund ihrer perspektivischen Ausrichtung auf das Gesamtsystem oder Teile davon von den unten als „materiell" bezeichneten Rationalitätsanforderungen unterschieden werden.

[70] Vgl z. B. Dann 2010, S. 639 f.

[71] ZB EuGH 06.11.2003, Rs C-243/01, Gambelli, ECLI:EU:C:2003:597; EuGH 10.03.2009, Rs C-169/07, Hartlauer, ECLI:EU:C:2009:141; EuGH 08.09.2010, Rs C-46/08, Carmen Media, ECLI:EU:C:2010:505; EuGH 12.06.2014, Rs C-156/13, Digibet, ECLI:EU:C:2014:1756; EuGH 24.10.2013, Rs C-275/12, Elrick, ECLI:EU:C:2013:684 (mit Blick auf die Vereinbarkeit mit Art 20 und 21 AEUV). Dazu z. B. Weber 2022, S. 409 ff.

[72] Zur Entwicklung in der Rechtsprechung z. B. Philipp 2016, S. 120 ff.; Dieterich 2014, S. 741 ff.

[73] EuGH 06.11.2003, Rs C-243/01, Gambelli, ECLI:EU:C:2003:597 Rz 69.

Italien betonte.[74] Mangelnde Konsequenz bei der Zielverfolgung führt also zu mangelnder Kohärenz einer Maßnahme und damit zum Wegfall der auf das fragliche Ziel gestützten Rechtfertigungsmöglichkeit.[75] Der EuGH wendet die Kohärenzprüfung in derartigen Fällen als Teil der Verhältnismäßigkeitsprüfung und dort wiederum zumeist bei der Beurteilung der Eignung an.[76]

5.3.3 BVerfG

Auch das BVerfG hat in seiner Judikatur in einigen Entscheidungen aus dem Rechtsstaatsprinzip ein Gebot der Widerspruchsfreiheit bzw. Konsistenz abgeleitet,[77] und dafür in der Literatur sowohl Zustimmung[78] wie auch Ablehnung erfahren.[79]

Mit Blick auf den Klimaschutz ist auch hier wieder der Klima-Beschluss des BVerfG besonders interessant. In ihm hat das BVerfG nämlich Teile des deutschen Klimaschutzgesetzes deswegen für verfassungswidrig erklärt, weil durch den Gesetzgeber die Wirkung der Grundrechte als intertemporale Freiheitssicherungsinstrumente nicht ausreichend berücksichtigt worden wäre. Vereinfacht ausgedrückt geht das BVerfG davon aus, dass die Staatszielbestimmung des Art 20a GG in Verbindung mit den völkerrechtlichen Verpflichtungen aus dem Paris Übereinkommen den Gesetzgeber zur Erreichung der Paris-Ziele verpflichte.[80] Dementsprechend stehe bis 2050 nur noch ein begrenztes Treibhausgasbudget zur Verfügung. Je mehr davon schon jetzt verbraucht werde, umso weniger Treibhausgase dürfen in der Zukunft ausgestoßen werden.[81] Dies könnte aber zur Folge haben, dass in Zukunft deutlich drastischere Grundrechtseingriffe erforderlich werden – Stichwort „Klima-Lockdown" – um die Klimaziele zu erreichen. Durch die zu wenig ambitionierten Klimaziele im KSG sei daher die Gefahr zukünftiger, drastischer Freiheits-

---

[74] EuGH 06.11.2003, Rs C-243/01, Gambelli, ECLI:EU:C:2003:597 Rz 69; ganz ähnlich jeweils auch die Ausgangssituation in EuGH 06.03.2007, verb Rs C-338/04, Rs C-359/04 und C-360/04, Placanica, ECLI:EU:C:2007:133; EuGH 08.09.2010, Rs C-46/08, Carmen Media, ECLI:EU:C:2010:505.

[75] Es ist also nicht ausgeschlossen, dass die Beschränkung einer Grundfreiheit mit der Verfolgung eines anderen Ziels gerechtfertigt werden kann – dieses muss dann freilich (ua) wieder „kohärent" verfolgt werden.

[76] So explizit z. B. in EuGH 10.03.2009, Rs C-169/07, Hartlauer, ECLI:EU:C:2009:141 Rz 54 ff.; EuGH 17.07.2014, Rs C-173/13, Leone, ECLI:EU:C:2014:2090 Rz 54; EuGH 13.02.2014, Rs C-367/12, Sokoll-Seebacher, ECLI:EU:C:2014:68 Rz 39; diesem Ansatz zustimmend Dieterich 2014, S. 762 f.

[77] ZB BVerfGE 98, 106, Verpackungssteuer, 118 f; BVerfGE 98, 83, Landesabfallabgaben, 97; teilweise wird ein Gebot der „Einheitlichkeit" der Rechtsordnung vom BVerfG auch aus dem Gleichheitssatz abgeleitet, vgl BVerfGE 60, 16, Härteausgleichsleistungen, 40 und die Nachweise bei Bumke 2010, S. 85 ff.; Hanebeck 2002, S. 432 f.; Haack 2002, S. 135 ff.

[78] ZB Bumke 2010, S. 88.

[79] ZB Hanebeck 2002, S. 439 ff.; Herbst 2014, S. 290 ff.

[80] BVerfG 24.03.2021, 1 BvR 2656/18, ECLI:DE:BVerfG:2021:rs20210324.1bvr265618, Rz 185.

[81] BVerfG 24.03.2021, 1 BvR 2656/18, ECLI:DE:BVerfG:2021:rs20210324.1bvr265618, Rz 186.

beschränkungen gegeben, was eine eingriffsähnliche Vorwirkung zur Folge habe.[82] Der Gesetzgeber sei verpflichtet, die Pariser Klimaziele auf eine Art und Weise zu verfolgen, die ein solches Aufschieben der Belastung auf „später" vermeiden und die Last gleichmäßig verteilen.[83]

Diese neue dogmatische Figur der Grundrechte als intertemporale Freiheitssicherung wurde in der Literatur als Spielart der Kohärenz oder Folgerichtigkeit, nämlich der Systemgerechtigkeit über die Zeit bezeichnet.[84] Insoweit können auch formale Rationalitätsforderungen für den Bereich der Klimaschutzgesetzgebung Bedeutung haben.

5.3.4 Rechtslage in Österreich

Auch bezüglich der formalen Rationalitätsanforderungen ergibt sich bei einem Blick nach Österreich bzw. in die Rechtsprechung des VfGH ein weniger buntes Bild als in der Rechtsprechung von EuGH und BVerfG.

Zwar gibt es einige Ansatzpunkte in der Judikatur, die in Richtung einer Prüfung der kohärenten Vorgehensweise des Gesetzgebers in einem Sachbereich gehen.[85] Allerdings finden sich in der Rechtsprechung (noch) keine Ausführungen zur Kohärenz über die Zeit, und in der Literatur wird ein derartiges Konzept abgelehnt.[86]

5.4 Inhaltliche Rationalitätsforderungen

Als inhaltliche Rationalitätsforderungen können all jene Vorgaben bezeichnet werden, die sich auf die Berücksichtigung von Sachverstand und dem aktuellen Stand der Wissenschaft beziehen.[87] Solche Vorgaben ergeben sich insbesondere aus den Grundrechten, wo vor allem bei eingriffsintensiven Bereichen hohe Anforderungen an den Nachweis der Eignung eines Grundrechtseingriffs zur Erreichung öffentlicher Interessen gemacht werden können.[88] Eine Weiterentwicklung des verfügbaren Wissens kann in diesem Zusammenhang zur nachträglichen Rechtswidrigkeit von Gesetzgebungsakten führen; zum Teil werden daher auch Beobachtungs- und Nach-

[82] BVerfG 24.03.2021, 1 BvR 2656/18, ECLI:DE:BVerfG:2021:rs20210324.1bvr265618, Rz 187.

[83] BVerfG 24.03.2021, 1 BvR 2656/18, ECLI:DE:BVerfG:2021:rs20210324.1bvr265618, Rz 192 ff.

[84] Ruttloff und Freihoff 2021, S. 917–922.

[85] ZB VfGH 11.12.2020, G139/2019 ua.

[86] Klaushofer et al. 2021, S. 396 f.

[87] Vgl dazu Steinbach 2015, S. 271 ff. Zur gerichtlichen Kontrolle solcher gesetzgeberischer Verpflichtungen aus rechtsvergleichender Perspektive Van Gestel und de Poorter 2016.

[88] Vgl Steinbach 2015, S. 272. Eine konkrete Untersuchung, inwieweit Rechtssetzer sich zur Begründung der Verhältnismäßigkeit auf Evidenz stützen anhand von zwei Beispielen findet sich bei Van Gestel und van Lochem 2018.

besserungspflichten des Gesetzgebers angenommen[89] (wobei diese auch als prozedurale Rationalitätsforderungen eingeordnet werden könnten). Der Grundgedanke hinter derartigen Rationalitätsforderungen konzipiert Gesetzgebung als Prozess der objektiven Wahrheitsfindung.[90]

Auch für die inhaltlichen Rationalitätsforderungen bietet der Klima-Beschluss des BVerfG ein gutes Beispiel: Dem BVerfG zufolge hat nämlich die Staatszielbestimmung des Art 20a GG zur Konsequenz, dass dem Gesetzgeber eine andauernde Verpflichtung zur Anpassung des (Umwelt-)Rechts an den aktuellen Stand der Wissenschaft aufgegeben ist.[91]

Der VfGH hat bisher keine vergleichbaren Pflichten des österreichischen Gesetzgebers expliziert, wenngleich Änderungen im Stand der Wissenschaft ebenso wie veränderte gesellschaftspolitische Rahmenbedingungen im Rahmen einer Verhältnismäßigkeitsprüfung Relevanz haben.[92] Mit Blick auf den Verordnungsgeber hat der VfGH in Hinblick auf die Festsetzung von Grenzwerten für Schienenlärm allerdings 2013 ausgesprochen, dass die Nichtanpassung der Grenzwerte an den Stand der Technik die Rechtswidrigkeit der Verordnung zur Folge habe.[93]

6 Schlussfolgerungen

Aus dem vorangehenden rechtsvergleichenden Streifzug durch Rationalitätsforderungen in der Rechtsprechung von EuGH, EGMR, BVerfG und VfGH lässt sich als „kleinster gemeinsamer Nenner" festhalten, dass vor allem die Verhältnismäßigkeitsprüfung ein Einfallstor für die verfassungsrechtliche Begründung von Rationalitätsanforderungen darstellt. Die Palette an möglichen Rationalitätsanforderungen ist bunt, die Literatur hat hier bereits wesentliche Kategorisierungsleistungen erbracht. Ob von dieser bunten Palette auch Gebrauch gemacht wird,

---

[89] Ausführlich dazu Bieback 2018, Kießling 2018.

[90] Vgl z. B. Dann 2010, S. 640.

[91] BVerfG 24.03.2021, 1 BvR 2656/18, ECLI:DE:BVerfG:2021:rs20210324.1bvr265618, Rz 212.

[92] Vgl etwa die Entscheidung zur „Ehe für Alle"; VfGH 04.12.2017, G258-259/2017. Für den Verordnungsgeber etwa VfGH 29.04.2022, V23/2022 „Insgesamt ist, worauf der BMSGPK auch in seiner Stellungnahme hinweist, die Studienlage zur Omikron-Variante, die erst Ende November 2021 entdeckt wurde und sich innerhalb kürzester Zeit in Österreich (mit Anfang Jänner 2022) zur dominanten Variante entwickelt hat, im Zeitpunkt der Verordnungserlassung noch nicht sehr breit und auf Grund des kurzen Beobachtungszeitraumes von Unsicherheiten geprägt gewesen. Die im Verordnungsakt dokumentierten fachlichen Grundlagen zeigen jedoch, dass sich die verordnungserlassende Behörde mit dem internationalen Stand der wissenschaftlichen Diskussion laufend befasst und diesen in ihre Überlegungen einbezogen hat".

[93] VfGH 02.10.2013, V30/2013 ua – allerdings war dort der „Stand der Technik" ein Tatbestandsmerkmal der gesetzlichen Grundlage der relevanten Verordnung. Problematisiert wird in der Literatur auch, dass die Rechtsprechung und Rechtssetzung sozialwissenschaftliche Erkenntnisse zu wenig berücksichtigen, da häufig anekdotisches „Wissen" und allgemeine Lebenserfahrung als Maßstäbe herangezogen werden, Rachlinski 2011, S. 919 ff.; Petersen 2013, S. 294 ff.

hängt aber stark vom jeweiligen Gerichtshof und dem Kontext seiner Rechtsprechungstätigkeit ab. Klimaschutz und Pandemie-Management boten und bieten reichlich Anschauungsmaterial dafür.

Literatur

Alblas E, Castro-Montero JL (2017) Competence versus competency: judicial review of impact assessments by the Court of Justice of the European Union. Theory Pract Legis 6(1):25–51

Bar-Siman-Tov I (2016) The dual meaning of evidence-based judicial review of legislation. Theory Pract Legis 4(2):107–133

Bieback K-J (2018) Beobachtungs- und Evaluationsaufträge an den Gesetzgeber in der Rechtsprechung des Bundesverfassungsgerichts. Z Rechtssoziol 38(1):42–59

Brems E (2017) The ‚logics' of procedural-type review by the European Court of Human Rights. In: Gerards J, Brems E (Hrsg) Procedural review in European fundamental rights cases. Cambridge University Press, S 17–39

Bumke C (2010) Die Pflicht zur konsistenten Gesetzgebung: Am Beispiel des Ausschlusses der privaten Vermittlung staatlicher Lotterien und ihrer bundesverfassungsgerichtlichen Kontrolle. Der Staat 49(1):77–105

Dann P (2010) Verfassungsgerichtliche Kontrolle gesetzgeberischer Rationalität. Der Staat 49(4):630–646

Dieterich P (2014) Systemgerechtigkeit und Kohärenz. Duncker & Humblot, Berlin

van Gestel R, de Poorter J (2016) Putting evidence-based law making to the test: judicial review of legislative rationality. Theory Pract Legis 4(2):155–185

van Gestel R, van Lochem PJPM (2018) Evidence-based regulation and the translation from empirical data to normative choices: a proportionality test. Erasmus Law Rev 11(2):120–133

Grimm D (2012) Diskussionsbeitrag in Rationalitätsanforderungen an die parlamentarische Rechtsetzung im demokratischen Rechtsstaat. In: Veröffentlichungen der Vereinigung der Deutschen Staatsrechtslehrer 71. https://doi.org/10.1515/9783110287424. Zugegriffen am 09.02.2024

Haack S (2002) Widersprüchliche Regelungskonzeptionen im Bundesstaat. Duncker & Humblot, Berlin

Hanebeck A (2002) Die Einheit der Rechtsordnung als Anforderung an den Gesetzgeber? Zu verfassungsrechtlichen Anforderungen wie „Systemgerechtigkeit" und „Widerspruchsfreiheit" der Rechtsetzung als Maßstab verfassungsgerichtlicher Kontrolle. Der Staat 41(3):429–451

Herbst T (2014) Gesetzgebungskompetenzen im Bundesstaat. Mohr Siebeck, Tübingen

Ismer R, Meßerschmidt K (2016) Evidence-based judicial review of legislation: some introductory remarks. Theory Pract Legis 4(2):91–106

Ismer R, von Hesler C (2016) Ex post review of legislatorial prognoses by the European Court of Justice: the temporal dimension of rational law-making. Theory Pract Legis 4(2):279–301

Kießling A (2018) Beobachtungs- und Evaluationsaufträge an den Gesetzgeber in der Rechtsprechung des Bundesverfassungsgerichts – Kommentar zu Karl-Jürgen Bieback. Z Rechtssoziol 38(1):60–68

Klaushofer R, Kneihs B, Palmstorfer R, Winner H (2020) Ausgewählte unions- und verfassungsrechtliche Fragen der österreichischen Maßnahmen zur Eindämmung der Ausbreitung des Covid-19-Virus. Z Öffentliches Recht 75(4):649–771

Klaushofer R, Kneihs B, Palmstorfer R, Winner H (2021) Unions- und verfassungsrechtliche Fragen der österreichischen Maßnahmen zur Eindämmung der Ausbreitung des Covid-19-Virus (II) Mai bis Dezember 2020. Z Öffentliches Recht 76(3):613–750

Lienbacher G (2012) Rationalitätsanforderungen an die parlamentarische Rechtsetzung im demokratischen Rechtsstaat. In: Veröffentlichungen der Vereinigung der Deutschen Staatsrechtslehrer 71. https://doi.org/10.1515/9783110287424. Zugegriffen am 09.02.2024

Meßerschmidt K (2016) Evidence-based review of legislation in Germany. Theory Pract Legis 4(2):209–235

Meyer S (2009) Die Verfassungswidrigkeit symbolischer und ungeeigneter Gesetze. Der Staat 48(2):278–304

Nolte J (2013) Rationale Rechtsfindung im Sozialrecht: Die vom Bundesverfassungsgericht aufgestellten Anforderungen an die Bestimmung des Existenzminimums im Lichte neuerer sozialgerichtlicher Rechtsprechung. Der Staat 52(2):245–265

Oliver-Lalana AD (2016) On the (judicial) method to review the (legislative) method. Theory Pract Legis 4(2):135–153

Pavlidis L (2021) Integrierung einer Verhaltenskontrolle gegenüber dem Gesetzgeber in die Grundrechtsprüfung? Diskutiert anhand des „Procedural Turn" des EGMR. Z Verwaltung 85(1):85–96

Petersen N (2013) Avoiding the common-wisdom fallacy: the role of social sciences in constitutional adjucation. Int J Const Law 11(2):294–318

Philipp M (2016) Systemgerechtigkeit bei den Marktfreiheiten der Europäischen Union. Duncker & Humblot, Berlin

Popelier P (2017) Evidence-based lawmaking: influences, obstacles and the role of the European Court of Human Rights. In: Gerards J, Brems E (Hrsg) Procedural review in European fundamental rights cases. Cambridge University Press, S 79–94

Popelier P, de Jaegere J (2016) Evidence-based judicial review of legislation in divided states: the Belgian case. Theory Pract Legis 4(2):187–208

Rachlinski JJ (2011) Evidence-based law. Cornell Law Rev 96(4):901–924

Reyes y Ráfales FJ (2013) Das Umschlagen von Rationalitätsdefiziten in Verfassungsverletzungen am Beispiel des Atomausstieges: Zugleich ein Beitrag zur „Verfassungspflicht zu optimaler Gesetzgebungsmethodik". Der Staat 52(4):597–629

Ruttloff M, Freihoff L (2021) Intertemporale Freiheitssicherung oder doch besser „intertemporale Systemgerechtigkeit"? – Auf Konturensuche. Neue Z Verwaltungsrecht 40(13):917–922

Sathanapally A (2017) The modest promise of ‚procedural review' in fundamental rights cases. In: Gerards J, Brems E (Hrsg) Procedural review in European fundamental rights cases. Cambridge University Press, S 40–76

Sicko C (2011) Erfüllen Gesetzesfolgenabschätzung und Gesetzesevaluation die verfassungsrechtlichen Anforderungen an das innere Gesetzgebungsverfahren? Überlegungen anlässlich des „Hartz-IV-Regelsatz-Urteils". Z Rechtssoziol 31(1):27–42

Siehr A (2005) „Objektivität" in der Gesetzgebung? Symbolische Gesetzgebung zwischen Rationalitätsanspruch des Gesetzes und demokratischem Mehrheitsprinzip. Archiv für Rechts- und Sozialpholosophie 91(4):535–557

Steinbach A (2015) Gesetzgebung und Empirie. Der Staat 54(2):267–289

Steinbach A (2017) Rationale Gesetzgebung. Mohr Siebeck, Tübingen

Towfigh EV (2009) Komplexität und Normenklarheit – Oder: Gesetze sind für Juristen gemacht. Der Staat 48(1):29–74

Trautmann ST (2013) Empirical knowledge in legislation and regulation: a decision making perspective. Theory Pract Legis 1(3):533–542

Weber T (2022) Bundesstaatliche Identitäten und ihre Achtung im Unionsrecht. Nomos, Baden-Baden

Westerman P (2013) Breaking the circle: goal-legislation and the need for empirical research. Theory Pract Legis 1(3):395–414

Zysset A (2022) A culture of justification or a culture of presumption= the turn to procedural review and the normative function of proportionality a the European Court of Human Rights. In: Schiedermair S, Schwarz A, Steiger D (Hrsg) Theory and practice of the European convention on human rights. Nomos, Baden-Baden, S 215–232

Univ.-Prof. Dr. Teresa Weber, MSc (Leiden) ist Universitätsprofessorin für Öffentliches Recht an der SFU Wien und forscht darüber hinaus auch am Forschungsinstitut für Urban Management und Governance/Institut für Recht und Governance der Wirtschaftsuniversität Wien.

Mittelbare Gesetzgebungssteuerung durch verfassungsrechtliche Rationalitätsanforderungen?

Jochen Rauber

Zusammenfassung Gesetzgeberische Entscheidungen werden von den materiellen Vorgaben der Verfassung nur schwach gesteuert. Der Rechtsprechung erscheint das zuweilen als problematisch. Und so unterwirft sie die Gesetzgebungsorgane gerade dort ungeschriebenen und Rationalität versprechenden Verfahrensanforderungen, wo das Grundgesetz der politischen Entscheidungsfindung in inhaltlicher Hinsicht besonders große Spielräume lässt. Am Beispiel der Besoldungsgesetzgebung illustriert der Beitrag, dass diese Verfahrensanforderungen auf eine mittelbare Steuerung legislativer Entscheidungen gerichtet sind. Von der Einhaltung prozeduraler Vorgaben erhoffen sie sich Effekte, die über die bloße Wahrung der Verfahrensregeln hinausgeht. Ein Seitenblick auf Psychologie, Sozial- und Verhaltenswissenschaften führt ausgehend davon vor Augen, dass diese Hoffnung auf anspruchsvollen und empirisch vielfach ungesicherten Annahmen über die Wirkungen von Verfahrensvorgaben beruhen. Auch die verfassungsrechtliche Dogmatik kann, so das abschließende Plädoyer, auf empirische Rechtsforschung daher nicht verzichten.

Die Arbeit an diesem Beitrag wurde gefördert durch die Deutsche Forschungsgemeinschaft – Projektnummer 428548823; er beruht in Teilen auf meiner Habilitationsschrift „Kompensation durch Verfahren" (Rauber 2024). Für Unterstützung bei der formalen Finalisierung des Beitrags danke ich Frau Luisa Kraft und Herrn Nico Prehn.

J. Rauber (✉)
Lehrstuhl für Öffentliches Recht mit einem internationalen Schwerpunkt, Leibniz Universität Hannover, Hannover, Deutschland
E-Mail: jochen.rauber@jura.uni-hannover.de

M. W. Müller (Hrsg.), *Mittelbare Verhaltenssteuerung – Konzept, Wirkungen, Kritik*,
https://doi.org/10.1007/978-3-662-69010-9_9

1 Gesetzgebungssteuerung zwischen Verfassung und Verfahren

Verfassungen sind der Ort juristischer Großformeln:[1] Sie sprechen von Menschenwürde und Sozialstaat, von Gleichheit und Demokratie, von Eigentum, Freiheit der Person und von Verantwortung für künftige Generationen. Als Instrumente gesellschaftlicher Feinsteuerung eignen sie sich schlecht. Und doch wird auch ihnen zuweilen eine Steuerungsfunktion zugeschrieben.[2] Auch das Verfassungsrecht, so liest man, steuere, indem es in Staatszielbestimmungen und Gesetzgebungsaufträgen grundlegende politische Gestaltungsentscheidungen vorformuliere[3] und die staatlichen Organe an eben diese Vorentscheidungen binde. Allerdings sind diese Vorentscheidungen durchweg auf eine Konkretisierung – meist durch Gesetz – angewiesen. Der Steuerungsanspruch des materiellen Verfassungsrechts erschöpft sich so in groben Richtungsvorgaben und Leitplanken; sein Steuerungsmodus ist auf politische (Aus-)Gestaltung angelegt, lässt ihr dabei allerdings weiten Spielraum.[4]

An eben diesen Spielräumen jedoch nimmt die verfassungsgerichtliche Rechtsprechung immer wieder Anstoß. Die Unbestimmtheit verfassungsrechtlicher Direktiven und die Gestaltungs- und Einschätzungsspielräume des Gesetzgebers erscheinen ihr als Manko, das nach einem Ausgleich verlange. Tragen soll die Bürde dieses Ausgleichs das Verfahren: Wo die Verfassung politische Entscheidungen nicht über das Ergebnis steuere, sondern in materieller Hinsicht Spielräume belasse, da obliege es dem Gesetzgebungsverfahren, eine gewisse Mindestrationalität sicherzustellen.

Der Strauß der Rationalitätsanforderungen, auf die die Rechtsprechung insofern setzt, ist dabei bunt[5] und es dürfte kein Zufall sein, dass er Erinnerungen ans Verwaltungsrecht wachruft, wo die Debatte über die Prozeduralisierung des Rechts schon länger geführt wird.[6] Ebenso wie die gesetzlich nur schwach gesteuerte Verwaltung soll der Gesetzgeber verpflichtet sein, zunächst die für eine Entscheidung maßgeblichen Parameter in einem fallübergreifenden Konzept verbindlich festzu-

---

[1] Vgl. allgemein zum Stil der Verfassung Graf Vitzthum 2010, § 10 Rn. 21 ff.

[2] Harms 1999, S. 55 ff.; Kirchhof 1999; Schneider 1982, S. 42: „Instrumente politischer Verhaltenssteuerung"; siehe ferner Bühler 2011, S. 78, der die Steuerungsfunktion in der Überschrift nennt, sie aber nicht weiter ausführt.

[3] Vgl. Badura 1973, S. 33: „Die Verfassung ist aber auch ein Plan, der Aufgaben normiert, ein Versuch der Bestimmung der politischen Zukunft durch Leitgedanken und Richtlinien für den politischen Prozess".

[4] So Peters 2001, S. 81; Schneider 1982, S. 42 f.; siehe auch Scheuner 1981, S. 140 sowie Badura 1973, S. 24, der für das Grundgesetz von „notwendigerweise auf Richtlinien beschränkten, rechtlichen Direktiven und Programmen" spricht.

[5] Überblick bei Wieckhorst 2017, S. 7 ff.

[6] Zu dieser Parallele zum Verwaltungsrecht etwa Britz 2017, S. 421 ff.; Meinel 2021, S. 46 ff.; vgl. auch Cornils 2011, S. 1058 f.; Dann 2010, S. 641; Nolte 2013, S. 251, 255.

legen,[7] die Tatsachengrundlagen seiner Entscheidung umfassend und zutreffend zu ermitteln, sie angemessen zu bewerten[8] und dazu auch die von einer Entscheidung Betroffenen[9] sowie externen Sachverstand[10] in das Verfahren einzubeziehen. All dies müsse der Gesetzgeber nachvollziehbar dokumentieren sowie die Gründe für seine Entscheidung darlegen[11] und schließlich auch nachlaufend beobachten, ob das Gesetz im Lichte späterer Entwicklungen oder Erkenntnisse einer Anpassung bedarf.[12]

Das verbindende Element all dieser Verfahrensanforderungen ist der Kompensationsgedanke.[13] Das Verfahren soll ausgleichen, dass das materielle Verfassungsrecht sich auf ausfüllungsbedürftige Rahmenvorgaben zurückzieht, die die Gesetzgebung eher flankieren als steuern. Aus der Steuerungsperspektive bedeutet das: Wo die Verfassung keine materiell-inhaltliche Ergebnissteuerung leistet, tritt die Steuerung durch Verfahren an deren Stelle. Doch wie genau steuert Verfahren? Ja, steuert es denn überhaupt?

Diesen Fragen möchte ich mich im Folgenden nähern und mich dabei vor allem für zwei Thesen stark machen. Erstens möchte ich zeigen, dass es dem Recht auch dort, wo es die Gesetzgebung auf eine prozedurale Rationalität verpflichtet, um

---

[7] In der Sache – wenngleich nicht in der Bezeichnung – finden sich derartige gesetzgeberischen Konzeptpflichten etwa in BVerfGE 101, 158 (215 ff.): Forderung eines „Maßstäbegesetzes"; BVerfGE 125, 175 (225 ff.): Forderung, das Ziel menschenwürdiger Existenz angemessen zu umschreiben und sich auf ein Verfahren festzulegen, mit dem dieses operationalisiert werden soll.

[8] Ermittlungs- und Bewertungspflichten etwa in BVerfGE 50, 50 (51); 50, 290 (333 f.); 57, 139 (160); 86, 90 (108 f., 110); 88, 203 (254); 95, 1 (22 f.); 106, 62 (151); 106, 62 (151); 120, 82 (113); 125, 175 (226); 129, 300 (322); 135, 259 (289) aus der Rechtsprechung der Landesverfassungsgerichte etwa BWStGH, NJW 1975, S. 1205 (1213); BWStGH, Urt. v. 10.5.1999 – 2/97 –, juris, Rn. 98; HessStGH, NVwZ-RR 2006, S. 657 (662); SachsAnhVerfG, LKV 1995, S. 75 (79 f.); SächsVerfGH, LKV 2000, S. 21 (21); LKV 2000, S. 489 (490); SächsVerfGH, Urt. v. 15.11.2013 – Vf. 25-II-12 –, juris, Rn. 133; ThürVerfGH, NVwZ-RR 1999, S. 55 (59); aus dem Schrifttum etwa Brenner 2011, S. 399; Burghart 1996, S. 124 ff.; Hoffmann 1990, S. 104 ff.; Lange 2010, S. 266 f.; Kloepfer 1995, S. 447; Lücke 2001, S. 26 ff.; Schwerdtfeger 1977, S. 178 ff.; ausführlich Reicherzer 2006, S. 439 ff., insbes. 450 ff.

[9] Zu kommunalen Neugliederungen: BVerfGE 50, 195 (202 f.); 86, 90 (107 ff.); zu Legalplanungen BVerfGE 95, 1 (23); siehe ferner die entsprechende gesetzliche Regelung in § 118 BBG.

[10] BVerfGE 119, 96 (146 f.); in der Sache ebenso, wenngleich weniger prononciert BVerfGE 79, 311 (345); BerlVerfGH, NVwZ 2004, S. 210 (212); NWVerfGH, NVwZ 2011, S. 805 (807).

[11] Dokumentations- und Begründungspflichten finden sich etwa in BVerfGE 79, 311 (345); 125, 175 (226); 137, 108 (156); BerlVerfGH, NVwZ 2004, S. 210 (212, 215 f.); HessStGH, NVwZ 2013, S. 1151 (1153); MVVerfG, LKV 2006, S. 23 (24 f.); NdsStGH, NVwZ 1998, S. 1288 (1291); NWVerfGH, NJW 1976, S. 2209 (2210); NVwZ 2011, S. 805 (806); RhPfVerfGH, NVwZ 2012, S. 1034 (1036).

[12] BVerfGE 88, 203 (310); 90, 145 (194); 95, 267 (314 f.); 112, 304 (316 f.); 123, 186 (266); 125, 175 (225); 132, 134 (163); 137, 34 (74); 156, 63 (141); siehe auch BVerfGE 142, 123 (208 f.); 146, 216 (263); 151, 202 (298); aus der landesverfassungsgerichtlichen Judikatur etwa BayVerfGH, Entsch. v. 12.1.1998 – Vf. 24-VII-94 –, juris, Rn. 83 f., 94; BbgVerfG, NVwZ-RR 2000, S. 129 (131); HessStGH, NVwZ 2013, S. 1151 (1153); MVVerfG, LKV 2006, S. 461 (466); NdsStGH, Urt. v. 4.6.2010 – StGH 1/08 –, juris, Rn. 80; NWVerfGH, NVwZ-RR 1999, S. 81 (82); RhPfVerfGH, NVwZ 2012, S. 1034 (1037); SächsVerfGH, Urt. v. 15.11.2013 – Vf. 25-II-12 –, juris, Rn. 132; ThürVerfGH, NVwZ- RR 2005, S. 665 (672).

[13] Wieckhorst 2017, S. 43.

eine Form mittelbarer Steuerung geht. Denn mit der verfahrensrechtlichen Einbindung des Gesetzgebers nimmt das Recht planvoll auf dessen Entscheidungsprozess Einfluss, um auf diese Weise bestimmte Ziele zu erreichen. Eben diese Ziele jedoch erschöpfen sich nicht in der pflichtgemäßen Durchführung der entsprechenden Verfahrenshandlungen, sondern sollen sich – und hierin liegt die Mittelbarkeit der intendierten Steuerungsleistung – erst als deren Folge einstellen. Dass der so umrissene Steuerungsanspruch legislativer Verfahrensanforderungen auf empirischen Annahmen darüber beruht, wie das Design von Entscheidungsverfahren die zu treffenden Entscheidungen beeinflusst, wird erstaunlich selten reflektiert.[14] Ich will den Blick dazu auf die insofern kompetenteren Sozial- und Verhaltenswissenschaften, insbesondere die Psychologie und die Verhaltensökonomie, lenken und zeigen – und das ist meine zweite These – dass eben diese Annahmen jedenfalls zum Teil auf tönernen Füßen stehen.

Gut illustrieren lässt sich das an der bundesverfassungsgerichtlichen Rechtsprechung zur Besoldungsgesetzgebung. Denn in ihr greift das Bundesverfassungsgericht auf drei der typischen Verfahrensanforderungen zurück: Erstens auf die Pflicht des Gesetzgebers, die tatsachenbezogenen Entscheidungsgrundlagen zutreffend zu ermitteln und zu bewerten; zweitens auf die Pflicht, seine Entscheidungsfindung zu dokumentieren und zu begründen; und schließlich drittens auf die Pflicht, einmal getroffene Gesetzgebungsentscheidungen im Nachgang zu beobachten und zu überprüfen.

2 Besoldungsgesetzgebung als Referenzbeispiel

2.1 Schwache materiell-rechtliche Steuerung

Dass die Rechtsprechung gerade im Bereich der Besoldungsgesetzgebung derartige prozedurale Standards einfordert, erstaunt zunächst wenig. Denn der Steuerungsanspruch der Verfassung ist gerade hier stark zurückgenommen. Ausdrückliche Vorgaben für die Besoldung von Richtern und Beamten finden sich im Grundgesetz nicht, Angaben zu deren konkreter Höhe gar, sucht man völlig vergebens. Und selbst das insofern maßgebliche Alimentationsprinzip gewinnt seinen Verfassungsrang erst über den Umweg der „hergebrachten Grundsätze des Berufsbeamtentums“, auf die Art. 33 Abs. 5 GG Bezug nimmt.[15] Inhaltlich verleiht es

---

[14] In diesem Sinne für eine interdisziplinäre Öffnung der (entsprechenden verwaltungsrechtlichen) Debatte etwa Wahl 1983, S. 185: „[E]mpirische Forschung tut auch hier not“; für die Einbeziehung der Nachbarwissenschaften auch Schmidt-Aßmann 2006, § 45 Rn. 45; in diese Richtung ferner Bonin 2012, S. 270; allgemein und markant für die Einbeziehung der Sozialwissenschaften auch Lüdemann 2009, S. 125: „Die Verwaltungsrechtswissenschaft verschenkt […] die Vorteile akademischer Arbeitsteilung, wenn sie den reichen Erfahrungsschatz sozialwissenschaftlicher Forschung geflissentlich ignoriert.“ Ebenso auch Steinbach 2015, S. 289.

[15] Vgl. nur Badura 2021, Art. 33 Rn. 66, 72.

Beamten, Richtern und Staatsanwälten ein grundrechtsgleiches Recht darauf, dass ihnen ein Lebensunterhalt gewährt wird, der dem Amt, das sie bekleiden, angemessen ist. Die Vorgabe, die Höhe der Besoldung müsse „amtsangemessen" sein, bildet, so formuliert das BVerfG, kaum mehr als eine „verfassungsrechtliche Gestaltungsdirektive".[16] Die exakte Höhe der verfassungsrechtlich geschuldeten Besoldung lässt sich ihr nicht entnehmen. Und auch die Verfassungsgerichte fühlen sich – ich meine: zu Recht – weder berufen noch im Stande, dem Art. 33 Abs. 5 GG insofern konkret bezifferbare Vorgaben zu entlocken. Die Konkretisierung der Besoldungshöhe bleibt so dem Gesetzgeber aufgegeben, der dabei einen „weiten Entscheidungsspielraum" genießt.[17] Materielle Grenzen setzt die Verfassung erst dann, wenn sich die festgelegte Besoldung als „evident unzureichend" erweist.[18]

2.2 *Kompensatorische Steuerung durch Verfahren*

In materieller Hinsicht dirigiert die Verfassung den Besoldungsgesetzgeber demnach kaum. Die verfassungsgerichtliche Rechtsprechung folgert daraus, es bedürfe „prozeduraler Sicherungen, damit die verfassungsrechtliche Gestaltungsdirektive des Art. 33 Abs. 5 GG auch tatsächlich eingehalten wird".[19] In Reaktion auf die „Schwierigkeit, das verfassungsrechtlich gebotene Besoldungsniveau anhand materieller Kriterien zu bestimmen"[20] erfüllten diese prozeduralen Anforderungen eine Ausgleichsfunktion, die darin bestehe, „den weiten Entscheidungsspielraum des Gesetzgebers durch eine Verpflichtung zur Selbstvergewisserung zu kanalisieren".[21]

Dass es den Verfahrensanforderungen, die das BVerfG dabei im Blick hat, um eine Steuerung gesetzgeberischer Entscheidungen geht, geben diese Formulierungen schon sprachlich klar zu erkennen. Denn den Entscheidungsspielraum des Gesetzgebers „zu kanalisieren" bedeutet nun nichts anderes als ihn in die richtigen Bahnen zu lenken. Die Anforderungen an das Gesetzgebungsverfahren ändern so zwar nichts an den materiell-rechtlichen Spielräumen der Gesetzgebungsorgane, doch verbindet das BVerfG sie eben mit der Hoffnung, durch sie auf die tatsächliche Ausfüllung dieser Spielräume Einfluss zu nehmen. Wo die Verfassung keine klaren normativen Handlungsgrenzen definiert, sollen einige der an sich zulässigen Entscheidungsoptionen eben über den Umweg prozeduraler Vorgaben faktisch ausgeschlossen oder deren Wahl doch zumindest unwahrscheinlicher gemacht werden.

---

[16] BVerfGE 117, 330 (352); 130, 263 (294); 139, 64 (126).

[17] BVerfGE 130, 263 (294); 139, 64 (126); 149, 382 (393 f.); siehe auch BVerfGE 8, 1 (22 f.); 114, 258 (288); 117, 372 (381); 121, 241 (261).

[18] So etwa BVerfGE 139, 64 (113).

[19] BVerfGE 130, 263 (301); 155, 1 (48).

[20] BVerfGE 130, 263 (301 f.).

[21] BVerfGE 155, 1 (47 f.).

2.3 *Prozeduraler Grundrechtsschutz als Steuerungsziel*

Einigermaßen paradox mutet es freilich an, wenn das Gericht das Ziel dieser prozeduralen Gesetzgebungssteuerung darin sieht, dass „die verfassungsrechtliche Gestaltungsdirektive des Art. 33 Abs. 5 GG auch tatsächlich eingehalten wird".[22] Denn nimmt man die These ernst, dass die Verfassung für die Amtsangemessenheit der Besoldungshöhe keine materiell-rechtlichen Maßstäbe bereitstellt, so dürfte auch die Frage, woran sich eigentlich bemisst, ob die Vorgaben des Art. 33 Abs. 5 GG „tatsächlich eingehalten" werden, am Fehlen entsprechender Maßstäbe scheitern.

Was dem Gericht insofern vorzuschweben scheint, ist ein prozeduraler Grundrechtsschutz.[23] Durch Verfahren soll gewährleistet werden, dass die durch das Recht auf amtsangemessene Alimentation geschützten Anliegen der Betroffenen in das Entscheidungsverfahren Eingang finden, dass sie in diesem verarbeitet werden und dass insofern zumindest die verfahrensmäßig abgesicherte Chance besteht, dass der Gesetzgeber ihnen auch im Ergebnis Rechnung trägt. Wenn das BVerfG formuliert, dem Verfahren gehe es um „die Ermöglichung von Rechtsschutz"[24] dürfte das in eben diesem Sinne zu verstehen sein. Mittelbar zielt es damit aber durchaus auf die Steuerung des Entscheidungsergebnisses: Gesetzgebungsentscheidungen die sich ohne Grund über individuelle Belange hinwegsetzen, versucht es auszuschließen.

3 Steuerung durch Sachverhaltsermittlungs- und -bewertungspflichten

Zu den Verfahrenspflichten, auf die die Karlsruher Rechtsprechung zur Erreichung dieses Ziels zurückgreift, zählen erstens Sachverhaltsermittlungs- und -bewertungspflichten. Der Gesetzgeber müsse die für die Bestimmung der Besoldungshöhe berücksichtigten und berücksichtigungsfähigen Faktoren vollständig und zutreffend ermitteln und abwägen.[25]

3.1 *Theorie: Erhoffte Effekte*

Die Hoffnung, diese Ermittlungs- und Abwägungspflichten könnten zur Steuerung gesetzgeberischer Entscheidungen beitragen, beruht auf der doppelten Erwartung, dass die Ermittlung und Abwägung der entscheidungsrelevanten Belange erstens gewährleistet, dass diese in die Entscheidungsbildung einbezogen werden, und dass eben diese Einbeziehung es zweitens erschwert, eine Entscheidung zu treffen, die

---

[22] BVerfGE 130, 263 (301); 155, 1 (48).

[23] Vgl. zu dieser Deutung prozeduraler Rationalitätsanforderungen allgemein etwa Cornils 2011, S. 1055; ausführlich Wieckhorst 2017, S. 131 ff., insbes. 242 ff. m. w. N.

[24] BVerfGE 139, 64 (127); 140, 240 (296); 149, 382 (395); 155, 1 (48).

[25] BVerfGE 139, 64 (127); 140, 240 (296); 149, 382 (395); 155, 1 (48).

sich über die besagten Belange hinwegsetzt. Ihre steuernde Funktion sollen Ermittlungs- und Bewertungspflichten demnach dadurch erfüllen, dass sie den Entscheidungsträgern zunächst interne Rechtfertigungslasten aufbürden. Ihr Steuerungsanspruch setzt insofern auf psychologische Effekte.

3.2 Empirie: Erwiesene Wirkungen

Ob diese disziplinierende Wirkung tatsächlich eintritt, ist für gesetzgeberische Ermittlungs- und Abwägungspflichten bislang nicht empirisch untersucht. Die Ergebnisse verwandter Forschungen aus der Verhaltensökonomie deuten indes darauf hin, dass die Effekte wohl eher gering sein dürften. Gebremst wird der Steuerungsoptimismus etwa von einer experimentellen Studie zur Durchführung von Verhältnismäßigkeitsprüfungen, in deren Rahmen die entscheidungsrelevanten Belange ja ebenfalls zu gewichten und gegeneinander abzuwägen sind.[26] Zwar mussten die Studienteilnehmer die in die Prüfung einzustellenden Belange nicht mehr selbst ermitteln, doch die Abwägung mussten sie durchführen. Das Ergebnis der Studie zeigt, dass die Bandbreite der Ergebnisse auch bei verhältnismäßig stark formalisierten Abwägungsprozessen enorm ist – und das selbst dann, wenn die Abwägung nicht durch Laien, sondern durch professionelle und juristisch geschulte Entscheidungsträger vorgenommen wird.[27]

Freilich sollte man vorsichtig sein, diesen Befund nicht überzubewerten. Nicht nur angesichts der noch recht dünnen Studienlage, sondern vor allem auch angesichts der Tatsache, dass der Abwägungsprozess des Gesetzgebers, selbst dann, wenn er noch nicht in einer Begründung nach außen tritt, stets ein Verfahren ist, an dem mehrere Personen beteiligt sind und in dem daher möglicherweise auch kommunikativ erzeugte Zwänge eine limitierende Wirkung entfalten können. Doch selbst wenn man all das einräumt, bleibt die Diagnose ernüchternd: Der Versuch, die Gesetzgebung mittelbar über Ermittlungs- und Bewertungspflichten zu steuern, bewegt sich auf empirisch bestenfalls ungesichertem Terrain.

4 Steuerung durch Dokumentations- und Begründungspflichten

4.1 Theorie: Erhoffte Effekte

Neben Ermittlungs- und Abwägungspflichten stützt das BVerfG seine Prozeduralisierungsbemühungen denn auch zweitens auf Dokumentations- und vor allem auf Begründungspflichten. Um die reduzierte Steuerungsleistung der Verfassung auszugleichen, müssten die Gesetzgebungsorgane ihre Entscheidung für eine bestimmte

[26] Statman et al. 2020.

[27] Statman et al. 2020, S. 445, 449 f.

Besoldungshöhe „bereits im Gesetzgebungsverfahren […] begründen".[28] Die „Ermittlung und Abwägung der [insofern] berücksichtigten und berücksichtigungsfähigen Bestimmungsfaktoren […] müsse[.] sich in einer entsprechenden Darlegung und Begründung im Gesetzgebungsverfahren niederschlagen".[29]

Das BVerfG sieht in diesen Verfahrensanforderungen eine „Verpflichtung zur Selbstvergewisserung".[30] Sie sollen eine Art Selbstkontrolle institutionalisieren, indem sie die Gesetzgebungsorgane dazu zwingen, sich die zuvor ermittelten Tatsachen präsent zu halten und die bei deren Abwägung vorgenommenen Gewichtungen explizit zu machen.[31] Ganz ähnlich wie die skizzierten Abwägungspflichten sollen sie auf diese Weise sicherstellen, dass der Gesetzgeber den von einer Entscheidung berührten Anliegen tatsächlich Rechnung trägt.

4.2 *Empirie: Erwiesene Wirkungen*

Wie gut ihnen dies gelingt, ist freilich wiederum eine empirische Frage. Speziell für gesetzgeberische Entscheidungen ist sie bislang nicht erforscht. Verhältnismäßig gut untersucht ist allerdings, wie sich die Pflicht, eine Entscheidung zu begründen, auf das Entscheidungsverhalten Einzelner auswirkt. Und auch zur Wirkung von Dokumentationspflichten finden sich empirische Ergebnisse. Zumindest auf den ersten Blick stimmen diese hoffnungsvoll.

4.2.1 Dokumentationspflichten

So kann die psychologische Forschung empirisch belegen, dass Entscheidungsträger, die die entscheidungsrelevanten Informationen begleitend dokumentieren, diese eher in ihre Entscheidung einbeziehen – und das gerade auch deshalb, weil die Dokumentation verhindert, dass einmal erhobene Informationen angesichts der Fülle zu berücksichtigender Aspekte in Vergessenheit geraten.[32] So trivial das klingt, so unklar ist allerdings auch, inwiefern sich diese Befunde auf die dem Gesetzgeber abverlangten Dokumentationen übertragen lassen. Das liegt schon daran, dass das BVerfG weder den Zeitpunkt noch den genauen Modus der verlangten Darlegungen konkretisiert. Genau genommen bleibt sogar offen, wessen Abwägung dokumentiert werden muss. Eine pragmatische Interpretation dürfte insofern auf die Darlegungen und Erläuterungen in der Begründung des Gesetzesent-

[28] BVerfGE 130, 263 (302); 139, 64 (126 f.); 140, 240 (296); 149, 382 (395); 155, 1 (47 f.).

[29] BVerfGE 139, 64 (127); 140, 240 (296); 149, 382 (395); 155, 1 (48).

[30] BVerfGE 155, 1 (47 f.).

[31] Allgemein zu dieser Selbstkontrollfunktion von (gesetzgeberischen) Begründungspflichten u. a. Kischel 2003, S. 40; Kluth 2014, § 14 Rn. 58 ff.

[32] Siehe die Ergebnisse des zweiten Experiments bei Thorsteinson und Withrow 2009, S. 242 ff., insbes. 244, 246.

wurfs abstellen. Doch bilden diese regelmäßig erst den Auftakt für spätere Auseinandersetzungen in Ausschüssen und Plenum. Kurzum: Solange die Durchführungsmodalitäten der verlangten Dokumentationspflichten unklar sind, lassen sich klare Wirkungsprognosen nicht anstellen – auch wenn Dokumentationspflichten an sich Potenzial erkennen lassen.

4.2.2 Begründungspflichten

Für Begründungspflichten erweist sich die psychologische Forschung in gleich dreifacher Weise als aufschlussreich. So kann sie erstens nachweisen, dass die Erwartung, Gründe für eine Entscheidung angeben zu müssen, dazu führt, dass die Entscheidungsträger die ihnen im Vorfeld präsentierten Informationen besser im Bewusstsein behalten und aufmerksamer verarbeiten.[33] Infolgedessen beziehen sie nachweislich auch einen größeren Teil der verfügbaren Informationen tatsächlich in ihre Entscheidungen ein.[34]

Daneben belegen psychologische Untersuchungen zweitens, dass Begründungserfordernisse zu einer selbst-reflektierten und differenzierteren Entscheidungsbildung beitragen. Anstatt sich nur auf einen dominanten Aspekt des zu entscheidenden Problems zu beschränken, tendieren Personen, die ihre Entscheidung begründen müssen, dazu, widerstreitende Gesichtspunkte zueinander ins Verhältnis zu setzen und die von ihnen favorisierte Position durch den Abgleich mit möglichen Gegenargumenten zu erproben.[35] Nicht nur fördern Begründungspflichten damit die umfassende Einbeziehung aller betroffenen Belange, auch führen sie dazu, dass diese im Prozess der Entscheidungsfindung ernstgenommen werden, weil sie die selbst-kritische Erwägung alternativer Entscheidungsoptionen begünstigen.[36]

Drittens ist schließlich von Bedeutung, dass Begründungspflichten dazu beitragen, den entscheidungsrelevanten Belangen nicht aus sachfremden Gründen ein zu hohes oder zu geringes Gewicht in der Abwägung beizumessen. Die sozialpsychologische und kognitionswissenschaftliche Forschung zeigt insofern, dass Begründungspflichten unbewusste Entscheidungsverzerrungen ausschalten können, die etwa auf Kontextfaktoren, wie das Framing der Entscheidung, oder auf kognitive Heuristiken zurückgehen.[37] Gut belegt ist insofern vor allem, dass Begründungspflichten dazu beitragen, sog. Ordnungseffekte (recency effect/primacy

[33] Tetlock 1983b, S. 289, 291; Tetlock und Kim 1987, S. 706; vgl. auch Chaiken 1980, S. 758 f., 762.

[34] Tetlock und Boettger 1989, S. 388, 392; Lerner et al. 1998, S. 569 f.; Lerner und Tetlock 1999, S. 265, 270.

[35] Sog. "integrative complexity"; siehe Tetlock 1983a, S. 81; Tetlock und Boettger 1989, S. 392 f.; Tetlock und Kim 1987, S. 706; Tetlock et al. 1989, S. 635 f.; vgl. auch Lerner et al. 1998, S. 563, 569, 571; Tetlock et al. 1996, S. 932.

[36] Zu den positiven Effekten dieser Alternativenbetrachtung Lord et al. 1984, S. 1231.

[37] Siehe etwa, mit teils differenzierten Erwartungen, Ashton 1992, S. 292, 301; Engel, 2007, S. 90; Guthrie et al. 2007, S. 36 f.; Tetlock und Kim 1987, S. 707; vgl. auch Seidenfeld 2002, S. 522 ff.; eine hilfreiche Studienübersicht bei Lerner und Tetlock 1999, S. 260 ff.

effect) zu neutralisieren. Ob ein entscheidungsrelevanter Belang zu einem frühen oder späten Zeitpunkt in das Verfahren eingeführt wird, ist für dessen Einfluss auf die Entscheidung demnach (nur) dann nicht von nennenswerter Bedeutung, wenn die Entscheidungsträgerin ihre Entscheidung begründen muss und sie dies bereits von Beginn an weiß.[38] Für Framing-Effekte gilt dies entsprechend[39] und auch (Begleit-)Umstände, die für die Entscheidung irrelevant sein sollten – etwa der emotionale Zustand des Entscheidungsträgers oder der Sympathiewert der von einer Entscheidung Betroffenen –, werden zuverlässiger (wenngleich nicht völlig) ausgeblendet, wenn eine Entscheidung eine Begründung verlangt.[40] Gleiches kann schließlich auch für das Eigeninteresse und die persönlichen Überzeugungen der Entscheidungsperson gelten. Denn insbesondere dort, wo die erforderlichen Begründungen in bestimmten Formen oder einem typischen Sprach- und Argumentationsstil verfasst werden, führt die damit einhergehende Symbolik den Entscheidungsträgern ihre offizielle Rolle und die mit ihr verbundenen Erwartungen vor Augen.[41] Dass sich die mit einem offiziellen Amt verbundene Erwartung, nicht den eigenen Vorteil zu suchen, auf das Entscheidungsverhalten tatsächlich entsprechend auswirkt, wurde bereits in mehreren Versuchen belegt.[42]

4.2.3 Grenzen der Übertragbarkeit

Die psychologische Forschung zeichnet demnach ein überwiegend optimistisches Bild, was die Leistungsfähigkeit von Begründungspflichten betrifft. Doch ein wichtiger Vorbehalt bleibt: Begründungspflichten wirken – das zeigt nicht zuletzt die empirische Forschung zu richterlichen Entscheidungsbegründungen – nur dann, wenn sie als höchstpersönliche Pflicht des oder der Entscheidungsberechtigten konzipiert werden. Wird die Begründung delegiert, verliert sie ihren disziplinierenden Effekt.[43] Die Begründungen der meisten Gesetzesentwürfe aber

---

[38] Tetlock 1983b.

[39] Sieck und Yates 1997, S. 217.

[40] Chaiken 1980, S. 762; Lerner et al. 1998; Liu 2018, weist das in einer Studie mit 392 chinesischen Richtern nach, denen aufgegeben wurde, die für sie maßgeblichen Entscheidungsgründe zu verschriftlichen, bevor sie eine Entscheidung treffen. Siehe aber auch Spamann und Klöhn 2016, die in einem Experiment mit US-amerikanischen Richtern zu einem gegenteiligen Ergebnis kommen. Liu 2018, S. 87 führt das darauf zurück, dass die Richter in der Studie von Spamann und Klöhn, ihre Gründe erst angeben mussten, nachdem sie eine Entscheidung getroffen hatten, obwohl ihnen auch dort bereits von Beginn an bewusst war, dass sie eine Begründung würden geben müssen. Ähnliche Ergebnisse (*bias* trotz Begründung) auch bei Liu und Li 2019, die einen über einen Versuch mit echten Richtern berichten, bei die Probanden die Gründe für ihre Entscheidung lediglich durch das Ankreuzen vorgegebener Optionen angeben mussten.

[41] Engel 2007, S. 97.

[42] Siehe Engel und Zhurakhovska 2017; Pryor 2016, Chapter 1.

[43] Liu 2018, S. 86, 104 f.; ebenso, aber ohne eigene empirische Absicherung Oldfather 2008, S. 1325.

stammen aus den Federn der Ministerialbürokratie. Sie sind den Abgeordneten, die sie letztlich beschließen, zwar bekannt, im besten Fall haben sie sie in Ausschussberatungen und Plenardebatten gedanklich nachvollzogen und kritisch geprüft, doch selbst erarbeitet oder gar verfasst haben sie sie nicht.[44]

Hinzukommt, dass der für die Wirkung von Begründungspflichten konstitutive Verantwortungszusammenhang für Gesetzesbeschlüsse nur schwach ausgeprägt ist. Denn auch ein begründetes Gesetz bleibt eine Kollektiventscheidung. Dass sich diese regelmäßig mit einer einfachen Abstimmungsmehrheit begnügt, droht den individuellen Verantwortungsbeitrag des einzelnen Parlamentsmitglieds selbst dann zu relativieren, wenn sie oder er dem Gesetz zugestimmt hat. Die Begründung selbst ist dabei nicht einmal Gegenstand der Abstimmung im Parlament – auch nicht in den Fällen, in denen die Verfassungsgerichtsbarkeit auf Begründungen besteht. Bezeichnenderweise genügt den Verfassungsgerichten für die Erfüllung von Begründungspflichten denn auch jede beliebige Äußerung im Gesetzgebungsverfahren, sofern nur erkennbar wird, dass die Parlamentsmehrheit mit der Verabschiedung des entsprechenden Gesetzes auch die Verantwortung für die Begründung übernimmt.[45] Wann das der Fall ist, insbesondere ob und wie sich diese Verantwortungsübernahme bei den jeweiligen Mitgliedern der Parlamentsmehrheit äußern muss, konkretisiert die entsprechende Judikatur indes bislang nicht. Die Verantwortlichkeit, die legislative Begründungspflichten im Hinblick auf die Entscheidung des individuellen Abgeordneten etablieren, bleibt daher deutlich abstrakter als im Falle der persönlich zu begründenden Individualentscheidungen, auf die sich die psychologischen und verhaltensökonomischen Studien fokussieren.

Als abstrakt erweisen sich diese Verantwortungszusammenhänge zudem gerade auch im Vergleich zu den Rechtfertigungszwängen, denen Parlamentarierinnen und Parlamentarier im Verhältnis zu ihrer Fraktion unterliegen. Für das individuelle Abstimmungsverhalten von Abgeordneten konkurriert die disziplinierende Wirkung gesetzgeberischer Begründungspflichten daher stets mit der politischen Verantwortlichkeit gegenüber dem eigenen politischen Lager. Da über den Gehalt guter Gründe in beiden Rechtfertigungsverhältnissen durchaus Uneinigkeit bestehen dürfte, lässt sich diese Schwierigkeit auch nicht mit dem Hinweis abtun, dass die Vervielfachung von Begründungsadressaten an den Begründungseffekten nichts ändere. Ob und inwieweit der Optimismus der psychologischen Befunde auch im Kontext legislativer Begründungspflichten trägt, ist angesichts dessen mit einem Fragezeichen zu versehen.

[44] Vgl. Bickenbach 2014, S. 510; ferner Kluth 2014, § 14 Rn. 2, der darauf hinweist, dass selbst im (deutlich selteneren) Fall eines Gesetzesentwurfs aus der Mitte des Bundestages regelmäßig nur ein verhältnismäßig kleiner Teil der Abgeordneten an der Erstellung der Begründung beteiligt ist. Smeddinck 2006, S. 227 nimmt demgegenüber an, die Mehrheit der Abgeordneten mache sich die Begründung zumindest zu eigen, wenn sie dem Gesetz zustimme. Kritisch und differenzierend Reicherzer 2006, S. 476.

[45] So etwa in BVerfGE 79, 311 (345); BerlVerfGH, NVwZ 2004, 210 (212); HessStGH, NVwZ-RR 2006, S. 657 (662); NdsStGH, NVwZ 1998, S. 1288 (1290).

5 Steuerung durch Beobachtungs- und Überprüfungspflichten

Den Schlussstein im Mosaik gesetzgeberischer Verfahrensanforderungen bilden schließlich Beobachtungs- und Überprüfungspflichten. Um die geringe Direktionskraft des Alimentationsprinzips auszugleichen, sei der Gesetzgeber verpflichtet, die tatsächliche Entwicklung der Lebensverhältnisse fortlaufend zu beobachten und eine einmal festgesetzte Besoldungshöhe auf dieser Grundlage zu überprüfen.

5.1 Theorie: Erhoffte Effekte

Im Hinblick auf die Besoldungshöhe reagieren diese Anforderungen darauf, dass es sich bei den insofern maßgeblichen Bestimmungsfaktoren nicht um konstante Größen handelt, sondern etwa die Lebenshaltungskosten sich beständig verändern. Die vor Gesetzeserlass ermittelten Entscheidungsgrundlagen können sich hierdurch als überholt erweisen, sodass auch die vorgenommenen Abwägungen ins Wanken geraten. Vor diesem Hintergrund verlängern Beobachtungs- und Überprüfungspflichten die vor Gesetzeserlass durch Ermittlungs-, Abwägungs- und Begründungspflichten institutionalisierte Selbstkontrolle über den Zeitpunkt des Gesetzesbeschlusses hinaus:[46] Sie stellen die Verpflichtung zu gesetzgeberischer Selbstvergewisserung auf Dauer, weil sich angesichts fehlender verfassungsrechtlicher Direktiven auch das Bedürfnis, den Anliegen der von der Regelung Betroffenen gerecht zu werden, mit jeder Veränderung neu stellt. Beobachtungs- und Überprüfungspflichten teilen damit nicht nur das Steuerungsziel der skizzierten Ermittlungs- und Begründungspflichten, sie beruhen auch auf der gemeinsamen Erwartung, dass die zutreffende Sachverhaltsermittlung und Abwägung eine auch im Ergebnis angemessene Berücksichtigung der betroffenen Anliegen sicherstellt.

5.2 Empirie: Erwiesene Wirkungen

Dass sich diese Erwartung für Beobachtungs- und Überprüfungspflichten tatsächlich erfüllt, erscheint aus empirischer Perspektive allerdings alles andere als selbstverständlich.

---

[46] Beobachtungspflichten werden angesichts dessen (vor allem in Konstellationen gesetzgeberischer Prognoseentscheidungen) als fortgesetzte Ermittlungspflichten konzipiert, siehe dazu etwa Bernd 1989, S. 143 f.; Gusy 1985, S. 294; Huster 2003, S. 12; Reicherzer 2006, S. 464; Ruf 2021, S. 126; in diese Richtung auch Steinbach 2015, S. 283.

5.2.1 Bestätigungsfehler

Vielmehr geben die Ergebnisse der psychologischen Forschung Anlass zur Befürchtung, dass die durch Beobachtungs- und Überprüfungspflichten intendierte Selbstkontrolle Wirksamkeitsdefizite aufweist – und zwar deshalb, weil mit der zu überprüfenden Gesetzesregelung ein Ausgangspunkt gesetzt ist, der die Beobachtung und Bewertung verzerrt. Die Kognitionspsychologie hat unter der Sammelbezeichnung *confirmation bias* (zu deutsch: Bestätigungsfehler) zum einen wiederholt gezeigt, dass Menschen sich bei der Überprüfung einmal gebildeter Hypothesen unbewusst auf die Suche solcher Informationen fokussieren, die die zu prüfende Hypothese stützen.[47] Schon aufgrund dieser Selektivität der Teststrategie finden zuwiderlaufende Aspekte in Kontrollüberlegungen daher oft nur unzureichend Eingang.[48] Gerade dort, wo Beobachtungspflichten nicht genau vorschreiben, welche Aspekte mit welchen Methoden zu beobachten sind, bietet sich Raum für derartige Verzerrungswirkungen. Dass etwa die Beobachtungspflicht des Gesetzgebers bislang klare Vorgaben zu den Modalitäten der Beobachtung vermissen lässt, erweist sich insofern als problematisch.

Verstärkt wird der durch die einseitige Informationserhebung erzeugte Bestätigungsfehler zum anderen noch dadurch, dass die gewonnenen Informationen regelmäßig zugunsten der zu überprüfenden Hypothese fehlgedeutet werden[49] und Erkenntnissen, die die Hypothese stützen, unbewusst ein überproportionales Gewicht zugemessen wird.[50] Besonders deutlich sind diese Verzerrungen bei komplexen Wirkungszusammenhängen, deren Überprüfung typischerweise stark von der Interpretation des Datenmaterials abhängt.[51] Die Evaluation komplexer staatlicher Prognoseentscheidungen dürfte für diese Form des bias daher besonders anfällig sein.

Bemerkenswerter Weise lassen sich beide dieser Effekte auch dann nachweisen, wenn die Entscheidungsträger kein persönliches Interesse daran haben, die zu überprüfende Hypothese als wahr zu erweisen.[52] In der psychologischen Forschung wird der Effekt angesichts dessen auch zur Erklärung des Verhaltens von Amtsträgern in Politik und Justiz herangezogen.[53] Die Hoffnungen auf eine Steuerungseffektivität von Beobachtungs- und Überprüfungspflichten dämpfen diese Be-

[47] Zamir und Teichman 2018, S. 59; grundlegend Wason 1960 und ders. 1968, S. 273.

[48] Nickerson 1998, S. 177; Koriat et al. 1980, S. 117.

[49] Nickerson 1998, S. 181 ff.: "Seeing what one is looking for".

[50] Nickerson 1998, S. 180 f.

[51] Nickerson 1998, S. 191 f.

[52] Sog. *unmotivated confirmation bias*, siehe Nickerson 1998, S. 176, 178 ff.

[53] Beispielhafter Überblick bei Nickerson 1998, S. 191 f., 193 f.; für einen empirischen Nachweis dafür, dass auch Richter dem Bestätigungsfehler unterliegen, siehe Schweizer 2005, S. 190 ff.; in der Rechtswissenschaft wird ebenfalls zunehmend auf ihn verwiesen, so etwa bei Michl 2018, S. 391 f. zur selektiven Rezeption europäischer Rechtsprechung; im Kontext der Diskussion über die Reform des Strafprozesses Guthke 2016, S. 157 ff. und Schünemann 2000, beide m. w. N.; angewendet auf Richter auch bei Arntz 2017, S. 256; Oswald und Wyler 2018, S. 107 ff., insbes. 109 ff.; Vasel 2018, S. 130 f.; siehe auch Pfundmair 2020, S. 133.

funde. Sie lassen befürchten, dass sich selbst Entscheidungen, die das Recht unter Beobachtungs- und Überprüfungsvorbehalt stellt, auch dann noch hartnäckig halten, wenn bei objektiver Betrachtung gute Gründe dafürsprächen, sie zu revidieren.

5.2.2 Default-Effekt vorläufiger (Gesetzes-)Entscheidungen

Die empirische Forschung zu Auslaufklauseln, also Gesetzesbefristungen, im US-amerikanischen Recht bestätigt diese Vermutung. In teleologischer Hinsicht sind diese Gesetzesbefristungen den Beobachtungs- und Überprüfungspflichten durchaus verwandt.[54] Beide tragen der Erkenntnis Rechnung, dass sich Gesetzesregelungen, die auf unvollständiger Wissensgrundlage beschlossen oder in Reaktion auf veränderliche Situationen erlassen wurden, in der Zukunft als unzureichend erweisen können.[55] Auslaufklauseln stellen dabei zwar die radikalere Absicherung gegen eine untunliche Fortgeltung gesetzlicher Entscheidungen dar. Doch erweisen selbst sie sich in der politischen Praxis als weitgehend wirkungslos: Befristete Gesetze laufen nur selten aus, meist werden sie wiederholt verlängert oder gar unmittelbar auf Dauer gestellt.[56] Aus verhaltensökonomischer und psychologischer Perspektive wird das darauf zurückgeführt, dass auch vorläufige (Gesetzes-)Entscheidungen einen default-Effekt bewirken, der die einmal getroffene Entscheidung als Standard ausweist und Abweichungen rechtfertigungsbedürftig erscheinen lässt.[57] Sie profitieren insofern von einer meist als status quo-bias bezeichneten Verzerrung, nach der Personen dazu neigen, den Ist-Zustand gegenüber Veränderungen übermäßig zu bevorzugen.[58] Für Entscheidungen, die unter Überprüfungsvorbehalt stehen, dürfte sich das kaum anders darstellen, denn ihre im Grundsatz ja unbefristete Geltung macht eine Revision in ungleich größerem Maße begründungsbedürftig. Im Hinblick auf den Steuerungsanspruch von Beobachtungs- und Überprüfungspflichten stimmt das durchaus skeptisch.

---

[54] Vgl. etwa Chanos 1999, S. 37 ff., 54 ff., der auch die Befristung von Gesetzen als „Mittel normativer Steuerung und Selbstkontrolle" versteht.

[55] Siehe dazu in Bezug auf befristete Gesetze Gersen 2007, S. 248, 266 ff.; vgl. auch Finn 2010, S. 451 ff. sowie von Hesler 2021, S. 72.

[56] Berman 2013; Finn 2010, S. 495; Gersen 2007, S. 281; Schulze-Fielitz 1994, S. 160; in diese Richtung deuten auch die Ergebnisse der experimentellen Studie von Motsenok et al. 2020, S. 8 ff.; siehe aber auch Bar-Siman-Tov 2018, S. 202 f., 208 f., der diese These für befristete Gesetze in Israel nicht bestätigt.

[57] Zamir und Teichman 2018, S. 404; im Ergebnis ebenfalls skeptisch dazu, ob Befristungen die von ihnen intendierte erneute Prüfung des Gesetzes bewirken, Motsenok et al. 2020, S. 12 und Schulze-Fielitz 1994, S. 160: „Die Befristung begründet tendenziell verfahrensrechtlich formalisierte Wiederbefassungszwänge für den Gesetzgeber, denen er sich mehr oder weniger routiniert zu entledigen weiß."; für amerikanische *sunset clauses* ebenso Finn 2010, S. 501: „In most cases, the potential deliberative benefits of sunset clauses are not realized."

[58] Motsenok et al. 2020, S. 6, 11 mit experimenteller Überprüfung.

6 Ausblick

Nach alledem sollte – und damit komme ich zum Schluss – deutlich geworden sein, dass sich die Rationalitätsanforderungen, die die Rechtsprechung zuweilen an den Gesetzgeber richtet, in das Thema mittelbarer Verhaltenssteuerung bruchlos einfügen. Sie zielen auf eine Gesetzgebungssteuerung durch Verfahren, die gerade dort, wo der Steuerungsanspruch des materiellen Verfassungsrechts zurückgenommen ist, sicherstellen sollen, dass den von einer Entscheidung betroffenen Belangen hinreichend Rechnung getragen wird. Ob die entsprechenden Verfahrensanforderungen diese Wirkung tatsächlich erzielen, ist allerdings bestenfalls ungewiss. Noch fehlt es an einschlägigen empirischen Untersuchungen und die allgemeinen Befunde der psychologischen und verhaltensökonomischen Forschung lassen sich auf die Sondersituation gesetzgeberischer Entscheidungen nicht ohne weiteres übertragen. Angesichts dessen tut mehr empirische Rechtsforschung Not – und zwar gerade auch aus der Perspektive der juristischen Dogmatik. Denn mehr Wissen über die Wirkungen prozeduraler Steuerungsinstrumente könnte erstens dabei helfen, die genauen Modalitäten der skizzierten Verfahrenspflichten sinnvoll auszubuchstabieren. Zielen etwa Beobachtungspflichten auf den Eintritt bestimmter Effekte, so ist am besten empiriegesättigt zu entscheiden, wer genau „der Gesetzgeber“ ist und zu welchem Zeitpunkt, in welcher Intensität und unter Einsatz welcher Methoden er was genau beobachten muss. Vor allem aber steht zweitens auch die dogmatische Begründung der besagten Verfahrensanforderungen auf tönernen Füßen, solange die Wirkungen der Verfahrensanforderungen ungewiss sind. Denn die Rechtsprechung begründet das Bestehen prozeduraler Sicherungen mit der Erwartung, sie kompensierten die Tatsache, dass das materielle Verfassungsrecht die gesetzgeberische Entscheidung nur unzureichend vorsteuere. Ob das Verfahren diesen Ausgleich aber auch leistet, vermag nur ein Blick auf dessen Wirkungen zu beantworten.

Literatur

Arntz T (2017) Systematische Urteilsverzerrungen im Rahmen richterlicher Entscheidungsfindung. Juristische Rundschau 71:253–264

Ashton RH (1992) Effects of justification and a mechanical aid on judgment performance. Organ Behav Hum Decis Process 52:292–306

Badura P (1973) Verfassung und Verfassungsgesetz. In: Ehmke H, Kaiser JH, Kewenig WA, Meessen KM, Rüfner W (Hrsg) Festschrift für Ulrich Scheuner zum 70. Geburtstag. Duncker und Humblot, Berlin, S 19–39

Badura P (2021) Kommentierung zu Art. 33 GG. In: Herzog R, Scholz R, Herdegen M, Klein HH (Hrsg) Dürig/Herzog/Scholz, Grundgesetz-Kommentar. Stand der Kommentierung: 96. Ergänzungslieferung November 2021. C.H. Beck, München

Bar-Siman-Tov I (2018) Temporary legislation, better regulation, and experimentalist governance. An empirical study. Regul Gov 12:192–219

Berman E (2013) The paradox of counterterrorism sunset provisions. Fordham Law Rev 81:1777–1833

Bernd W (1989) Legislative Prognosen und Nachbesserungspflichten. Dissertation, Mainz

Bickenbach C (2014) Die Einschätzungsprärogative des Gesetzgebers. Analyse einer Argumentationsfigur in der (Grundrechts-)Rechtsprechung des Bundesverfassungsgerichts. Mohr Siebeck, Tübingen
Bonin I (2012) Grundrechtsschutz durch verfahrensrechtliche Kompensation bei Maßnahmen der polizeilichen Informationsvorsorge. Boorberg, Stuttgart u.a
Brenner M (2011) Das innere Gesetzgebungsverfahren im Lichte der Hartz IV-Entscheidung des Bundesverfassungsgerichts. Zeitschrift für Gesetzgebung 26:394–404
Britz G (2017) Verfassungsrechtliche Verfahrens- und Rationalitätsanforderungen an die Gesetzgebung. Aus der neueren Rechtsprechung des Bundesverfassungsgerichts. Die Verwaltung 50:421–431
Bühler J (2011) Das Integrative der Verfassung. Eine politiktheoretische Untersuchung des Grundgesetzes. Nomos, Baden-Baden
Burghart A (1996) Die Pflicht zum guten Gesetz. Duncker und Humblot, Berlin
Chaiken S (1980) Heuristic versus systematic information processing and the use of source versus message cues in persuasion. J Personal Soc Psychol 39:752–766
Chanos A (1999) Möglichkeiten und Grenzen der Befristung parlamentarischer Gesetzgebung. Duncker und Humblot, Berlin
Cornils M (2011) Rationalitätsanforderungen an die parlamentarische Rechtsetzung im demokratischen Rechtsstaat. Deutsches Verwaltungsblatt 116:1053–1061
Dann P (2010) Verfassungsgerichtliche Kontrolle gesetzgeberischer Rationalität. Der Staat 49:630–646
Engel C (2007) The psychological case for obliging judges to write reasons. In: Engel C, Strack F (Hrsg) The impact of court procedure on the psychology of judicial decision making. Nomos, Baden-Baden, S 71–109
Engel C, Zhurakhovska L (2017) You are in charge. Experimentally testing the motivating power of holding a judicial office. J Legal Stud 46:1–50
Finn JE (2010) Sunset clauses and democratic deliberation: assessing the significance of sunset provisions in antiterrorism legislation. Colum J Transnatl Law 48:442–502
Gersen JE (2007) Temporary legislation. Univ Chicago Law Rev 74:247–298
Graf Vitzthum W (2010) Form, Sprache und Stil der Verfassung. In: Depenheuer O, Grabenwarter C (Hrsg) Verfassungstheorie. Mohr Siebeck, Tübingen., § 10, S 373–389
Gusy C (1985) Das Grundgesetz als normative Gesetzgebungslehre? Zeitschrift für Rechtspolitik 18:291–299
Guthke K (2016) Die (strukturelle) Voreingenommenheit des Strafrichters. Zur Reform des Zwischenverfahrens. In: Strafverteidigervereinigungen (Hrsg) Welche Reform braucht das Strafverfahren? Texte und Ergebnisse des 39. Strafverteidigertages, Lübeck, 6. – 8.03.2015. Thomas Uwer, Berlin, S 153–163
Guthrie C, Rachlinski JJ, Wistrich AJ (2007) Blinking on the bench: how judges decide cases. Cornell Law Rev 93:1–43
Harms K (1999) Statement: Zur Steuerungsfunktion von Verfassungsrecht. In: Hesse JJ, Schuppert GF, Harms K (Hrsg) Verfassungsrecht und Verfassungspolitik in Umbruchsituationen. Zur Rolle des Rechts in staatlichen Transformationsprozessen in Europa. Nomos, Baden-Baden, S 55–63
von Hesler C (2021) Gesetzgebungsrelevante Tatsachen und ihre Kontrolle durch den Europäischen Gerichtshof und das Bundesverfassungsgericht. Nomos, Baden-Baden
Hoffmann G (1990) Das verfassungsrechtliche Gebot der Rationalität im Gesetzgebungsverfahren. Zum „inneren Gesetzgebungsverfahren“ im bundesdeutschen Recht. Zeitschrift für Gesetzgebung 5:97–116
Huster S (2003) Die Beobachtungspflicht des Gesetzgebers. Ein neues Instrument zur verfassungsrechtlichen Bewältigung des sozialen Wandels? Zeitschrift für Rechtssoziologie 24:3–26
Kirchhof P (1999) Zur Steuerungsfunktion von Verfassungsrecht in Umbruchsituationen. In: Hesse JJ, Schuppert GF, Harms K (Hrsg) Verfassungsrecht und Verfassungspolitik in Umbruchsituationen. Zur Rolle des Rechts in staatlichen Transformationsprozessen in Europa. Nomos, Baden-Baden, S 31–54

Kischel U (2003) Die Begründung. Zur Erläuterung staatlicher Entscheidungen gegenüber dem Bürger, Mohr Siebeck, Tübingen
Kloepfer M (1995) Abwägungsregeln bei Satzungsgebung und Gesetzgebung. Über Regelungen für den Erlaß von Rechtsnormen. Deutsches Verwaltungsblatt 100:441–448
Kluth W (2014) Die Begründung von Gesetzen. In: Kluth W, Krings G (Hrsg) Gesetzgebung. Rechtsetzung durch Parlamente und Verwaltungen sowie ihre gerichtliche Kontrolle. Müller, Heidelberg u.a., § 14, S 333–353
Koriat A, Lichtenstein S, Fischhoff B (1980) Reasons for confidence. J Exp Psychol Hum Learn Mem 6:107–118
Lange FV (2010) Grundrechtsbindung des Gesetzgebers. Eine rechtsvergleichende Studie zu Deutschland, Frankreich und den USA. Mohr Siebeck, Tübingen
Lerner JS, Tetlock PE (1999) Accounting for the effects of accountability. Psychol Bull 125:255–275
Lerner JS, Goldberg JH, Tetlock PE (1998) Sober second thought: the effects of accountability, anger, and authoritarianism on attributions of responsibility. Personal Soc Psychol Bull 24:563–574
Liu JZ, Li X (2019) Legal techniques for rationalizing biased judicial decisions: evidence from experiments with real judges. J Empir Leg Stud 16:630–670
Liu Z (2018) Does reason writing reduce decision bias? Experimental evidence from judges in China. J Legal Stud 47:83–118
Lord CG, Lepper MR, Preston E (1984) Considering the opposite: a corrective strategy for social judgment. J Personal Soc Psychol 47:1231–1243
Lücke J (2001) Die Allgemeine Gesetzgebungsordnung. Zu den verfassungsimmanenten Grundpflichten des Gesetzgebers und der verfassungsrechtlichen Notwendigkeit ihrer gesetzlichen Konkretisierung und Ausgestaltung. Zeitschrift für Gesetzgebung 16:1–49
Lüdemann J (2009) Rechtsetzung und Interdisziplinarität in der Verwaltungsrechtswissenschaft. In: Funke A, Lüdemann J (Hrsg) Öffentliches Recht und Wissenschaftstheorie. Mohr Siebeck, Tübingen, S 119–143
Meinel F (2021) Das Bundesverfassungsgericht in der Ära der Großen Koalition: Zur Rechtsprechung seit dem Lissabon-Urteil. Der Staat 60:43–98
Michl F (2018) Zwischen bewusster Auswahl und selektiver Wahrnehmung. Zur selektiven Rezeption von Rechtsprechung durch die Rechtswissenschaft im europäischen Kontext. In: Mülder M, Drechsler S, Helmrich C, Streule V, Weitensteiner J (Hrsg) Richterliche Abhängigkeit – Rechtsfindung im Öffentlichen Recht. 58. Assistententagung Öffentliches Recht. Tagung der Wissenschaftlichen Mitarbeiterinnen und Mitarbeiter, Wissenschaftlichen Assistentinnen und Assistenten. Nomos, Baden-Baden, S 379–405
Motsenok M, Steiner T, Netzer L, Feldman Y, Sulitzeanu-Kenan R (2020) The slippery slope of rights-restricting temporary measures: an experimental analysis. Behav Public Policy. https://doi.org/10.1017/bpp.2020.35. Zugegriffen am 09.02.2024
Nickerson RS (1998) Confirmation bias: a ubiquitous phenomenon in many guises. Rev Gen Psychol 2:175–220
Nolte J (2013) Rationale Rechtsfindung im Sozialrecht: Die vom Bundesverfassungsgericht aufgestellten Anforderungen an die Bestimmung des Existenzminimums im Lichte neuerer sozialgerichtlicher Rechtsprechung. Der Staat 52:245–265
Oldfather CM (2008) Writing, cognition, and the nature of the judicial function. Georget Law J 96:1283–1345
Oswald ME, Wyler H (2018) Fallstricke auf dem Weg zur „richtigen“ Entscheidung im Strafrecht: Eine Analyse aus psychologischer Sicht. In: Barton S, Dubelaar M, Kölbel R, Lindemann M (Hrsg) „Vom hochgemuten, voreiligen Griff nach der Wahrheit“. Fehlurteile im Strafprozess. Nomos, Baden-Baden, S 103–131
Peters A (2001) Elemente einer Theorie der Verfassung Europas. Duncker und Humblot, Berlin
Pfundmair M (2020) Psychologie bei Gericht. Springer, Berlin und Heidelberg
Pryor TK (2016) The psychology of legal decision making. Dissertation, University of Minnesota
Rauber J (2024) Kompensation durch Verfahren. Zu Formen, Notwendigkeit und Grenzen der Prozeduralisierung im Verwaltungs- und Verfassungsrecht. Mohr Siebeck, Tübingen

Reicherzer M (2006) Authentische Gesetzgebung. Gesetzesvorbereitende Vereinbarungen mit Umsetzungsgesetz auf dem Prüfstand des Grundgesetzes. Duncker und Humblot, Berlin
Ruf S (2021) Die legislative Prognose. Verfassungsrechtliche Prognosepflicht im Rationalitätskonzept des Grundgesetzes. Mohr Siebeck, Tübingen
Scheuner U (1981) Die Funktion des Gesetzes im Sozialstaat. In: Recht als Prozess und Gefüge. Festschrift für Hans Huber zum 80. Geburtstag. Stämpfli, Bern, S 127–142
Schmidt-Aßmann E (2006) Grundrechte als Organisations- und Verfahrensgarantien. In: Merten D, Papier H-J (Hrsg) Handbuch der Grundrechte in Deutschland und Europa, Bd II. Müller, Heidelberg, S 993–1030. (§ 45)
Schneider H-P (1982) Direkte Anwendung und indirekte Wirkung von Verfassungsnormen. In: Bernhardt R, Beyerlin U (Hrsg) Deutsche Landesreferate zum Öffentlichen Recht und Völkerrecht. XI. Internationaler Kongreß für Rechtsvergleichung, Caracas, 1982. Müller, Heidelberg, S 23–54
Schulze-Fielitz H (1994) Zeitoffene Gesetzgebung. In: Hoffmann-Riem W, Schmidt-Aßmann E (Hrsg) Innovation und Flexibilität des Verwaltungshandelns. Nomos, Baden-Baden, S 139–198
Schünemann B (2000) Der Richter im Strafverfahren als manipulierter Dritter? Zur empirischen Bestätigung von Perseveranz- und Schulterschlußeffekt. Strafverteidiger 19:159–165
Schweizer MD (2005) Kognitive Täuschungen vor Gericht. Eine empirische Studie. Dissertation, Universität Zürich
Schwerdtfeger G (1977) Optimale Methodik der Gesetzgebung als Verfassungspflicht. In: Stödter R, Thierne W (Hrsg) Hamburg, Deutschland, Europa. Beiträge zum deutschen und europäischen Verfassungs-, Verwaltungs- und Wirtschaftsrecht. Festschrift für Hans Peter Ipsen zum siebzigsten Geburtstag. Mohr, Tübingen, S 173–188
Seidenfeld M (2002) Cognitive loafing, social conformity, and judicial review of agency rulemaking. Cornell Law Rev 87:486–548
Sieck W, Yates JF (1997) Exposition effects on decision making: choice and confidence in choice. Organ Behav Hum Decis Process 70:207–219
Smeddinck U (2006) Integrierte Gesetzesproduktion. Der Beitrag der Rechtswissenschaft zur Gesetzgebung in interdisziplinärer Perspektive. Berliner Wissenschaftsverlag, Berlin
Spamann H, Klöhn L (2016) Justice is less blind, and less legalistic, than we thought: evidence from an experiment with real judges. J Legal Stud 45:255–280
Statman D, Sulitzeanu-Kenan R, Mandel M, Skerker M, De Wijze S (2020) Unreliable protection: an experimental study of experts‘ in bello proportionality decisions. EJIL 31:429–453
Steinbach A (2015) Gesetzgebung und Empirie. Der Staat 54:267–289
Tetlock PE (1983a) Accountability and complexity of thought. J Personal Soc Psychol 45:74–83
Tetlock PE (1983b) Accountability and the perseverance of first impressions. Soc Psychol Q 46:285–292
Tetlock PE, Boettger R (1989) Accountability: a social magnifier of the dilution effect. J Personal Soc Psychol 57:388–398
Tetlock PE, Kim JI (1987) Accountability and judgment processes in a personality prediction task. J Personal Soc Psychol 52:700–709
Tetlock PE, Skitka L, Boettger R (1989) Social and cognitive strategies for coping with accountability: conformity, complexity, and bolstering. J Personal Soc Psychol 57:632–640
Tetlock PE, Lerner JS, Boettger R (1996) The dilution effect: judgmental bias, conversational convention, or a bit of both? Eur J Soc Psychol 26:915–934
Thorsteinson TJ, Withrow S (2009) Does unconscious thought outperform conscious thought on complex decisions? A further examination. Judgm Decis Mak 4:235–247
Vasel JJ (2018) The most dangerous branch? Der Mythos richterlicher Unabhängigkeit aus verhaltensökonomischer Perspektive. In: Mülder M, Drechsler S, Helmrich C, Streule V, Weitensteiner J (Hrsg) Richterliche Abhängigkeit – Rechtsfindung im Öffentlichen Recht. 58. Assistententagung Öffentliches Recht. Tagung der Wissenschaftlichen Mitarbeiterinnen und Mitarbeiter, Wissenschaftlichen Assistentinnen und Assistenten. Nomos, Baden-Baden, S 121–153
Wahl R (1983) Verwaltungsverfahren zwischen Verwaltungseffizienz und Rechtsschutzauftrag. Veröffentlichungen der Vereinigung der Deutschen Staatsrechtslehrer 41:151–192

Wason PC (1960) On the failure to eliminate hypotheses in a conceptual task. Q J Exp Psychol 12:129–140

Wason PC (1968) Reasoning about a rule. Q J Exp Psychol 20:273–281

Wieckhorst A (2017) Grundrechtsschutz durch Legislativverfahren. Grundrechtlich induzierte Prozeduralisierung der Gesetzgebung und ihrer Kontrolle im Verfassungs- und Unionsrecht. Mohr Siebeck, Tübingen

Zamir E, Teichman D (2018) Behavioral law and economics. Oxford University Press, New York

Prof. Dr. Jochen Rauber ist Inhaber des Lehrstuhls für Öffentliches Recht mit einem internationalen Schwerpunkt an der Leibniz Universität Hannover.

Teil VI
Unsicheres Steuerungswissen

Nudge, Hype, Replikationskrise: Zu unsicheren (Neben-)Wirkungen verhaltenswissenschaftlicher Steuerung

Konstantin Chatziathanasiou

Zusammenfassung Der Beitrag widmet sich aktuellen Herausforderungen verhaltenswissenschaftlicher Steuerung im Kontext unsicheren Wissens. Er setzt bei der sog. Replikationskrise an, die jüngst die Verhaltenswissenschaften aufrüttelte. Diese Krise ist als Folge problematischer Anreizlagen im Wissenschaftsbetrieb zu verstehen. Eine politische Nachfrage nach „weichen" Steuerungsmitteln wirkt hier problemverschärfend. Anhand aktueller Studien thematisiert der Beitrag dann die unsicheren Wirkungen sowie Nebenwirkungen verhaltenswissenschaftlicher Steuerungsinstrumente, um sich schließlich den rechtspolitischen Implikationen dieser Unsicherheiten zuzuwenden. Besondere Beachtung verdienen die Unsicherheiten rund um die Nebenwirkungen von Informationslösungen. Hier deutet sich die Herrschaft über kognitive Ressourcen als Zukunftsproblem an.

1 Einleitung

Vor zwei Jahren erschien in PNAS, den renommierten „Proceedings of the National Academy of Science", ein Forschungspapier, das als ungewöhnlich gelten muss. Eine Gruppe von Psychologen berichtete, es sei ihr nicht gelungen, ein früheres eigenes Forschungsergebnis unter methodisch strengeren Bedingungen zu

Für anregende Diskussionen danke ich allen Beteiligten des Workshops „Wirkungen mittelbarer Verhaltenssteuerung" am Center for Advanced Studies der LMU München und insbesondere Michael W. Müller.

K. Chatziathanasiou (✉)
Institut für internationales und vergleichendes öffentliches Recht, Universität Münster, Münster, Deutschland
E-Mail: kchatzia@uni-muenster.de

M. W. Müller (Hrsg.), *Mittelbare Verhaltenssteuerung – Konzept, Wirkungen, Kritik*,
https://doi.org/10.1007/978-3-662-69010-9_10

replizieren.[1] Acht Jahre zuvor hatte die Gruppe Belege dafür publiziert, dass Menschen ehrlichere Angaben machten, wenn sie die Erklärung, ehrlich zu sein, *vor* ihren jeweiligen Angaben unterschrieben statt erst danach.[2] Die damalige Erstveröffentlichung umfasste ein Labor-Experiment sowie ein Feldexperiment in Kooperation mit einem Autoversicherer, das die Befunde des Labor-Experiments bestätigte. Das Labor-Experiment, das damals mit 101 Teilnehmern stattgefunden hatte, konnte jetzt aber mit einer mehr als verzehnfachten Probandenzahl von nunmehr 1235 nicht repliziert werden. Um mit gutem Beispiel voranzugehen, publizierte die Gruppe diese gescheiterten Replikationsversuche selbst. Dies tat man auch vor dem Hintergrund, dass der ursprüngliche Befund auf ein breites Medien-Echo gestoßen war. Auch verschiedene Unternehmen und Behörden hatten den Befund dankbar aufgenommen. So wollten etwa die kanadischen Steuerbehörden unter Mitarbeit eines der Autoren der Studie ihr Steuererklärungsverfahren entsprechend optimieren.[3]

Wäre die Geschichte hier vorbei, wäre die Studie ein Beispiel für eine Studie, die im Zuge der sog. Replikationskrise entzaubert wurde, bei der die Autoren selbst aber vorbildlich mit ihren neuen Erkenntnissen umgingen. Die Geschichte ist aber noch nicht vorbei. Denn der Statistik-Blog „Data Colada" deckte nach einem Hinweis eines Forschers[4] Unregelmäßigkeiten in den Daten des zweiten Teils der ursprünglichen Studie auf, also im Feldexperiment mit dem Autoversicherer.[5] Vieles spricht dafür, dass die Daten aus diesem Feldexperiment manipuliert wurden, um den gewünschten Befund zu zeigen.[6] Die vom „Data-Colada"-Team aufgedeckten Hinweise waren so überzeugend, dass die Ursprungsstudie auch offiziell von PNAS zurückgezogen wurde.[7] Der Einzige aus dem Forscherteam, der in Betracht kommen soll, diese Daten fabriziert zu haben, ist Star-Psychologe und Bestseller-Autor Dan Ariely,[8] dessen Schwerpunktthema ausgerechnet die Erforschung von Ehrlichkeit ist.[9] Ariely bestreitet, die Daten manipuliert zu haben, Aufzeichnungen der Kommunikation mit dem bis heute nicht namentlich benannten Autoversicherer gäbe es aber auch nicht mehr. „I wish I had a good story", gibt er auf den Magazinseiten von „Science" zu Protokoll.[10]

Dieser Fall macht auf eine ganze Reihe von Problemen aufmerksam. Er ist *erstens* ein Beispielsfall für die Replikationskrise, die die Psychologie weiterhin

[1] Kristal et al. 2020b.

[2] Siehe die Studie: Shu et al. 2012.

[3] Kristal et al. 2020a.

[4] Siehe O'Grady 2021, S. 951.

[5] Simonsohn et al. 2021.

[6] Der Skandal hat sich zwischenzeitlich sogar erheblich ausgeweitet, siehe Simonsohn et al. 2023.

[7] Siehe die „retraction": Berenbaum 2021. Dieser Schritt wäre nicht notwendig gewesen, wenn es sich „nur" um ein nicht replizierbares Forschungsergebnis gehandelt hätte, das aber ohne wissenschaftliches Fehlverhalten zustande gekommen wäre.

[8] Siehe Simonsohn et al. 2021.

[9] Siehe nur seinen Bestseller: Ariely 2013.

[10] O'Grady 2021, S. 950.

beschäftigt. Er kann *zweitens* als Beispiel für eine problematische Anreizlage in der Wissenschaft gesehen werden, die sogar zu wissenschaftlichem Fehlverhalten bis hin zum Betrug verführen kann.[11] Der Fall zeugt *drittens* von der Begeisterung für verhaltenswissenschaftlich informierte Interventionen, die kostengünstig erscheinen und unter dem Begriff des „Nudging" an die Politik vermarktet werden. Der Fall illustriert aber auch *viertens*, dass im Bereich des „Nudging" eine gewisse Ernüchterung eingekehrt ist. Diese Ernüchterung betrifft zum einen die Effektivität von verhaltenswissenschaftlich informierten – bzw. im Eingangsfall sogar *des-informierten* – Steuerungsinstrumenten. Sie betrifft aber auch – und dieser Punkt geht über den soeben geschilderten Fall hinaus – mögliche *Nebenwirkungen* dieser Steuerungsinstrumente, denen bislang wenig Beachtung geschenkt worden ist.

Mein Beitrag beschreibt die Herausforderungen, die sich durch den wissenschaftlichen und politischen Hype rund um Nudging für die evidenzbasierte Verhaltenssteuerung stellen. Ich beginne mit einem Überblick über die Replikationskrise. Diese ist als Symptom für bestimmte Probleme des Wissenschaftsbetriebes zu verstehen, die durch eine politische Nachfrage noch einmal verschärft werden (Abschn. 2). Dann thematisiere ich anhand einer Reihe aktueller Studien die unsicheren Wirkungen und Nebenwirkungen verhaltenswissenschaftlicher Steuerungsinstrumente (Abschn. 3). Schließlich spreche ich die rechtspolitischen Implikationen dieser Unsicherheiten an (Abschn. 4). Darunter verdienen die Unsicherheiten rund um die Nebenwirkungen von Informationslösungen als Zukunftsproblem besondere Beachtung.

2 Replikationskrise als Symptom einer problematischen Anreizlage

Die eingangs dargestellte Episode lenkt den Blick auf die sog. Replikationskrise. Groß angelegte Replikationsstudien haben zutage gebracht, dass viele experimentelle Studienresultate nicht replizierbar sind (Abschn. 2.1). Das ist nicht zwangsläufig auf wissenschaftliches Fehlverhalten zurückzuführen. Es gibt aber einen wesentlichen Zusammenhang zwischen der Replikationskrise und der gängigen Praxis führender Journals nur statistisch signifikante Resultate publizieren zu wollen (Abschn. 2.2). Dazu lässt sich eine politische Nachfrage nach „weichen" Steuerungsinstrumenten beobachten, die den Trend zur „Effekte-Jagd" in den Verhaltenswissenschaften noch einmal verstärkt haben dürfte (Abschn. 2.3).

[11] Zur Anreizlage: Engel 2015.

2.1 Replikationskrise im Überblick

Im Jahre 2015 wurde die Psychologie aufgerüttelt. Eine sog. „Many Labs" Studie kam zu dem Ergebnis, dass mehr als die Hälfte aller veröffentlichten psychologischen Effekte nicht replizierbar seien.[12] Das Autorenkollektiv hatte, um zu dieser Schätzung zu gelangen, versucht, einhundert experimentelle Studien aus den führenden Journals zu replizieren, wobei die Teilnehmerzahlen im Vergleich zu den Originalstudien deutlich erhöht wurden. Während 97 % dieser Original-Studien statistisch signifikante Ergebnisse hatten, waren es in der Replikation nur noch 36 %.[13] Auch die Effektgrößen fielen deutlich kleiner aus. Diese Befunde führten zu einer breiten Debatte, wie man Forschungspraktiken im Fach verbessern könne.[14]

Die Diskussion erreichte auch andere experimentell arbeitende Sozialwissenschaften. Die Experimentalökonomie zog mit einer eigenen Studie nach.[15] Hier waren die Replikationswerte um einiges besser. Dies mag daran liegen, dass ökonomische Experimente mit tatsächlichen monetären Anreizen arbeiten und strengen disziplinären Regeln unterliegen.[16] Einen weiteren Grund für die relative Robustheit der Resultate sehen die Vertreter der ökonomischen Disziplin darin, dass ökonomische Experimente stark theoriegeleitet seien.[17] Mit diesen Überlegungen ist auch schon die Frage angesprochen, welche Faktoren zu der Replikationskrise geführt haben. Allgemein besteht Einigkeit darüber, dass die Replikationskrise mit den Anreizen des wissenschaftlichen Publikationswesens zusammenhängt, also als Ergebnis einer Anreizlage verstanden werden kann.[18]

2.2 Publikation bias

Unter den möglichen Ursachen für die Replikationskrise ragt der sog. publication bias heraus.[19] Der publication bias geht auf die gängige Praxis zurück, dass wissenschaftliche (Top-)Journals (meist) nur Studien veröffentlichen, die statistisch signifikante Resultate haben. Ein signifikantes Resultat liegt dann vor, wenn in der Experimentalbedingung einer Studie im Vergleich zur Kontrollgruppe ein Effekt gefunden wird, der statistisch mit hinreichender Wahrscheinlichkeit nicht auf einem

[12] Open Science Collaboration 2015.

[13] Open Science Collaboration 2015.

[14] Siehe etwa den Debattenbeitrag von: Glöckner et al. 2018.

[15] Camerer et al. 2016.

[16] Aus rechtswissenschaftlicher Sicht aufbereitet bei: Chatziathanasiou und Leszczynska 2017.

[17] So der Report im Auftrag der experimentalökonomischen Fachgesellschaft ESA: Page et al. 2021, S. 212 ff. Die Theorieprägung der Experimentalökonomik nehme aber ab. Vgl. dazu auch: Schmidt 2009, der neben dem Testen von Theorien die Schaffung „materialer Modelle" als Funktion von Experimenten ausmacht.

[18] Page et al. 2021, S. 211.

[19] Dazu schon: Sterling 1959.

Zufall beruht. Die Herausgeber der Top-Journals möchten Ergebnisse veröffentlichen, die auf möglichst breite Resonanz stoßen und breit zitiert werden. Das gelingt mit statistisch signifikanten Ergebnissen eher als mit sog. Null-Resultaten, bei denen ein statistisch signifikanter Effekt ausbleibt.[20] Null-Resultate werden also als weniger publikationswürdig angesehen. Dieses Auswahlverhalten beeinflusst wiederum das Verhalten der Forscher. Die Autoren wissenschaftlicher Studien haben einen Anreiz, nach statistisch signifikanten Resultaten zu suchen, um in den Top-Journals zu publizieren. Schließlich entscheidet unter den gegenwärtigen Bedingungen des Wissenschaftssystems das Publizieren in Top-Journals darüber, wer seine wissenschaftliche Karriere fortsetzen darf und wer das Wissenschaftssystem verlassen muss.

Die soeben skizzierten Bedingungen haben gravierende Effekte. Ein Beispiel verdeutlicht das. Man stelle sich nur vor, das gleiche Experiment wird von zehn verschiedenen Forschergruppen durchgeführt.[21] Neun Mal ist kein Effekt nachweisbar. Da die Aussicht auf eine (lohnende) Veröffentlichung gering ist, schreiben diese Gruppen ihre Ergebnisse gar nicht erst auf. Die Ergebnisse bleiben also „in der Schublade".[22] Die zehnte Gruppe hingegen hat Glück, findet durch Zufall einen Effekt und publiziert diesen. Eine solche Praxis führt einerseits zur Verschwendung von Ressourcen, da andere Forscher nicht erfahren, dass eine bestimmte interessante Forschungsfrage schon verneinend beantwortet wurde. Eine solche Praxis führt aber auch zu einer Verzerrung (*bias*) in den veröffentlichen Resultaten. Zusätzlich kann die beschriebene Anreizlage dazu führen, dass Forscher ihre Daten nachträglich nach signifikanten Zusammenhängen durchsuchen (sog. p-Hacking), etwa indem getestet wird, ob sich der Experimentaleffekt in einem bestimmten Sub-Sample finden lässt.[23]

Angesichts dieser Problemlage überrascht es nicht, dass die meistdiskutierten Maßnahmen zur Eindämmung der Replikationskrise eng mit dem Publikationsprozess zusammenhängen. Zu den möglichen Gegenmaßnahmen gehören die Präregistrierung von Hypothesen – oder sogar des statistischen Vorgehens bei der Auswertung der Daten – auf dafür vorgesehenen Plattformen[24] und das Einreichen von Forschungsdesigns vor Erhebung der Daten bei Journals, die ihre Publikationszusage nicht auf den sensationellen Effekt, sondern auf die Relevanz der Forschungsfrage und die Qualität des Forschungsdesign stützen.[25] Allgemein wird mittlerweile

[20] Duyx et al. 2017.

[21] Zu diesem Problem: Ioannidis 2005, S. 0697.

[22] Zum „file-drawer effect": Franco et al. 2014. Der Effekt kann auch innerhalb einer Studie auftreten kann, wenn bestimmte experimentelle Manipulationen aus einer Reihe von experimentellen Manipulationen nicht berichtet werden.

[23] Das p-Hacking ist dann zu vermuten, wenn sich die Signifikanzwerte innerhalb einer bestimmten Forschungsliteratur knapp oberhalb der erforderlichen Schwellenwerte klumpen, siehe: Elliott et al. 2022.

[24] Nosek et al. 2018.

[25] Die Vor- und Nachteile dieser Lösungen diskutieren: Page et al. 2021, S. 215 ff.

anerkannt, dass auch die Replikationen wichtiger Studien ihren eigenen Platz auf den Seiten wissenschaftlicher Journals finden sollten.[26]

2.3 *Politische Ökonomie „weicher" Steuerung*

Sensationelle Effekte werden mit Aufmerksamkeit und Zitationen belohnt.[27] Das verleitet Forscher zu wissenschaftlichem Fehlverhalten bis hin zur Manipulation von Daten. Diese Anreizwirkungen des Wissenschaftssystems existieren aber nicht im luftleeren Raum. Zunächst sind die Rahmenbedingungen, unter denen Wissenschaft operiert, wissenschaftspolitisch geschaffen worden. Dazu kommt im Kontext der hier interessierenden Thematik die politische Nachfrage nach Evidenzbasierung[28] und insbesondere neuen, „weichen" Steuerungsmöglichkeiten. Die Aufmerksamkeit richtet sich hier auf sog. Nudges. Diese werden von den Vordenkern der „Bewegung" und Fürsprechern eines „weichen Paternalismus" definiert als: „an aspect of choice architecture that alters people's behaviour in a predictable way without forbidding any options or significantly changing their economic incentives".[29] Zu den mittlerweile schon klassisch gewordenen Verhaltensinterventionen dieser Art gehören die Veränderung von Defaults, „Anschubser" in Form von Erinnerungen sowie Informationslösungen,[30] die ein aufgeklärtes Handeln des Adressaten begünstigen sollen. Diese Vorschläge sind nicht „zufällig" von der Wissenschaft an die Politik herangetragen worden.[31] Sie erschienen in den USA als Instrument, um an Stellen, an denen ein regulatorischer Eingriff im klassischen Sinne aussichtslos erschien, einen politischen Deadlock zu überwinden.[32] Als Instrumente „weicher" Steuerung lassen sie sich besser vermarkten. Sie passen in eine politische Agenda des ökonomischen Liberalismus und der Deregulierung.[33] Zwar gab es außerhalb der USA aufgrund einer fehlenden vergleichbaren Regulierungsskepsis nicht einen ähnlichen Bedarf, trotzdem schwappte die Debatte über Nudges auch nach Europa.[34] Die politische Nachfrage hat die hier interessierende Problematik noch einmal

---

[26] Jüngere Beispiele für Replikationsstudien aus der experimentellen Rechtsökonomik: Hippel und Hoeppner 2019; Hippel und Hoeppner 2021.

[27] Zum Fall der „hungry judge"-Studie: Chatziathanasiou 2022.

[28] Näher: Weber, Rationalität als Anforderung an das Gesetzgebungsverfahren: Evidenzbasierte Gesetzgebung?, in diesem Band; vgl. auch: Rauber, Mittelbare Gesetzgebungssteuerung durch verfassungsrechtliche Rationalitätsanforderungen?, in diesem Band.

[29] Thaler und Sunstein 2008, S. 6. Dazu: Wolff 2015.

[30] Zum Instrument staatlicher Information: Wagner, Eingriffswirkungen staatlicher Publikumsinformationen aus rechtlicher Perspektive, in diesem Band.

[31] Zur Ko-Evolution von politischen Problemen und wissenschaftlichen Lösungen: Schubert 2021.

[32] Siehe nur: Camerer et al. 2003: „Regulation for Conservatives". Dazu auch: McCrudden und King 2015, S. 125 ff.

[33] McCrudden und King 2015, S. 125 f.

[34] Vgl.: Alemanno 2015. Zu Nudging und unionaler Ernährungspolitik: Driftmann 2021.

verschärft: Denn der Anreiz für Wissenschaftler, relevante Verhaltenseffekte aufzudecken und entsprechende Interventionen zu designen, wurde dadurch noch einmal verstärkt.

3 Unsichere (Neben-)Wirkungen verhaltenswissenschaftlicher Steuerung

Verhaltenswissenschaftliche Interventionen sind politisch attraktiv und etablieren sich im Instrumentenkasten staatlicher Steuerung. Wie einleitend angedeutet, tun sich hier aber beträchtliche Unsicherheiten auf. Denn es ist schon nicht klar, wie zuverlässig diese Interventionen wirken.[35] Das hängt mit dem bereits angesprochen publication bias zusammen, der sich auf die Bewertung von Wirkungen niederschlägt (Abschn. 3.1). Ein weiteres Problem liegt darin, dass Verhaltensinterventionen in der Regel nur in Hinblick auf den Effekt in der Zieldomäne evaluiert werden. Das ist deswegen problematisch, weil verhaltenswissenschaftliche Instrumente auch *Nebenwirkungen* haben können. In jüngerer Zeit entwickelt sich hierfür aber ein Bewusstsein (Abschn. 3.2). Die Unsicherheiten bei der Bestimmung der Effekte und Nebenwirkungen von Verhaltensinterventionen erschwert es, belastbare Kosten-Nutzen-Abwägungen durchzuführen (Abschn. 3.3).

3.1 Unsichere Wirkungen: publication bias

Die Effektivität von verhaltenswissenschaftlichen Interventionen ist nicht einfach zu bestimmen. Meta-Analysen kommen zwar zu dem Ergebnis, dass Nudges im Schnitt wirkungsvoll sind, insbesondere, wenn sie Defaults ändern.[36] Das Problem solcher Meta-Analysen ist aber, dass sie nur auf die veröffentlichten Effekte in wissenschaftlichen Studien zugreifen. Angesichts von publication bias und „Schubladeneffekt" ist dies aber problematisch.[37] Besonders interessant ist daher eine jüngere Studie von Stefano DellaVigna und Elizabeth Linos. Die Studie vergleicht die

[35] Zur Ungewissheit intendierter Effekte vgl. auch: Latzel, Eigeninitiative statt Effektivität: privatrechtliche Verhaltenssteuerung unter Autonomievorbehalt, in diesem Band, 3; Rauber, Mittelbare Gesetzgebungssteuerung durch verfassungsrechtliche Rationalitätsanforderungen?, in diesem Band.

[36] Siehe die Meta-Analyse von über 200 Studien bei: Mertens et al. 2022. Die Studie kommt zu dem Ergebnis, dass Nudges im Schnitt einen Effekt haben, der „klein bis mittel" sei (S. 1). Dabei ist die Varianz der Effektgrößen jedoch groß (S. 3). Interventionen, die eine Entscheidungsstruktur („decision structure") veränderten – etwa durch Veränderung des „defaults" –, schnitten besser ab als solche, die über Alternativen informierten („decision information") und solche, die halfen eigene Entscheidungen zu stärken („decision assistence").

[37] Mertens et al. 2022, S. 4, sehen das Problem, passen ihre Analyse und Botschaft aber nicht an; siehe dazu die heftige Kritik bei Gelman 2022: „Garbage in, garbage out."

Größen der Effekte von Randomized Control Trials (RCTs)[38] in wissenschaftlichen Zeitschriftenpublikationen mit denen in Studien, die von Nudge Units durchgeführt wurden. Die Besonderheit hierbei ist, dass die Autoren dabei Zugriff auf alle Studien zweier führender Nudge Units mit Sitz in den USA hatten. Damit können sie den publication bias zum einen überwinden und zum anderen im Vergleich mit den Journal-Studien sichtbar machen.[39]

Um die Verhaltensinterventionen vergleichbar zu halten, schließen DellaVigna und Linos Interventionen, die Defaults verändern, aus ihrem Sample aus.[40] Sie vergleichen die Trials der Nudge Units also mit den *vergleichbaren* Interventionen in den wissenschaftlichen Zeitschriften.[41] Das interessante Ergebnis ist hier, dass auch die Versuche der Nudge Units im Vergleich zur Kontrollgruppe im Schnitt statistisch signifikante Effekte haben, die Effektgrößen sich aber nur auf ein Sechstel der Effektgrößen in den wissenschaftlichen Veröffentlichungen belaufen.[42] In ihrer Schätzung erklären sie den Großteil der Unterschiede mit einem publication bias.[43] Zusätzlich nehmen sie an, dass sich die größeren Samples in den Fällen der Nudge Units auf die Effektgrößen auswirkten.[44] Die Verhaltensinterventionen der Nudge Units haben also durchaus messbare Effekte, diese Effekte sind aber kleiner als die wissenschaftliche Literatur verspricht. Wie wir im Folgenden sehen werden, existiert bei der Evaluation der Wirkungen von Verhaltensinterventionen aber noch ein weiteres Problem.

3.2 Unsichere Nebenwirkungen: kognitive Kosten bei Informationslösungen

Die Studien, die in den genannten Meta-Studien verarbeitet sind, evaluieren verhaltenswissenschaftliche Interventionen in Hinblick auf ihre Wirkung in der Zieldomäne. Sie fragen also, ob ein bestimmter Reminder, eine Deadline oder eine sonstige Information zu einem bestimmten individuell oder sozial wünschenswerten Verhalten führen. Was diese Studien hingegen regelmäßig außer Betracht lassen, ist die Frage, ob eine solche Intervention möglicherweise Nebenwirkungen

---

[38] RCTs gelten als „Goldstandard“ der empirischen Forschung.

[39] Es handelt sich daher auch nicht um eine Meta-Studie im engeren Sinne, da auch unveröffentlichte Studien verarbeitet werden, siehe: DellaVigna und Linos 2022, S. 82.

[40] DellaVigna und Linos 2022, S. 82: „This last restriction ensures that the nudge treatments are largely comparable, consisting typically of a combination of simplification, personalization, implementation intention prompts, reminders, and social-norm comparisons introduced in administrative communication.“

[41] Dabei stützen sie sich auf zwei weitere Meta-Studien: Benartzi et al. 2017; Hummel und Maedche 2019.

[42] DellaVigna und Linos 2022, S. 83.

[43] DellaVigna und Linos 2022, S. 84.

[44] DellaVigna und Linos 2022, S. 83.

in einer anderen als der Zieldomäne hat. Diese Frage ist aber schon aus einem wichtigen Grund virulent: Die kognitiven Ressourcen eines Menschen sind begrenzt.[45] Eine Intervention, die in einem bestimmten Bereich kognitive Ressourcen bindet, zieht sie möglicherweise aus einem anderen Bereich ab. Ein Problem entsteht insbesondere dann, wenn diese Ressourcen in dem anderen Bereich dringender gebraucht werden. Eine jüngere Studie verdeutlicht den Punkt eindrücklich:

Informationskampagnen informieren am Straßenrand auf Schautafeln über die Zahl der Verkehrstoten. Ziel dieser Intervention ist es, Autofahrer zur Vorsicht anzuhalten. Eine neue Studie mit texanischen Verkehrsdaten zeigt jedoch, dass diese Tafeln ganz beträchtliche Nebenwirkungen haben. Jonathan D. Hall und Joshua M. Madsen konnten ausnutzen, dass die fest installierten Schautafeln, die sonst als dynamische Verkehrszeichen genutzt werden, nur in einer Woche pro Monat über die Verkehrstoten auf texanischen Straßen informierten.[46] Damit und anhand der Unfallstatistiken konnten sie einen kausalen Effekt nachweisen, dass diese Botschaften die Anzahl der Unfälle tatsächlich erhöhen. Sie schätzen, dass sich die Wahrscheinlichkeit eines Unfalls auf den zehn Kilometern nach der Schautafel mit der Verkehrstotenstatistik um 4,5 % erhöhe.[47] Die Erklärung liegt aus Sicht der Autoren nahe: Die Sorge vor einem tödlichen Unfall erhöhe die „kognitive Last" der Autofahrer.[48]

Ein ähnlicher Effekt lässt sich auch unter kontrollierten Laborbedingungen nachweisen.[49] In einem Experiment testen Stefan Altmann, Andreas Grunewald und Jonas Radbruch, wie sich die *Betonung* einer Vordergrundaufgabe auf die Bewältigung einer Hintergrundaufgabe auswirkt. Sie zeigen, wie die Betonung der Vordergrundaufgabe bei den Versuchsteilnehmern kognitive Ressourcen abschöpft. Die Lenkung von Aufmerksamkeit durch eine Intervention hat also Spillover-Effekte.[50] Diese fallen am stärksten bei denjenigen aus, die über die schwächeren kognitiven Ressourcen verfügen.[51]

[45] Altmann et al. 2021, S. 2295 f., mit weiteren Nachweisen.

[46] Hall und Madsen 2022, S. 1.

[47] Hall und Madsen, 2022, S. 6.

[48] Hall und Madsen 2022, S. 3.

[49] Zum Nachweis von Interventionsnebenwirkungen durch Experimente: Chatziathanasiou und Leszczynska 2017, S. 324.

[50] Altmann et al. 2021, S. 2295 (freilich ist die Ressourcenallokation in Anbetracht der Anreize auch nicht eindeutig sub-optimal); zu den Nebenwirkungen von Leistungsfeedback, das die Aufmerksamkeit „closer to the self and away from the task" ziehe, siehe: Kluger und DeNisi 1996.

[51] Altmann et al. 2021, S. 2295.

3.3 Schwierige Kosten-Nutzen-Analyse

Diese Schlaglichter zeigen, dass die Wirkungen und Nebenwirkungen von verhaltenswissenschaftlichen Steuerungsinstrumenten mit Unsicherheiten behaftet sind. Eine nahe liegende Reaktion wäre, die Vorhersagen der Wirksamkeit solcher Steuerungsinstrumente zu verbessern. Ansätze, die auf große Datenmengen zugreifen, könnten helfen, zu untersuchen, was tatsächlich wirkt, eventuell auch auf individualisierter Ebene.[52] Schließlich kann es sein, dass eine Verhaltensintervention, diejenigen anspricht, die ohnehin ein bestimmtes Verhalten an den Tag legen, während sie bei denjenigen Reaktanz, also Widerwillen, auslöst, auf die es ankäme.[53]

An dieser Stelle soll jedenfalls hervorgehoben werden, dass die Kosten-Nutzen-Analyse verhaltenswissenschaftlicher Lenkung anspruchsvoller ist als gemeinhin angenommen.[54] Das liegt zum einen daran, dass der Nutzen oftmals geringer ausfallen wird, als die wissenschaftliche Literatur suggeriert, und zum anderen daran, dass die Kosten in Form von Nebenwirkungen auftreten können.[55] Zusätzlich stellt sich die Frage des Vergleichs mit anderen Mitteln der Regulierung.[56] Allgemeiner stellt sich damit nun die Frage nach den rechtspolitischen Implikationen.

4 Rechtspolitische Implikationen

Der rechtspolitische Diskurs verortet die Kosten verhaltenswissenschaftlicher, „weicher" Interventionen vor allem darin, dass es sich um paternalistische Maßnahmen handle. Die Intervention lenke den Willen der Adressaten[57] und wirke damit manipulativ. Aufgrund des Fokus auf Paternalismus werden solche Interventionen als schonender angesehen, die über Informationslösungen wirkten. Damit seien

[52] Siehe nur: Engel 2021, S. 247. Die Möglichkeiten und Grenzen solcher Individualisierung waren Gegenstand unserer Diskussion zum Vortrag von Joachim Wolff.

[53] Dieses Risiko war etwa in der verhaltenswissenschaftlichen Debatte zu Impfpflichten virulent. Siehe die Stellungnahme zu einer möglichen COVID-Impflicht: Betsch et al. 2021, S. 2: „eine Impflicht kann bei Personen, die Impfen ablehnen, aufgrund von Reaktanz (Ärger) zu „Trotzverhalten" führen – und sich negativ auf andere Impfentscheidungen auswirken". Zu den Herausforderungen der Pandemie auch: Michl, Mittelbare Verhaltenssteuerung und ihre Wirkung in der Corona-Pandemie, in diesem Band.

[54] Vgl. auch: Bubb und Pildes 2014, die kritisieren, dass das verhaltensökonomische Bewertungsinstrumentarium aus politischen Gründen nicht ausgeschöpft werde.

[55] Siehe auch: Gerg 2019, S. 144.

[56] Siehe nur die Kritik bei: McCrudden und King 2015, S. 91, die darüber hinaus die schwierige Vereinbarkeit von Kosten-Nutzen-Analysen mit der Menschenwürde herausarbeiten: „We believe that respect for dignity in this Kantian form entails a degree of caution and respect for persons that the institutional practice of nudging is liable to overlook." (S. 111).

[57] Siehe nur: Kunzendorf 2021: „Gelenkter Wille".

geringere „Autonomie-Kosten“ verbunden.[58] Bei der Lenkung von Aufmerksamkeit sollte man aber vorsichtig vorgehen (Abschn. 4.1). Die Unsicherheiten bei der Bestimmung von Wirkungen und Nebenwirkungen können auch im Rahmen einer Grundrechtsprüfung relevant werden (Abschn. 4.2). Zusätzlich deutet sich bei der Herrschaft über kognitive Ressourcen ein Zukunftsproblem an (Abschn. 4.3).

4.1 Vorsicht geboten, insbesondere bei Aufmerksamkeitslenkung

Aufgrund der vorhergehenden Betrachtung ist die soeben angesprochene Perspektive, die sich auf die Paternalismus-Gefahr konzentriert, zunächst dahingehend zu ergänzen, dass die Wirkung einer Intervention nicht ohne weiteres unterstellt werden kann. Nudges in Form von Remindern, Warnsignalen und sonstigen Informationen mögen Effekte haben; diese dürften aber kleiner ausfallen, als die Studien vermuten lassen, die in wissenschaftlichen Journals publiziert sind. Zusätzlich sind ausgerechnet bei Informationslösungen, denen sonst als autonomieschonenderen Lösungen gerne der Vorzug gegeben wird, mögliche Nebenwirkungen zu berücksichtigen. Bisweilen geschieht dies schon, wenn auf die „Kosten der Reflexion“ bei verpflichtenden Kommunikationslösungen hingewiesen wird und solche Lösungen Gegenständen mit hoher Bedeutung vorbehalten sein sollen.[59] Dieser Punkt wäre aber dahingehend zu vervollständigen bzw. weiterzuentwickeln, dass auch dort, wo nicht aktiv reflektiert wird, kognitive Ressourcen abgezogen werden, wenn durch äußeren Einfluss Aufmerksamkeit verlangt wird.

4.2 Relevanz für Vereinbarkeit von Nudges mit Grundrechten

Darüber hinaus können sich, wenn man einen bestimmten Nudge als Eingriff in Grundrechte wertet,[60] die Schwierigkeiten einer Kosten-Nutzen-Betrachtung im Rahmen der grundrechtlichen Verhältnismäßigkeitsprüfung auswirken.[61] Hier wäre zunächst daran zu denken, dass kritischer hinzusehen ist, ob eine verhaltenswissen-

[58] So verlangt van Aaken 2015, S. 195: „Whenever possible, a nudge needs to activate the reflective mode of thinking.“

[59] van Aaken 2015, S. 192.

[60] Differenzierend: Meier 2021, S. 107 ff.; eingehend zur „sperrigen“ Grundrechtsdogmatik im Bereich staatlicher Publikumsinformation: Wagner, Eingriffswirkungen staatlicher Publikumsinformationen aus rechtlicher Perspektive, in diesem Band.

[61] Vgl. statt vieler: van Aaken, 2015, 161, die Instrumente „weicher“ Steuerung grundrechtsdogmatisch als Eingriffe in das Recht auf allgemeine Handlungsfreiheit aus Art. 2 Abs. 1 GG verarbeitet.

schaftliche Intervention als geeignet gelten darf.[62] Dazu könnte eine zu kleine Effektgröße einer Intervention womöglich eine bestimmte Autonomieverkürzung nicht mehr rechtfertigen und damit dazu führen, dass eine Intervention nicht mehr verhältnismäßig im engeren Sinne ist.[63] Freilich sind hier die verfassungsrechtlich anerkannten Einschätzungsprärogativen des Gesetzgebers zu berücksichtigen.

Auch Nebenwirkungen könnten die Verhältnismäßigkeit i. e. S. beeinflussen, etwa wenn die Intervention bei einem Teil der Adressaten unerwünschte Folgen hat, die durch einen bestimmten Steuerungseffekt bei den übrigen Adressaten normativ nicht ausgeglichen werden können.[64] Angesichts der möglichen Nebenwirkungen gerade von Informationslösungen erscheint es insofern bedenklich, dass ausgerechnet diese oftmals nicht als Grundrechtseingriff kategorisiert werden.[65]

4.3 Herrschaft über kognitive Ressourcen als Zukunftsproblem

Der Blick auf die möglichen Nebenwirkungen der Steuerung von Aufmerksamkeit hat ein Zukunftsproblem sichtbar gemacht, das sich möglicherweise auch auf unser Verständnis von individueller Autonomie niederschlagen wird. In einer digitalisierten Mediengesellschaft bzw. -wirtschaft wird immer stärker um die Aufmerksamkeit des Adressaten bzw. Konsumenten gebuhlt.[66] Kognitive Ressourcen stehen also ohnehin schon unter Stress.[67] Es liegt nahe, dass hier eine neue Herausforderung für schulisches und kulturelles Lernen entsteht.[68] Zusätzlich besteht hier ein Problem sozialer Ungleichheit: Die zunehmende Beanspruchung von Aufmerksamkeit trifft bestimmte Gruppen härter als andere. Insbesondere verschärft Armut das Problem knapper kognitiver Ressourcen.[69] Das Recht kann und sollte auf Probleme sozialer Ungleichheit

[62] Die Literatur ist hier bisher eher zurückhaltend, vgl.: Meier 2021, S. 136.

[63] Siehe auch: Engel 2007, S. 367.

[64] Vgl. zum Problem der Heterogenität der Adressaten bzw. der „Überinklusivität“ von Nudges: van Aaken 2015, S. 194.

[65] Etwa: Meier 2021, S. 116, mit dem Hinweis, dass bei informationellen Nudges eine kritische Reflexion möglich bleibe. Wolff 2015, S. 216, differenziert nach Informationsinhalt und -art.

[66] In diese Richtung: Crawford 2015. Siehe auch die Diagnose bei: Hertwig und Engel 2020, S. 11.

[67] Freilich kann in diesem Umstand auch ein Grund gesehen werden, erst recht zu intervenieren – nämlich dann, wenn es um eine Entscheidung von besonderer Bedeutung geht, etwa im Falle einer Aufklärung zu einer gesundheitlichen Fragen oder eine Frage mit finanzieller Bedeutung.

[68] Hertwig und Engel 2020, S. 11: „For humans, who are hardwired to monitor their environment, the ability to allocate one's limited attentional resources reasonably is becoming increasingly valuable in today's world. Indeed, the ability to select a few valuable pieces of information and deliberately ignore others may become a core cultural competence to be taught in school like reading and writing“.

[69] Siehe die Evidenz bei: Mani et al. 2013, S. 976: „it appears that poverty itself reduces cognitive capacity. We suggest that this is because poverty-related concerns consume mental resources, leaving less for other tasks."

reagieren.[70] Vor diesem Hintergrund werden wir Autonomie zunehmend auch als Herrschaft über den Einsatz der eigenen kognitiven Ressourcen denken müssen. Bereits jetzt wird für bestimmte, bislang räumlich umrissene Kontexte ein „Recht, in Ruhe gelassen zu werden", diskutiert.[71] Daneben hat eine Diskussion zum Umgang mit kognitiv-vulnerablen Gruppen im Verwaltungsrecht begonnen.[72] Diese beiden Stränge bieten Ansatzpunkte, staatliches Handeln normativ auf die Achtung der Begrenztheit kognitiver Ressourcen zu verpflichten. Naheliegender Anwendungsbereich wäre zum Beispiel die Behördenkommunikation im Bereich des Sozial- oder des Steuerrechts.

5 Fazit

Anliegen dieses Beitrags war, die Aufmerksamkeit auf die Entstehungsbedingungen verhaltenswissenschaftlichen Wissens zu lenken. Auch diese Entstehungsbedingungen sind von Anreizen geprägt. Die Anreize des Wissenschaftsprozesses schaffen aber Unsicherheiten im Bereich unseres Steuerungswissens. Diese Unsicherheiten haben auch Folgen für das Recht. Sie sprechen zunächst für einen vorsichtigen Umgang mit verhaltenswissenschaftlichen Einsichten. Insbesondere dürfte der Hype um Nudging vorüber sein.[73] Verhaltenswissenschaftliche Befunde in effektive Interventionen umzuwandeln, ist komplexer als das Schaffen ökonomischer Anreize.[74] Im Bereich der allgemeinen Wohlfahrtsanalyse im Fall von Instrumenten „weicher" Steuerung bleibt noch einiges zu tun.[75] Es bedarf mehr Evaluationen, die eine Intervention nicht nur in Hinblick auf ihren Effekt in der Zieldomäne bewerten, sondern auch mögliche Nebenwirkungen einbeziehen. Besondere Vorsicht ist bei Informationslösungen geboten, die bisher nur als „schonendere" Lösung wahrgenommen, aber nicht selbst unter dem Aspekt „kognitiver Last" kritisch betrachtet wurden. In einer an Komplexität zunehmenden Welt dürfte weniger oft mehr sein.[76] Die Rechtswissenschaft kann durch eine Weiterentwicklung ihres Autonomie-Begriffs reagieren, der auf die veränderteren Umweltbedingungen eingeht.

---

[70] Zu sozioökonomischer Ungleichheit und verfassungsrechtlichen Reaktionen: Chatziathanasiou 2021.

[71] Gerg 2019, S. 117: „Das Recht, in Ruhe gelassen zu werden, sichert die Ungestörtheit in staatsfreien Räumen."

[72] Zum Einstieg: Christensen et al. 2020.

[73] Nudges wurden ohnehin nie als das Allheilmittel verstanden, als das sie beworben wurden. Warnend vor künstlicher Verknappung der Regulierungsoptionen und mit weiteren Nachweisen: Gerg 2019, S. 117. In diese Kerbe schlagen auch: McCrudden und King 2015, S. 89: „nudging is in fact in competition with mandates, and that in that competition Sunstein stacks the deck against mandates."

[74] Siehe nur: Engel 2021, S. 247, der die Herausforderungen aufzählt: „variance, heterogeniety, and interactions".

[75] Vgl. auch das Desiderat bei Altmann et al. 2021.

[76] Siehe auch: Latzel, Eigeninitiative statt Effektivität: privatrechtliche Verhaltenssteuerung unter Autonomievorbehalt, in diesem Band, 4.

Literatur

van Aaken A (2015) Constitutional limits to paternalistic nudging: a proportionality assessment. In: Kemmerer A, Möllers C, Steinbeis M, Wagner G (Hrsg) Choice architecture in democracies, exploring the legitimacy of nudging. Hart & Nomos, Oxford & Baden-Baden, S 161–196

Alemanno A (2015) Nudge and the European Union. In: Kemmerer A, Möllers C, Steinbeis M, Wagner G (Hrsg) Choice architecture in democracies, exploring the legitimacy of nudging. Hart & Nomos, Oxford & Baden-Baden, S 271–284

Altmann S, Grunewald A, Radbruch J (2021) Interventions and cognitive spillovers. Rev Econ Stud 89(5):2293–2328. https://doi.org/10.1093/restud/rdab087

Ariely D (2013) The honest truth about dishonesty: how we lie to everyone – especially ourselves. HarperCollins, New York

Benartzi S, Beshears J, Milkman KL, Sunstein CR, Thaler RH, Shankar M, Tucker-Ray W, Congdon WJ, Galing S (2017) Should governments invest more in nudging? Psychol Sci 28(8):1041–1055. https://doi.org/10.1177/0956797617702501

Berenbaum MR (2021) Retraction for Shu et al., Signing at the beginning makes ethics salient and decreases dishonest self-reports in comparison to signing at the end. Proc Natl Acad Sci 118(38):e2115397118. https://doi.org/10.1073/pnas.2115397118

Betsch C, Sprengholz P, Schmid P, Korn L, Eitze S, Ochel P, Felgendreff L, Engel E, Böhm R (2021) Impfpflicht – jetzt also doch? PsyArXiv. https://doi.org/10.31234/osf.io/pmx3w

Bubb R, Pildes RH (2014) How behavioral economics trims its sails and why. Harv Law Rev 127:1593–1678

Camerer C, Issacharoff S, Loewenstein G, O'Donoghue T, Rabin M (2003) Regulation for conservatives: behavioral economics and the case for "asymmetric paternalism". Univ Penn Law Rev 151(3):1211–1254

Camerer CF, Dreber A, Forsell E, Ho T-H, Huber J, Johannesson M, Kirchler M, Almenberg J, Altmejd A, Chan T, Heikensten E, Holzmeister F, Imai T, Isaksson S, Nave G, Pfeiffer T, Razen M, Wu H (2016) Evaluating replicability of laboratory experiments in economics. Science 351(6280):1433–1436. https://doi.org/10.1126/science.aaf0918

Chatziathanasiou K (2021) Sozio-ökonomische Ungleichheit: Verfassungstheoretische Bedeutung, verfassungsrechtliche Reaktionen. Der Staat 60(2):177–210

Chatziathanasiou K (2022) Beware the lure of narratives: "hungry judges" should not motivate the use of "artificial intelligence" in law. German Law J 23(4):452–464. https://doi.org/10.1017/glj.2022.32

Chatziathanasiou K, Leszczynska M (2017) Experimentelle Ökonomik im Recht. Rechtswissenschaft 8(3):314–338

Christensen J, Aarøe L, Baekgaard M, Herd P, Moynihan DP (2020) Human capital and administrative burden: the role of cognitive resources in citizen-state interactions. Public Adm Rev 80(1):127–136. https://doi.org/10.1111/puar.1313. Zugegriffen am 09.02.2024

Crawford MB (2015) The world beyond your head: on becoming an individual in an age of distraction. Farrar, Straus and Giroux, New York

DellaVigna S, Linos E (2022) RCTs to scale: comprehensive evidence from two nudge units. Econometrica 90(1):81–116

Driftmann F (2021) Der ernährungspolitische Nudge. Eine unionsrechtliche Betrachtung staatlicher Konsumsteuerung durch gezielte Entscheidungsarchitekturen. Nomos, Baden-Baden

Duyx B, Urlings MJ, Swaen GM, Bouter LM, Zeegers MP (2017) Scientific citations favor positive results: a systematic review and meta-analysis. J Clin Epidemiol 88:92–101

Elliott G, Kudrin N, Wüthrich K (2022) Detecting p-hacking. Econometrica 90(2):887–906

Engel C (2007) Verhaltenswissenschaftliche Analyse: Eine Gebrauchsanweisung für Juristen. In: Engel C, Englerth M, Lüdemann J, Spiecker gen. Döhmann I (Hrsg) Recht und Verhalten. Mohr Siebeck, Tübingen, S 363–405

Engel C (2015) Scientific disintegrity as a public bad. Perspect Psychol Sci 10(3):361–379

Engel C (2021) The impact of behavioral economics on the law: introduction. Rev Law Econ 17(2):241–251. https://doi.org/10.1515/rle-2021-0068
Franco A, Malhotra N, Simonovits G (2014) Publication bias in the social sciences: unlocking the file drawer. Science 345(6203):1502–1505
Gelman A (2022) The real problem of that nudge meta-analysis is not that it includes 12 papers by noted fraudsters; it's the GIGO of it all, January 10, 2022. Statistical Modeling, Causal Inference, and Social Science. https://statmodeling.stat.columbia.edu/2022/01/10/the-real-problem-of-that-nudge-meta-analysis-is-not-that-it-include-12-papers-by-noted-fraudsters-its-the-gigo-of-it-all/. Zugegriffen am 09.02.2024
Gerg S (2019) Nudging. Verfassungsrechtliche Maßstäbe für das hoheitliche Einwirken auf die innere Autonomie des Bürgers. Mohr Siebeck, Tübingen
Glöckner A, Fiedler S, Renkewitz F (2018) Belastbare und effiziente Wissenschaft. Psychologische Rundschau 69:22–36
Hall JD, Madsen JM (2022) Can behavioral interventions be too salient? Evidence from traffic safety messages. Science 376(6591):eabm3427. https://doi.org/10.1126/science.abm3427
Hertwig R, Engel C (2020) Homo ignorans: deliberately choosing not to know. In: Hertwig R, Engel C (Hrsg) Deliberate ignorance: choosing not to know. MIT Press, Cambridge, MA, S 3–17
Hippel S, Hoeppner S (2019) Biased judgements of fairness in bargaining: a replication in the laboratory. Int Rev Law Econ 58:63–74
Hippel S, Hoeppner S (2021) Contracts as reference points: a replication. Int Rev Law Econ 65:105973
Hummel D, Maedche A (2019) How effective is nudging? A quantitative review on the effect sizes and limits of empirical nudging studies. J Behav Exper Econ 80:47–58. https://doi.org/10.1016/j.socec.2019.03.005. Zugegriffen am 09.02.2024
Ioannidis JPA (2005) Why most published research findings are false. PLOS Med 2(8):e124. https://doi.org/10.1371/journal.pmed.0020124
Kluger AN, DeNisi A (1996) The effects of feedback interventions on performance: a historical review, a meta-analysis, and a preliminary feedback intervention theory. Psychol Bull 119(2):254–284. https://doi.org/10.1037/0033-2909.119.2.254
Kristal A, Whillans A, Bazerman M, Gino F, Shu L, Mazar N, Ariely D (2020a) When we're wrong, it's our responsibility as scientists to say so. We tried to reproduce our 2012 paper on how to make people report their income more honestly – and we ended up refuting it, 21 March 2020. Scientific American. https://www.scientificamerican.com/blog/observations/when-were-wrong-its-our-responsibility-as-scientists-to-say-so/. Zugegriffen am 09.02.2024
Kristal AS, Whillans AV, Bazerman MH, Gino F, Shu LL, Mazar N, Ariely D (2020b) Signing at the beginning versus at the end does not decrease dishonesty. Proc Natl Acad Sci 117(13):7103–7107. https://doi.org/10.1073/pnas.1911695117
Kunzendorf FS (2021) Gelenkter Wille. Das Nudging-Konzept zwischen Selbstbestimmungsfreiheit und Rechtsstaatsprinzip. Mohr Siebeck, Tübingen
Latzel C (2024) Eigeninitiative statt Effektivität: privatrechtliche Verhaltenssteuerung unter Autonomievorbehalt, in diesem Band
Mani A, Mullainathan S, Shafir E, Zhao J (2013) Poverty impedes cognitive function. Science 341(6149):976–980. https://doi.org/10.1126/science.1238041
McCrudden C, King J (2015) The dark side of nudging: the ethics, political economy, and law of libertarian paternalism. In: Kemmerer A, Möllers C, Steinbeis M, Wagner G (Hrsg) Choice architecture in democracies, exploring the legitimacy of nudging. Hart & Nomos, Oxford & Baden-Baden, S 75–139
Meier M (2021) Verhaltenswissenschaftlich inspiriertes Verwaltungshandeln. Herausforderungen und Perspektiven zur Umsetzung staatlichen Nudgings in Deutschland. Nomos, Baden-Baden
Mertens S, Herberz M, Hahnel UJJ, Brosch T (2022) The effectiveness of nudging: a meta-analysis of choice architecture interventions across behavioral domains. Proc Natl Acad Sci 119(1):e2107346118. https://doi.org/10.1073/pnas.2107346118
Michl W (2024) Mittelbare Verhaltenssteuerung und ihre Wirkung in der Corona-Pandemie, in diesem Band

Nosek BA, Ebersole CR, DeHaven AC, Mellor DT (2018) The preregistration revolution. Proc Natl Acad Sci 115(11):2600–2606

O'Grady C (2021) Honesty study was based on fabricated data. Science 373(6558):950–951. https://doi.org/10.1126/science.373.6558.950. Zugegriffen am 09.02.2024

Open Science Collaboration (2015) Estimating the reproducibility of psychological science. Science 349(6251):943. https://doi.org/10.1126/science.aac4716

Page L, Noussair CN, Slonim R (2021) The replication crisis, the rise of new research practices and what it means for experimental economics. J Econ Sci Assoc 7(2):210–225. https://doi.org/10.1007/s40881-021-00107-7

Rauber J (2024) Mittelbare Gesetzgebungssteuerung durch verfassungsrechtliche Rationalitätsanforderungen?, in diesem Band

Schmidt KM (2009) The role of experiments for the development of economic theories. Perspektiven der Wirtschaftspolitik 10(Special Issue):14–30

Schubert J (2021) Engineering the climate. Science, politics, and visions of control. Mattering Press, Manchester

Shu LL, Mazar N, Gino F, Ariely D, Bazerman MH (2012) Signing at the beginning makes ethics salient and decreases dishonest self-reports in comparison to signing at the end. Proc Natl Acad Sci 109(38):15197–15200. https://doi.org/10.1073/pnas.1209746109

Simonsohn U, Nelson L, Simmons J (2021) [98] Evidence of Fraud in an influential field experiment about dishonesty. Data Colada Blog. https://datacolada.org/98. Zugegriffen am 09.02.2024

Simonsohn U, Nelson L, Simmons J (2023) [109] Data Falsificada (Part 1): ‚Clusterfake'. Data Colada Blog. https://datacolada.org/109. Zugegriffen am 09.02.2024

Sterling TD (1959) Publication decisions and their possible effects on inferences drawn from tests of significance – or vice versa. J Am Stat Assoc 54(285):30–34. https://doi.org/10.2307/2282137

Thaler RH, Sunstein CR (2008) Nudge: improving decisions about health, wealth, and happiness. Penguin Books, London

Wagner EE (2024) Eingriffswirkungen staatlicher Publikumsinformationen aus rechtlicher Perspektive, in diesem Band

Weber T (2024) Rationalität als Anforderung an das Gesetzgebungsverfahren: Evidenzbasierte Gesetzgebung?, in diesem Band

Wolff J (2015) Eine Annäherung an das Nudge-Konzept nach Richard H. Thaler und Cass R. Sunstein aus rechtswissenschaftlicher Sicht. Rechtswissenschaft 6:194–222

Dr. Konstantin Chatziathanasiou ist Akademischer Rat a.Z. am Institut für internationales und vergleichendes öffentliches Recht der Universität Münster.

FSC
www.fsc.org
MIX
Papier | Fördert
gute Waldnutzung
FSC® C083411

Kolibri 360 GmbH
Ferdinand-Jühlke-Straße 7
99095 Erfurt, Deutschland
produktsicherheit@kolibri360.de